27632

OBLATION.

Ô Bon IESVS! Redempteur de mon ame: C'est au pied de l'Autel de vos encensemens, que ie consacre ce Thymiame deuotieux. Il est composé des mesmes ingrediens, dont les Anges & les saincts, parfument dans les cieux le Throsne de vostre Majesté. Permettez que i'appende pour trophée à vostre gloire, ces cahyers peints, & pleins du feu sacré de l'Oraison spirituelle, que comme vne lampe odorante, vous desirez voir continuellemẽt flamber dans le vase de nostre cœur, de-

A ij

uant la face de vostre sainct Amour. S'il n'est de mon indignité, il est au moins de mon ministere, de le fomenter & nourrir en autruy. Mais bon IESVS! ne permettez pas, que comme une eschelle, & un terme, ie monte & monstre le chemin du Ciel, sans y aller. Que ie sois sourd, comme le luth, à mes propres accords. Qu'eschauffant tout, comme le Soleil, ie n'aye aucun degré de chaleur en moy. Que bourdonnant comme le frelon, ie ne face du miel. Qu'appellant cōme la cloche, & la trompette, chacun à l'office, & au combat, ie n'y aille moy-mesme. Que portant dequoy netoyer, comme l'Asne des estuues, ie demeure crasseux. Que bastissant l'Arche ie ne m'y sauue. Qu'humectant les plantes vifues des parterres de vostre Eglise, comme l'arrosoir, ie demeure sec. Que tenant le flambeau, comme le Page, je ne m'esclaire pas. Que i'aye la voix de Jacob, & non ses mains. Que voyant son eschalier Angelique, voire le dressant ie dorme comme luy. Que mõstrueusement ma langue se trouue plus grande que mon bras. Mes effects moins estendus que mes affections. Que comme le Rossignol & la Cygale, ie sois vne voix & rien plus. Mais faictes plustost que mes ressentimens esgalent mes retentissemens, qu'enseignant autruy ie m'instruise moy-mesme, & que i'apprenne à vous aymer en la leçon que i'en dresse icy à mon prochain. Que comme l'Ange de l'Apocalypse, ie tienne l'Euangile en mes mains. Que j'aille le chemin que ie monstre, que i'entende & pratique mes documens. Que ie sauoure la bechée que ie presente à vos petits. Que comme la nourrice, ce soit icy le laict de ce que i'auray digeré. Que ie taste le premier aux viandes que i'appreste. Que ie chante en fin sur ce psalterion spirituel de la voix & du pouce, accordant le faire de la main auec le dire de la parole. Emperlez ces feuilles des douces rosées de vos celestes inspirations, pour leur faire produire les fleurs & les fruicts que ie desire arriuer par cét exercice aux ames Angeliques. Afin qu'auec elles ie chante à iamais ce refrein du Cantique des suiuans de l'Agneau, Viue IESVS, Viue IESVS. Ouy bon IESVS! viuez tousiours en nos cœurs; afin que nos cœurs viuent eternellemẽt en vous. Ainsi soit-il.

A iij

PRELVDE

Que ie vous supplie d'entendre, tres-cher Lecteur, pour vostre contentement & le mien.

LA Musicienne Corynna, chez Pindare, taxee de trop de retenuë en la production de son harmonie, & d'auarice en la dispensation de ses airs, respondit auec autant de pertinence que de gentillesse, qu'il falloit semer auec les doigts; non à plein poing, moins à pleine poche.

PRELVDE.

Ceux qui ont escrit des choses spirituelles, & traitté la Theologie Mystique, ont quasi tous visé à vne grande parsimonie de mots, & à vne extreme briefueté. Ce que l'on peut voir en tant de liurets spirituels, anciens & modernes, qui roulent par les mains des hommes, soit pour ne diuulguer les choses abstruses, soit pour ne ietter le sainct aux prophanes, soit pour ne semer les perles indignement, soit pour ne rendre communs les secrets des hautes speculations, soit pour faire leurs ouurages plus maniables, soit pour auoir prudemment iugé que ces mysteres despendoient pluſtoſt de la bouche d'vn directeur, que de la plume d'vn eſcriuain, & s'aprenoient mieux par vne voix viſue, que par vne eſcriture morte: tant y a, que le laconiſme apporte quelquefois maintes difficultez, & obſcuritez aux eſprits plus groſsiers, & moins penetrans.

Mon deſſein eſt en ceſte Direction à l'Oraiſon métale, de garder vne moyéne voye, diſant ce qu'il faut ſobremét, ſelon le precepte des maiſtres, mais ſuffiſamment pour l'inſtruction des inexperts, non trop incommodément pour la paucité, ny trop importunément pour la lon-

PRELVDE.

gueur, semant non à plein sac, ny des doigts, mais bien auec les deux mains, joignant la Theorie auec la Pratique. Car d'estre, ou toute forme sans matiere, ou toute matiere sans forme, c'est à dire, faire des meditations toutes dressees sans enseigner le moyen de les façonner, ou deduire les moyens de les former, sans en proposer des essais, ce seroit à mon aduis, vn ouurage moins vtile: ie desire monstrer à faire d'vne part, & executer de l'autre en mesme temps, qui est, ce me semble, la meilleure façon d'enseigner, comme les artisans qui monstrent à œuurer, en œuurant, & les Mathema-

PRELVDE.

ticiens qui tracent leurs demonstrations auec la main, à mesure qu'ils les discourent auec la langue.

Si n'est-ce pas de mon premier motif, que cette Direction va voir le iour, si vne occasion impreueuë ne me l'enleuoit des mains, pour la rendre communicable à l'autruy, content de reseruer mon secret à moy, & de gouster en silence cette spirituelle sciéce.

Vne personne grandemét vertueuse & deuote, embarrassee de la lecture de plusieurs liures, qui donnent des exercices d'Oraison Mentale, & ne sçachant en ceste grande multiplicité, auquel s'atta-

PRELVDE.

cher, defira mõ aduis en cette occurrence. Ie ne peux bõnement denier ce conseil à sa pieté. Pource ie l'adresse à la seconde partie de l'Introduction à la vie deuote, liure diuin, & que le Ciel a esclos en nos iours, pour le salut de plusieurs ames, par les mains d'vn Ange humain, d'vn homme vrayement Angelique. Son auidité parcourut aussi tost la methode qui y est succinctement tracee, elle l'a trouué excelléte; mais aduoué n'en pouuoir bien faire ses besongnes pour la briefueté. Ie l'aduise qu'aussi son digne autheur l'auoit dressee à sa Philothee, qu'il presupposoit aduãtagee

PRELVDE.

du don d'oraison, ou du moins estre entre les mains d'vn directeur qui luy en peust desuelopper les particularitez. Pressé donc de luy faire cét office, & voyant de grandes capacitez en cét esprit pour faire progrez en cét exercice, ie commence à luy exposer au long, ce que ce sçauant maistre reduit au petit pied, prié de plus, de luy tracer quelques documents, pour le soulagement de sa memoire. Voila que ie luy dresse vne table methodique generale, comme vn plan d'oraison; celle cy en fait naistre d'autres sur les parties d'oraison, puis sur les poincts de ces parties, ces

PRELVDE.

feuilles se voyent, se communiquent, & toutes mal fagottees qu'elles estoient, acquierent des pieds par les mains des copistes, & volent çà & là sur les aisles de leurs plumes, tousiours auec les playes ordinaires, & les alterations des canaux des transcriptions. Ces memoriaux indigestes, tombent de fortune entre les mains d'vn excellent Religieux, homme fort consommé en la science des Saincts, & m'ayant recogneu par les ongles, m'aduertit, poussé de l'amitié qu'il me porte, que quelques Libraires qui iettent en fonte, sans aucun esgard, tout ce qui leur peut

PRELVDE.

C'est le R.P. Ieā Brossard, Theolo-giē de la Compagnie de IESVS, Recteur du College de Chambery.

apporter du lucre, aux despens de la reputation de quiconque soit, projettoient de ramasser ces rapsodies, & les faire voir ainsi mal tissuës, & informes aux yeux du monde, me conseillant d'anticiper leur desseing, par quelque forme plus exacte, iugeant au reste, que l'ouurage entier de ces crayons, pourroit estre vtile à plusieurs, & reüssir à la gloire de Dieu: pressé de la crainte de cette preuention d'impresse, qui ne m'eust pas beaucoup aggreé, il luy fut aisé de me persuader

PRELVDE. 17

que ie pensasse à cette besongne, ioint que son conseil a vn grand ascendant sur ma creance, pour l'ancienne cognoissance qu'il a de mon interieur, par la particuliere direction de mon ame.

Voila donc que ramassant toutes ces feuilles Sybillinnes, esparses & esgarées, i'en ay comme des atomes de Democrit, fabriqué ce petit corps, auec quelque sorte d'agencement, qui le rendist plus gracieux & maniable, le tout auec vn peu de precipitation, & sans auoir aucun esgard à la garbe, ou pollisseure du langage, estant vne chose, à mon iugement, autát indigne d'vn homme, de farder ſes propos, que ſes ioües, notamment aux ſubiects de deuotion, où ceux qui introduiſent l'eloquence affetee & affectee, me ſemblent chanter vn ton Lydien, en vn ſubiect graue, traueſtir Hecube en Heleine, & habiller diſſolument vne chaſte & pudique matrone : icy c'eſt parler opportunément, que rondement, nettement, clairement. Les grands deuots, qui ont eſcrit deuant nous en pareille matiere, ont tous ſuiuy vn ſtile ſimple & populaire.

Mes propos s'adreſſent à Angelique, nom indifferent, & commun à l'vn & à l'autre

PRELVDE. 19
sexe: aussi est-ce vn Androgyne spirituel, vn Ianus, vn Amphisbene, vn tableau à deux prospectiues, qui ne regarde que les ames, en quelque corps qu'elles soient. L'oraison mentale est le langage des Anges, lesquels, comme dit le Texte sainct, ignorent le mariage, n'ayans aucun sexe. Somme, i'y parle à vne ame, qui par la pratique de ce sainct exercice, se rendra, si elle veut, vrayement Angelique, & i'espere manier ce nom en sorte, que chacun le prendra pour soy.

Et ce à l'imitation de mon exemplaire, qui parle à Philothée en son introduction, de laquelle à vray dire, ceste Direction n'est qu'vn commentaire, & comme l'extension des sept premiers Chapitres de la seconde partie quant à la matiere, & vne continuelle imitation quant à la forme. Imitation, qui, selon la maxime generale, ne pourra estre que manque, dautant qu'elle est tousiours contrainte, & le naturel est libre. Ainsi le peintre Pausias aduoüa de ne pouuoir atteindre à representer au vif la varieté des fleurs de Glycere, la coppie descheant tousjours de son original; & ce Lacedemonié, qui mesprisant celuy qui cōtre-faisoit le Rossignol, disoit qu'il n'estoit que d'ouïr le Rossignol mesme, dō-

PRELVDE.

ne vn mauuais coup à la basse imitation de ce mien liuret. Si est-ce que comme les oysillons en piaillāt s'essayent d'arriuer au ramage de leurs peres, aussi ne doit-on pas si tost appeller temerité que courage, si i'ose suiure les pas de ce mien Consecrateur, & Progeniteur spirituel.

Lequel pour ioindre au plus pres de mon pouuoir, i'ay pésé de distribuer ceste Directiō en cinq parties ou liures, mettant au premier les dispositiōs preambulaires, & precedentes ce sainct exercice de l'Oraison Mentale. Au second parlāt de la premiere partie de l'Oraison, que ie nomme Prepara-

tion ; & puis donnant la secõde partie, que i'appelle Consideration. Au troisiesme, &
employant le quatriesme autour de la Conclusion que ie
mets pour troisiesme partie
d'Oraison ; reduisant finale-
ment au Cinquiesme Liure les
instructions qui concernent
le progrés & l'issuë de cét exercice Angelique.

Ie preuoy à la bigearrerie
de ce siecle, auquel on ne peut
rien faire qui reuienne, non
plus que de robbe qui aduienne à la Lune, selon l'Apolo-
gue ; qu'aucuns pourront dire
que ces directions singulieres
ne couiennent propremét bié
qu'à ceux de qui la condition

PRELVDE.

moins employée, pl⁹ solitaire & sequestree des embarrassements du monde, donne le temps de s'y pouuoir occuper, nullement aux Euesques, desquels, comme l'office est architectonicque, ayans sollicitude de plusieurs Eglises, ils doiuent aussi embrasser des fonctions plus vniuerselles, estants tous à tous en general, tous à nul particulier. De plus, qu'en l'aage où nous sommes, & en l'infection de l'heresie qui nous afflige, ils deuroient plustost songer à la guerre spirituelle, qu'à ces exercices de Paix, à l'Action qu'à la Contemplation, à la reunion des deuoyez, qu'à la consolation des fidelles, à disputer, qu'à mediter, à abbattre l'erreur qu'à edifier la spiritualité.

Et moy, mon Lecteur, mon amy, ie responds doucement à la premiere obiection que l'ordre des Euesques, que sainct Bernard appelle, Supreme, & Souuerain entre les hommes, doit tout embrasser, & comme le Soleil, concourir auec toutes les sortes de fonctions spirituelles; Que comme cét astre luit esgalement sur vn desert habité d'vne seule personne, que sur vne ville fourmillante de peuple, & les flambeaux luisent, & se consomment esgalement pour vn, que pour plusieurs. Et nostre

PRELVDE.

ſtre Seigneur Soleil de iuſtice a paty eſgalemét pour vn ſeul q̃ pour tout le monde; ainſi que nous deuons aymer vniquement l'vniuerſalité des ames qui nous ſont conſignées de Dieu & vniuerſellement l'vnité, couuans auec pareille ferueur vn ſeul œuf que pluſieurs, à l'imitatiõ de ce bon paſteur, qui laiſſa nonáte neuf oüailles pour en porter vne ſur ſes propres eſpaules, & comme vn bon Pere qui ayme tous ſes enfants, comme vn, & vn cõme tous ſolidement, & ſolidairement.

Les Sainɕts Prelats dont l'Egliſe nous faict feſte en vſoyét ainſi cóme des vrays Paſteurs,

B

PRELVDE.

& des vrais Peres, leurs ouurages sont sursemez des vestiges de leurs particulieres solicitudes, sans detriment de leurs charges en gros, n'estant pas raisonnable qu'aucune singularité prejudicie à l'vniuersalité.

A la seconde opposition ie replique, qu'outre que mon diocese, bien que voysin de la source des erreurs de nostre siecle, est neantmoins par la misericorde de Dieu entierement net, & exempt de la côtagion; & que toute-fois les autres Euesques, qui ne iouyssans pas de ce bon-heur, ont leur terrein sursemé de ceste zizanie, ne doiuent pourtant laisser la deuotion de leurs oüailles, pour l'escrime des conferences, auec celles qui sont hors du sein de l'Eglise de Dieu; mais ou faire comme Israël, qui bastissoit d'vne main, & batailloit de l'autre, demeurans ambidextres, & preparez à tout ; ou s'ils ne veulent qu'vn employ, de penser pluftost à prouigner la pieté du dedans de leur bercail, qu'à extirper l'impieté du dehors : La mort de nos vices sera la conuersion des errants, rien ne les retarde de conuertir leurs entendements à la verité, que ce que nous ne conuertissons pas nos volontez à la bonté : la deuotion y fera

B ij

plus que la dispute, tesmoing le procedé de Nostre Seigneur auec la Samaritaine : Nous sommes plus obligez de rechercher le salut de ceux qui viuét mal en bien croyant, que de procurer la couersion de ceux qui se sont separez d'auec nous en la creance, desquels nous ne sommes aucunement responsables, S. Paul nous permettāt de negliger ceux qui sont de dehors.

Mais c'est vne peine trop grande, dira-t'on, de viser ainsi à ces intendáces particulieres, & à vne sur-intendance generale. Ie le confesse, mais c'est vne peine suaue, & vn ioug leger : car quand on ayme, dict le grand S. Augustin, on ne trauaille point, ou si on trauàille, on ayme le trauail mesme, ce que l'experience monstre és chasseurs, és escuyers, & gens studieux, qui tous prennent leurs labeurs pour delices. Cõbien plus doux sera ce trauail bien-aymé à vn cœur vrayement paternel & pastoral, employé pour ces cheres brebiettes, que Nostre Seigneur a rachetées auec tant de douleurs & tout son sang.

Si faut-il voirement que ce soit vn cœur veritablement paternel, & vn sentiment tendrement maternel. Helas! tous ne sont pas des Catons, pour r'entrer auec leurs petits enfans en enfantillage. Les Euefques toute-fois font des gráds Peres : car ils font Peres des Preftres, qui font Peres des feculiers, & laicques. O! que s'ils auoient tous l'affection de l'Aigle, qui porte fes petits fur fes aifles, ou de la poule qui les cache deffous, ou de la mere qui les allaitte: Ils feroient vrayement pareils à ce nourricier d'Ephraim, qui porte fes nourriffons toufiours en fon fein. Nulle nourrice eft trop chargée de fon poupon, fon amour allege ce faix, ce luy eft vn poids fucré. Au refte, trefcher Lecteur, c'eft la verité que i'efcris icy vne Theorie, de laquelle ie fuis, à ma confufió, mauuais Praticien, mais encores ay-je quelque defir de mieux faire, auec la grace de mon Dieu; & c'eſt ce qui me conuie d'en eſcrire, afin de taſcher de m'engager moy-meſme en vn ſi ſainct exercice, de peur d'eſtre puny au double, pour auoir ſceu la volonté du Maiſtre, & ne l'auoir pas executée, preſchant à ma condemnation. Ie taſcheray de m'inſtruire icy en vous enſeignant, comme diſoit S. Ambroiſe en traçant ſes Offices, ſans eſtre marry que vous appreniez en ma leçon, qui ne lairra pourtât d'eſtre ma leçon; car la doctrine a cela de commun auec la lumiere, qu'elle ne decroiſt point pour se communiquer; & c'est ce qui ma donné courage de publier ces documens, qui pourtant n'en seront pas moins miens pour estre vostres.

Que neantmoins, mon cher lecteur, ma mauuaistié ne vous degouste pas de cét exercice, car il n'est pas impossible qu'vn mauuais homme puisse donner vn bon conseil, tesmoing le Spartain, & le negociateur inique loüé en l'Euangile. Il y a difference entre la clairté de l'entendement, & la rectitude de la volonté, le moule n'est pas la cloche. Nostre Seigneur vous enseigne à ne faire pas ce que font les

PRELVDE.

mauuais, mais bien à faire ce que disent ceux qui ont droict d'enseigner en son Eglise. Le Soleil qui n'a point de chaleur en soy, ne laisse pas d'eschaufer. Dieu peut susciter des hõmes par des pierres, & il pourra tirer de ma mauuaise main quelque bon document pour vostre salut & sa gloire.

Appelles peignit sa parfaicte Venus, le miracle des portraits de son temps, sur les diuerses beautez des filles Grecques, & puis il consacra cét ouurage au temple, parce qu'il estoit inestimable entre les hommes. I'ay bien essayé de façonner ceste Direction, succottant tout ce que i'ay trouué de plus energicque dans les traittez des grands deuots, qui m'ont precedé en ceste matiere, rapportant ce qu'ils en ont enseigné : mais d'vne forme toute autre. Si i'eusse peu arriuer à ce poinct de vous representer la parfaicte Oraison, ou le parfaict contemplatif, ie l'eusse faict tres-volontiers : mais il ne m'appartient pas d'aspirer à si haut desseing: tel neantmoins qu'est ce mien crayon, ie le vous presente, mon cher Lecteur, en la charité de nostre Seigneur, ne respirant que vostre amitié, & vostre seruice.

Tout pitoyable qu'il est, si est-ce sans philautie, que ie

PRELVDE.

desirerois fort deuenir amoureux de ce mien ouurage, cóme ils content que Pignalion fut du sien ; ce ne seroit pas vne petite grace de Dieu, s'il me donnoit de manger de ce fruict de mes mains, ne serrant point la maschoire au bœuf trauaillant en l'aire, mais me faisant deuenir affectióné vers la Saincte Oraison, de laquelle ie trace la methode.

Ruth glanāt dans les chāps de Boos, merita par son humilité & patience de deuenir son Espouse: ô s'il plaisoit à la diuine bonté de IESVS, nostre amour, rendre mon ame son Espouse, tandis qu'elle va recueillant des espics dans les liures d'Oraison, pour viuotter en son interieur.

Il en sera comme il luy plaira, si espere-ie tousiours de sa misericorde, qu'apres auoir beaucoup trauaillé pour Lia l'Action, il me gratiffiera de Rachel la douce contemplation, ou bien que comme Iacob tauellant ses agneaux auec ses verges bigarrées, deuint esgalement affectionné vers ces deux sœurs, ses cheres espouses. Aussi essayant de moucheter les oüailles de la bergerie de Nostre Seigneur, de diuerses perfections qui les puissent rendre agreables à ses yeux diuins, sa saincte Majesté rendra mon ame pareille à

PRELVDE.

ceste Royne, ou fille de Roy, dont parle le Salmiste, attournée de brocatel, parée d'agraphes d'or, & diaprée de mille brillātes varietez, qui sont les attours de la vie mixte d'actiō, & contemplation, associées, que Iesvs a, & pratiquées au courāt de ses iours, & fait pratiquer à ses Apostres, & aux hommes vrayemēt Apostoliques & deuots, tels que ie desire estre tous les enfans de l'Eglise saincte à la verge de Directiō, de laquelle, comme enfant tres-obeyssant, viuant & mourant en son sein, ie remets, & tout moy-mesme, & tout ce que ie pense, ce que ie fais, ce que ie dis, ce que i'escrits. A Belley ce iour de l'Assomption de la tres-saincte Vierge, Mere de Dieu 1616.

DIRECTION A L'ORAISON MENTALE.

LIVRE PREMIER,

Traittant des dispositions precedentes ce sainct Exercice.

Descriptions de l'Oraison.

CHAPITRE I.

VOVS desirez donc de moy, mon Angelique, vne plus ample Direction à l'Oraison Mentale, que ne vous en fournit la Seconde partie de l'Introduction à la vie deuote. Et certes, bien que ie me peuſſe honneſtement diſpenſer d'vne entrepriſe ſi haute, pour ne paroiſtre coucher vne ligne ſur celle de Protogene, acheuer la Medee de Timomaque, ou la Venus d'Appelles: Si vaiſ-je condeſcendant à vous tracer quelque extenſion de la Methode abregee d'vn ſi grand maiſtre, tant pour ſatisfaire à mon deuoir, que pour contenter voſtre deuotieuſe intention. Ioint que vous recognoiſſez n'auoir en vous le don de la Meditation, qu'il preſuppoſe en ſa Philothee, & qu'il laiſſe à la prudente conduitte, & particuliere inſtruction des directeurs ſpirituels.

Or parce que, ſelon le Philoſophe, *Les moindres erreurs d'vn principe, ſont extremes à la fin*: Le fouruoyement d'vn voyageur au matin, ſe trouuant vn long detraquement au ſoir: Il ſera bon de vous donner à l'abord, comme à vne table blanche & rasé, vne bonne impreſſion, comme à vn ieune arbriſſeau vn bon ply: comme à vn vaſe neuf vne bonne trempe, & comme à vn nouuel edifice vn aſſeuré fondement.

Ce qui ne ſe peut, ny mieux, ny plus commodément faire, que par la definition, puis que c'eſt elle qui deſploye la nature de la choſe propoſee, eſtant cette eſſentielle cognoiſſance, ſelon l'Orateur Romain, qui doit commencer tout ſolide diſcours.

Choiſiſſez donc, mon Angelique, celle qui vous ageera le plus de ces trois ſuiuantes, que ie vous ay triees emmy vn grand nombre que les Docteurs vont tiſſant.

La premiere ſera de ſainct Iean Damaſcene, qui appelle *l'Oraiſon, vne eſleuation d'eſprit en Dieu.*

Ceux qui eſperent en Dieu, dit Iſaye, *auront vne grande force, ils prendront des aiſles d'Aigle, & voleront ſans de-*

faillir. Et quelles sont ces plumes isnelles, sinon celles de l'Oraison.

Ce sont ces aisles de Colombe, que desiroit le Roy Prophete, *Pour voler, & se reposer en Dieu.* L'Ame qui prie, *est cette colombe du Cantique, qui se niche aux trous de la pierre, & aux cauernes de la masure.*

Elle fait & dispose, comme dit Dauid, *Des montées cordiales en son interieur, en ceste valee de pleurs.*

Elle est *Cet encens fumant*, sur l'autel du cœur, auquel il compare sa priere, & l'eleuation de ses mains.

Elle est cette *Vergette de fumee d'aromates, Du Cantique*, composee de toutes les drogues du parfumeur, qui se sousleue au Ciel du desert de ceste terre basse.

Ce sont les encensemés des vieillards de l'Apocalypse, car le texte sainct declare que *ces parfums estoient les oraisons des Saincts.*

Dauid est tout remply de ces esleuations. *I'ay leué,* dit-il, *mes yeux* aux montagnes, pour en attendre du secours. *I'ay esleué mes yeux à vous, Seigneur, qui habitez és Cieux. I'ay estendu mes mains vers vous.* Et semblables traits qui expliquent assez cette premiere description.

La seconde sera de sainct Gregoire de Nysse, qui souschantant à la precedente, nomme *l'Oraison, Vne conuersation auec Dieu.*

Et c'est par le moyen de la priere que l'Apostre nous recommande tantost de contempler Dieu, *sans intermission*, ores, *d'auoir tousiours nostre conuersation dans les Cieux.*

Que si l'ancien Courtisan Timothee, disoit de la hantise des grands, tous les biens temporels prouenir aux hommes; maxime qui peuple toutes les Cours des Princes: ô Dieu! que ne taschons nous par la frequente Oraison, de conuerser auec le Roy des Rois, qui nous reçoit auec tant de facilité que nous abordons auec tant de priuauté.

Que la terre me semble vile, quand ie regarde le Ciel, disoit le bien-heureux Ignace, fondateur de la saincte Compagnie de IESVS. O Angelique ! combien la conuersation des hommes vous semblera peu de chose, si par la priere vous vous adonnez à celle de Dieu.

Mais de grace, considerez que de Courtisans se morfondẽt, pour estre seulement veus d'vn grand, remplir vn antichambre, trop glorieux quand ils parlent au Prince, à la cime de leurs desirs, quand ils possedent son oreille : Et cependant, nous voyons si peu de Courtisans du Ciel, si peu qui s'empressent à conuerser auec Dieu, que nous pouuons presque dire auec le Prophete, *Que les voyes de Syon gemissent, personne ne venant à ses solemnitez.*

Faut-il que Dieu, *soit tousiours à la porte de nostre cœur, pour entrer en nos affections, & se delicier auec nous, & que par la priere, nous ne passions point à la sienne, qui sera soudain ouuerte, & nous introduira en des pasturages fertiles & abondans.*

Aman s'estimoit bien honoré, comme certes il l'estoit, d'estre en ordinaire conuersation auec son Roy, & le Chrestien s'ennuye de frequenter auec son Dieu. C'est faute d'amour: car si nous en auions, nostre ame seroit plus volontiers *où elle ayme, qu'où elle anime*, pource, dit-on de quelques saincts, qu'ils estoient en continuelle oraison, & frequentation auec Dieu.

Et de cette conionćture, comme la Lune de celle du Soleil, ils en reuenoient, & deuenoient tous esclattans: ce qui se lit de Moyse, de ce grand Pontife qu'aborda Alexandre, de sainct Leon, de sainct Gregoire, de sainct Martin: & en nos iours, de sainct Charles, & du bien-heureux Philippe Neri.

C'est ce Soleil, *qui auoit bruny le teinct* de l'Espouse au Cantique: c'est cette hantise, *qui la faisoit surfondre & tressaillir.*

De cette conuersation procedoient tous les rauissemens, & extases des deuots. Le seul aspect d'vn Ange lumineux, fit bien pasmer sainct Iean.

Certes, comme on ne peut approcher les choses odorantes, ny entrer dans la bouticque d'vn parfumeur, sans y contracter des senteurs.

Et comme l'experience nous fait cognoistre en ces montagnes, que l'aspect continuel de la veuë fait changer la couleur naturelle du poil, & de la plume des animaux qui y habitent.

Et comme le feu plongé dans la fournaise, y contracte la rougeur, & la chaleur. Ainsi en la conuersation auec Dieu, nous acquerons des qualitez diuines.

La troisiesme description que ie vous propose, mon Angelique, est, & de sainct Chrysostome, & de sainct Augustin, qui embrasse les deux precedentes : car ils la nomment, *Vn pourparlé auec Dieu, & vne montee de l'ame, de la terre au Ciel.*

Tel fut le deuis d'Abraham, quand il disoit, *Ie parleray à mon Seigneur, bien que sois poudre & cendre.*

Tels les diuers colloques de Moyse, de Dauid, de Salomon.

O ame, disoit sainct Hierosme, *quand tu prie, tu parle à ton celeste Espoux.* Là non seulement on luy parle, mais aussi il nous parle, ce qui faict le pourparlé accomply, tesmoin Samuel, qui disoit, *Parlez Seigneur, car vostre seruiteur escoute.* Et Dauid, *I'escouteray ce que le Seigneur dira en mon interieur.*

O Angelique, pouuons-nous pas bien dire plus iustement, que la Royne de Saba, de ceux qui font oraison, *Qu'ils sont bien-heu-*

reux de seruir celuy qui est infiniment plus que Salomon, & d'entendre sa Sapience: ce sont ceux, qui *montent auec confiance au throsne de sa grace*, pour implorer sa misericorde sur eux, & sur l'autruy.

Mais comment y montent-ils? *Ce n'est pas des pieds, mais des affections*, disent sainct Gregoire, & sainct Bonauenture, si nous ne voulons dire, qu'ils s'y guindent auec les pieds des affections; affections symbolizees par les pieds en l'Escriture.

Ce sont ceux, *qui dirigent leurs pieds au chemin de paix*, qui ont ces *beaux pieds* de l'Espouse, tant loüez aux Cantiques.

Ces pieds de cerf, du Salmiste, *qui les constituent és hauts lieux.*

Mirez l'eschelle de Iacob, car c'est la vraye montee mystique de l'oraison. Ce dormir du Patriarche, represente ce *sommeil de l'Espouse*, si agreable au sainct Amant,
qu'il

qu'il deffend expressement de l'esueiller, que quand il luy plaira. Ses deux bouts, dont l'vn est posé en terre, l'autre touche le Ciel, expliquent nostre definition, qui appelle la priere, *vne montee de la terre au Ciel.* Ces allees & venuës des Anges, nous monstrent que les Anges, comme disoit Raphaël à Tobie, portent nos aspirations à Dieu, & nous rapportent ses inspirations: pourtant disoit Dauid, *I'ay ouuert ma bouche & attiré l'esprit.* Bien qu'ils ayent des aisles, ils montent neantmoins auec les pieds, d'où ie tire que la vraye Oraison, principalement Mentale, ne consiste pas tant en vne haute speculation de l'entendement, representé par l'aisle, que par vne volonté affectueuse, denoteé par le pied. Ils montoient par des eschelons, qui nous figurent les diuers degrez d'Oraison, où l'on paruient peu à peu. Quelquesfois ils descendoient ce

qui marque les assoupissemens, a-
riditez & desolations spirituelles, qui peuuent suruenir en cet
exercice. Ils sont ieunes, ce qui figure la ferueur qui doit accom-
pagner la bonne Oraison : à demy nuds, parce qu'outre que
tout est à nud, & ouuert deuant Dieu,
il faut aussi *que nous espanchions nos
prieres deuant sa face, afin qu'elles
retournent en nostre sein.* Ils sont
demy couuerts, parce que l'Oraison interieure *est secrette, & se fait
à couuert, Dieu se plaisant d'estre prié
à cachettes en la solitude, faisant son
lict & son nid en tenebres.* Leurs
visages sont lumineux, parce que
l'Oraison illumine les ames qui
s'y exercent, tirans *la lumiere de
la lumiere, & les dons d'enhaut, du
Pere des lumieres.* Iacob vid cet
eschalier en la solitude, parceque
le lieu retiré, confere grandement
à l'Oraison. En fin, *Dieu estoit ap-
puyé sur l'eschelle* : parce que Dieu

a *ses yeux fichez sur les bons, & ses oreilles attentiues à leurs prieres, il les incline à leur secours, & exauce leurs deprecations.*

Voila les trois definitions que ie vous auois promises, Angelique, ie les vous ay proposees & exposees vn peu diffusément, afin que cette cognoissance fondamétale se plante profondément en voftre esprit, comme vne pierre angulaire & triangulaire, où comme dans vn verre à trois angles, on voit plusieurs couleurs, vous verrez aussi plusieurs descriptions ramassees en ce parfaict triangle, où par *vn lien triplement retors*, se fait vn ammoncelage, où aboutissent la plus part des descriptions que les maiftres baftissent sur ce subiect.

Diuisions de l'Oraison.

CHAP. II.

'ORDRE de la doctrine nous y porte, Angelique, & en voicy trois principales que ie vous ay remarquees.

Aucuns distinguent l'Oraison en commune & particuliere, ou autrement en publique & priuee: comprenans sans celle là, les offices Ecclesiastiques, sous celle-cy, les prieres singulieres, que chacun des fidelles peut faire, de cœur, ou de voix, ou quand & côme bon luy semble, de laquelle parle l'Apostre, quand il exhorte *de prier en tout lieu.* Ie n'insisteray pas dauantage sur cette premiere distinctiõ, car outre qu'elle est claire, ce n'est pas celle que ie cherche.

Moins cette seconde, & trop subtile d'aucuns, qui de ce passage de sainct Paul, *Que vos demandes soient faittes à Dieu, en oraison, obsecration, & action de grace*, en tirent quatre sortes d'Oraison, sçauoir, de *petition, priere, obseruation, & remerciement*, fondez sur quelques interpretations de sainct Hilaire, sainct Ambroise, sainct Bernard, Theophilacte, & Cassian. Mais qui ne void que ce sont plustost des actes d'Oraison, que des genres, ou especes differentes, selon la doctrine de sainct Thomas, tirée de sainct Augustin, & encores de sainct Chrysostome, interpretant ce lieu de l'Apostre.

La troisiesme principale, & plus vniuerselle diuision, est en Vocale & Mentale, aucuns adioustent, & Mixte, selon le sens que nous verrons tantost.

Quand ie dy Vocale, i'entens celle qui est proferee par la bou-
C iij

che, auec l'application du cœur, & l'attention requise pour la valider, car la Vocale simple, & seule, est plustost vn langage de Pie, voire vn langage impie, & duquel se plaint nostre Seigneur en l'Euangile, disant : *Ce peuple me honore des leures, mais son cœur est esloigné de moy* : A vray dire en vain trauaille la langue, si elle ne iouë par le ressort interieur, autrement c'est *vn erain sonnant, vne cloche tintante, vn battement d'air*, qui n'est gueres plus qu'vn Echo.

Ie diray d'auantage, que l'Oraison Vocale seule, auec vne distraction deliberee & volontaire, qui tourne au mespris de Dieu, est de celles dont parle le Prophete, *qui se tournent en peché* : car c'est traitter indignement auec vne maiesté si haute.

Quant à la Mentale, qui se faict purement & simplement en esprit, sans l'vsage de la langue, ny l'organe de la bouche, elle ne peut estre sans attention ou elle desiste entierement d'estre, & c'est la fauorite de nostre Seigneur, c'est sa Magdeleine, *qui est tousiours à ses pieds, sa Marie qui conserue ses paroles, ou son cœur.* La Vocale est vne Marthe, *qui s'empresse de beaucoup de choses*, & de longuerie, de languerie, & fait peu, car il est escrit, *Quand vous prierez, ne parlez pas beaucoup.*

C'est la belle Rachel de nostre celeste Iacob : l'autre n'est que la chassieuse Lia. Comme il n'ayme qu'en solitude à parler au cœur de *Hierusalem* : ses paroles estant *des sagettes aiguës, qui penetrent les cœurs,* comme il ne demande rien *auec tant d'instance, que le cœur* : aussi n'escoute-il rien si attentiuement que la priere du cœur, & Mentale, comme plus conforme à sa nature : car *Dieu est esprit*, & qui ayme ceux *qui l'adorent en esprit,*

& qui le reclament de tout leur cœur, & espanchent leurs cœurs deuant sa face.

De cette sorte d'Oraison, Dauid disoit, *Mon cœur vous a dit, Seigneur, que ma face vous cherche.* Et encores, *Ie crie à vous du profond de mon ame, vostre oreille entend les pensees de mon cœur : la meditation de mon cœur est tousiours deuant vos yeux : le feu s'embrase en ma meditation.* Et autres pareils traits.

Sainct Paul, *Ie chanteray d'esprit, ie chanteray d'ame.*

Voyez comme le sainct Espoux aux Cantiques, *Serre les leures à son Espouse, & luy bande la bouche d'vn ribans vermeil*, voulant estre adoré d'elle en esprit : *Car le silence est vne loüange pour Dieu.* Il faict bon, dit Ieremie, *mediter ses merueilles en silence.*

Souuenez-vous, Angelique, comme le grand Prestre ne sonnoit mot, entrant au Sanctuaire, loüant Dieu en taciturnité.

C'est cette Oraison qu'alloit faisant Iacob, quand l'Escriture dit *Qu'il descendit au champ pour mediter.*

Cette sorte de priere que faisoit Anne, mere de Samuel, priant de cœur, & non de voix.

Celle que faisoit Moyse en l'Exode, quand Dieu luy dit, *que cries-tu à moy?* car lors il ne parloit qu'en son interieur.

Celuy qui prie en silence, dit sainct Ambroise, *tesmoigne par ce seul acte vne grande foy, confessant que Dieu est scrutateur des cœurs & des reins, & qu'il entend nos vœux auant qu'ils soient proferez.*

Pource, disoit Dauid, *C'est vous, Seigneur, qui entendez mes pensees de loin, vous preuoyez mes vœux, bien que ie n'aye aucun discours en ma langue.*

Sainct Hierosme entend ce passage de sainct Matthieu, *Prie ton Pere celeste en secret*, plustost de l'Oraison interieure, cordiale, & à bouche close, que du lieu retiré.

Et sainct Gregoire le grand, en ses Morales, *la vraye priere*, dit-il, *ne consiste pas tant en la voix de la bouche, qu'en l'eleuation du cœur: ce qui rend nos demandes puissantes aux intimes, & secrettes oreilles de Dieu, n'est pas tant la parole que le desir, pource*, dit fort bien le Salmiste. *Le Seigneur a exaucé le desir des pauures, & son ouye a escouté la preparation de leur cœur.*

C'est donc de cette sorte d'Oraison Mentale, que vous me pressez auec tant d'instance, Angelique, de vous traitter, & que ie pretends aussi de vous deduire en ce liure, pour vous en apprendre, & faciliter l'vsage.

Vn mot icy de celle que nous auons appellee Mixte, c'est proprement celle qui va meslangeant, alternatiuement l'vne apres l'autre, comme par exemple, en la recitation du sainct Rosaire ou chappelet, apres chaque dixaine de salutations Angeliques, on fait vne petite pose, pour penser aux mysteres prescrits par la forme & le dire.

Comme aussi en la recitation de l'office Ecclesiastique, si on rencontre quelque verset, sur lequel on vueille penser & ruminer, on le peut faire tandis que l'on acheue le reste, ou bien on peut penser aux sept Stations de la Passion de nostre Seigneur, pendant les sept heures Canoniales.

Excellences, vtilitez, & delices de l'Oraison.

Chap. III.

CE sont icy les trois points, ou les trois ports, d'où les Rheteurs desployét leurs voiles, pour cingler en la haute mer des loüanges de l'Oraison, se donnans carriere à estendre ses trois biens, Honorable, Vtile & Delectable: la plus part de ceux que i'ay leus qui traittent de l'Oraison, sont amplissimes en cecy. Ce qui me conuiera d'y estre d'autāt plus bref, remettant ce subiect plustost à des Homelies, que d'en remplir ce liuret, destiné à des enseignemens plus humbles & simples.

Ioint que ie voy, Angelique, vostre esprit assez persuadé des dignitez de l'Oraison, puis que vous aspirez, auec vne alteration si notable, d'estancher vostre soif en sa *viue source, reiallissante iusques à l'immortalité.*

Mais pour ne sēbler entieremēt delaisser vn champ si spacieux & specieux, ie suis biē cōtent de vous en dire trois mots, qui seront comme trois grains de sel, qui vous en ferōt, comme l'on dict, venir l'eau à la bouche, & aiguiseront d'autant plus vostre sainct appetit.

Ie ne parle point icy de la prééminence de l'Oraison Mentale, sur la Vocale : car cela est tant esloigné de controuerse, qu'il n'y a aucun doute en ce rang : celle-la precede celle-cy, autant que la Lune le Soleil. La Vocale ne peut rien sans l'attention cordiale, dautant que deuant Dieu, comme dict ce Poëte.

Non la voix, mais le vœu, le cœur
& non la chorde,

L'Amour, & non le cry obtient misericorde.

Pource dict Dieu par vn Prophete aux Prestres indeuots d'Israël, *qu'il deteste leurs musiques, leurs festes, & leurs Neomenies.* Mais la Mentale peut beaucoup vers Dieu, voire tout, sans la Vocale.

Celle-cy, comme conforme au corps, nous est commune auec les voix des oyseaux, qui loüent Dieu chascun en son ramage, mais l'Oraison cordiale nous est commune auec les Anges, & excelle autant l'autre, comme l'ame le corps.

Si la Vocale est vn laict, la Mentale en est la créme, si celle-la est la vie, celle-cy le miel, si vn Diamāt, celle-cy en est le lustre, si vne odeur, celle cy en est la suauité, si vn arbre, celle-cy la fleur & le fruict, voire & la racine & le germe : celle-là n'est que l'escorce, celle-cy la moüelle, pource Dauid appelloit ses meditations *des Holo-*

caustes moüelleux, celle-là est comme la lettre morte, celle-cy *l'Esprit viuifiant*, celle-là est vn cuiure haut sonnant, celle cy vn or sourd, mais plus precieux, celle là n'est que le son de l'exterieur, celle-cy la fine fleur & farine de l'interieur, celle là la nacque, celle-cy la perle, celle-là la paille, celle-cy le pur grain: en somme, celle-là le corps, & celle-cy l'ame, qui peut subsister sans ce corps, nullement ce corps sans ceste ame, qui luy donne la vie. Mais pourquoy m'arresteray-ie à ceste indubitable préeminence?

Ie vien, Angelique, à ses excellences plus precises & speciales.

Voyez comme sur l'eschelle de Iacob vont & viennent des Anges humains, ou des hommes Angeliques: mon Angelique, vous ne sçauriez rien faire de plus conforme à vostre nom, ny vous addonner à vn exercice plus Angelique que celuy de la

Sainᴄte Oraiſon, car ceux qui s'y occupét *ſont cōme les Anges de Dieu.* Pource les Preſtres qui ſont particulierement hypothequez à prier, *& pour eux & pour tout le monde*, ſont ils appellez *les Anges du Seigneur.*

S. Eſtienne priant l'eſcriture des aᴄtes diᴄt, *que ſon viſage paroiſſoit cōme d'vn Ange.*

Mais dittes moy, quel eſt le langage des Anges ſinon la penſée? cōment loüent-ils Dieu ſinon en eſprit, *eſtans eſprits de feu embraſez de charité?*

Ces Seraphins du Prophete, qui *crioient l'vn à l'autre, Sainᴄt, Sainᴄt, Sainᴄt, Seigneur Dieu des armées,* cōment faiſoient-ils ceſte clameur ſinon en eſprit?

Que ſi les Anges furent entendus chātans à la naiſſance du Sauueur, *gloire à Dieu és lieux hauts, & en terre paix aux hommes de bonne volonté*, ce n'eſtoit que par des corps aëriens empruntez, qu'ils faiſoient retentir ces voix aux oreilles des Pasteurs, car de leur nature ils sont immateriels.

Diray-je que par le moyen de l'Oraison *l'homme*, comme dict Ieremie, *s'esleue par dessus soy-mesme*, anticipant, comme par auant-ieu sa future beatitude?

C'est le Mystique Thabor où l'ame est blachie, illuminée, sousleuée & trans-figurée en Dieu. Elle est ceste montaigne de Thrace, d'où, à ce que disoient les anciens, on entendoit l'harmonie des Spheres celestes.

Ou ce mont Olympe exempte des plus fortes impressions de l'air, i'entends de la violence des passiōs tyranniques.

Elle est ce Thymiame odorant, qui ne se brusle que deuant Dieu, sur l'autel de Sethim de nostre cœur incorruptible.

Que si *l'obiect donne l'estre à la chose*, selon la maxime philosophique, combien est excellente l'Oraison qui n'a autre blanc, autre but, autre visée que Dieu, *auquel seul Roy des siecles, immortel, & inuisible, elle rend honneur & gloire.*

De sa dignité, si nous passons à son vtilité, nous la trouuerons incomparable, car comme disoit le Sage, *que par la sapience tous biens luy estoient arriuez*, ainsi toutes commoditez nous viennent par l'Oraison, voire & la Sapience mesme.

Ne fut-ce pas par la priere que Salomon l'obtint, quand il parloit ainsi à Dieu, *Seigneur donnez moy ceste sapiëce assistante de vostre siege, enuoyez-la moy du haut des cieux, & du trosne de vostre grandeur, afin qu'elle soit & trauaille auec moy, & qu'elle m'enseigne ce qui vous est agreable: car elle sçait & entend toutes choses, & elle me conduira prudemment en toutes mes œuures.* C'est la Maistresse des

L'ORAISON MENTALE. 67
requeſtes de l'Hoſtel du Roy des Cieux, rien ne nous eſt accordé de luy que par l'entremiſe de la priere : car il eſt eſcrit, *demandez & vous receurez.* Elle eſt la diſpenſatrice de ſes graces, par elle nous auons accez au plus ſecret cabinet de la diuine bonté, c'eſt le canal par où fluë ce *fleuue impetueux, qui reſiouyt la cité de noſtre ame, & la ſource viue qui arrouſe l'Eden des cœurs purs qui ſont des Paradis terreſtres.*

C'eſt par elle que les Anges font leurs offices, *de purger, illuminer, & perfectionner* ſelon S. Denys Areopagite.

Les ames qui s'y exercent ſont cōparées *aux oüailles de Galaad graſſes de la reſine* de la grace celeſte, *qui montent du lauoir toutes auec deux agneaux,* ſçauoir l'action & la contemplation, *& n'y a aucune ſterile entr'elles,* car la mandragore ne fecōde point tant les matrices corporelles, comme l'Oraison les spirituelles.

Elle est ceste nauire du facteur, dont parle le Sage, *qui nous apporte du pain de loing, le pain de vie & d'intelligence, le sel de la sapience eternelle.*

Somme elle obtiet tout ce qu'elle veut, quand elle a toutes les circõstances requises pour la valider. C'est l'Ester qui a d'Assuere tout ce qu'elle demande, la Semiramis qui obtient de Ninus son propre Royaume: n'est-ce pas elle qui nous presse tous les iours de dire à Dieu, tout bon, & tout grand, *Vostre Royaume nous aduienne?*

Par elle Abraham obtint lignée, Anne mere de Samuel la fecondité, Moyse & Iosué des victoires prodigieuses, l'humble Publicain remission, le bon Larron le Paradis, S. Estienne de voir le Ciel ouuert, S. Pierre la rupture de ses chaisnes, Elie & Elisée la resurrection de deux enfans, comme pareillement les Apoſtres. Somme elle impetre merueilles au Ciel & en la terre, par elle Dieu nous mõſtre tout bien.

Pour venir à ſes delices, ne voyez-vous pas, mon Angelique, que c'eſt *la manne cachée, & le fruict de l'arbre de vie, qui eſt au Paradis* de l'Egliſe de Dieu. Celuy-cy dónoit l'immortalité au corps, & l'Oraiſon conſerue l'ame pour la bien-heureuſe eternité.

Elle eſt le threſor caché dans le champ, & la perle Euangelique, de laquelle pour faire emplette, nous ne deuons eſpargner aucun trauail.

C'eſt l'Ambroſie & le Nectar des ames deuotes, *la mamelle de l'Eſpoux meilleure que le vin.*

Le puits profond de l'Euangile, dont *l'eau ſeule peut eſtancher la ſoif pour touſiours.* De ceſte eau eſtoit deſireuſe la Samaritaine, & Dauid auſſi, diſant, *Seigneur, mon ame a eu ſoif de vous, & ma chair en eſt alterée.*

C'est le *banquet Euangelic des nopces de l'Agneau*, où il faut attendre la lampe à la main.

C'est *la couchette de Salomon, & son oratoire ionché de charité, basty des cedres du Liban*, marque de la sublimité des pensees contemplatiues.

C'est *le iardin clos, & la fontaine seellée, & ce verger où l'espoux appelle l'espouse, & la connie de venir sauourer la delicatesse de ses fruicts aromatiques*. C'est *le lict tout florissant & enuironné de pommes*, où on languit du sainct Amour. Là se donnent les chastes baisers du Cantique.

C'est là que l'Amante saincte trouue son petit frere à l'escart, & le baise, & luy donne ses mammelles, laquelle se fond & liquefie d'aise, qu'elle s'escoule comme l'eau, & que l'ame deffaut en Dieu son Sauueur, se perdant heureusement en soy pour se retrouuer en celuy qu'elle ayme infiniment plus que soy mesme.

C'est là que par l'assentiment des diuines odeurs, apres lesquelles on court, on recognoist sensiblement le voysinage des Isles Fortunees de la terre promise du Ciel, & que l'on reçoit des arres & eschantillons de la gloire inflestrissable, & que l'on commence icy bas cette parfaicte contemplation, qui doit durer à tousiours mais là haut: car il est escrit *que la part de Marie ne luy sera point ostee.*

C'est là que les *colombes* qui sont les belles ames, *se lauent dans le laict le long des tres pleins courans des diuines douceurs*: car il est escrit, *vous les enyurerez Seigneur, des torrens de vostre volupté saincte.*

Là qu'elle se delicient dans *les carreaux d'oromates, compassez par les parfumeurs.* Là qu'elles s'exclament *que vos tabernacles sont aymables, Seigneur Dieu des vertus!* & ce qui s'ensuit en ce Seaume extatique.

Icy disent ces espouses sacrees *nous*

tenons noſtre bien-aymé, & ne le laiſſerons iamais, non pas meſme pour vne benediction, comme fit Iacob. *Icy*, diſent elles, *ſe faict la cōuerſion de nous à luy, & de luy à nous.* Icy ſe forgent les liens de noſtre vnion indiſſoluble.

Que ſi Anaxagore s'eſtimoit n'eſtre nay, que pour contempler le Ciel & le Soleil, que dira l'ame deuote, ſinon qu'elle n'eſt vrayement creée, que pour cōſiderer *ſon Soleil d'Orient*, & adorer & aimer *le Seigneur, Roy du Ciel & de la terre.*

Qu'elle ne ſe veut baigner ny agreer qu'en ſes ſainctes priuautez & familiaritez, *que ſon bien-aymé eſt à elle, & elle à luy, qu'ils repaiſſent entre les lys.*

Ie me perds, mon Angelique, en la conſideration de ces douceurs, de ces vtilitez, de ces excellances, ie m'eſgare en tant de biens honorables, profitables, delectables, & m'oublie preſque de la briefueté, que ie que ie desire obseruer en cet Opuscule, recueillez ce peu que ie vous ay proferé *de l'abondance de mon cœur.*

Que l'Oraison Mentale n'est point vne nouueauté.

CHAP. IV.

N'EN doutez point, mon Angelique, car c'est la coustume naturalisée *du monde maling*, si tost qu'il commencera à s'appercevoir, ou seulement à douter que vous vouliez vous adonner à ce sainct exercice de l'Oraison Mentale, il deslaschera soudain sur vous vne gresle de risees, & vous blasonnera de mille mocqueries impertinentes: tantost il vous cajollera, ores baffoüera, ores exhortera, ores menacera, & ne fera-il pour vous destourner d'vn si genereux dessein,

D

ce cameleon prendra toutes couleurs, excepté la blanche de la raison, tres-bien vn anciē poëte Philosophe. *Il n'est rien*, dit-il, *de plus iniuste que l'homme impertinent, qui ne trouue rien de bien, que ce qu'il faict.*

Pharao vouloit faire mourir les masles d'Israël à leur naissance: & le monde tasche d'estouffer nos meilleures intētiōs en leur berceau.

Ayez bon courage, car vous sçauez, *qu'en arriuant à la discipline de Dieu, il faut preparer son cœur à la tentation:* Cet *Ange de tenebres*, se transformera, & transfigurera si tres-asprement en *Ange de lumiere*, que vous le prendriez à sa voix pour vn Iacob; & neantmoins dans le cœur est vn Esau.

Ie laisse vn tas de menuës obiectiōs, que son inepte babil lui fournit, qui ne meritent autre responce que le mespris de leur foiblesse: ie luy veux enclouër deuant vous, deux ou trois pieces, dont il fait sa

principale batterie contre la saincte Meditation.

La premiere, c'est qu'il la taxe de
nouueauté, comme si c'estoit vne
inuention forgee de nos iours, de
fraische datte, & recéte impressiō:
mais qui ne void comme cette opposition se destruit de soy-mesme,
& s'oppile la bouche? La Meditation &
Contemplatiō, est vn exercice aussi nouueau, que Dieu est nouueau,
qui est appellé *l'anciē des iours*, car ie
vous prie, que fait-il de toute eternité, sinō se contēpler soy-mesme?

Il est nouueau, cōme les Anges
sont nouueaux, qui ne font depuis
leur creatiō que mediter les perfectiōs diuines, & cōtempler *cette face incomprehensible*, pour laquelle ils
bruslent si puissamment, *& que sans
cesse ils desirent voir.*

Il est nouueau cōme les Cieux
sont nouueaux, comme *les astres du
matin sont nouueaux, qui narrent la
gloire de Dieu, & le loüet en leur* muet
langage.   D. ij

Parcourez tout l'ancien & nouueau Testament, vous ne trouuerez que Patriarches, Prophetes, & Apostres contemplatifs, voire extatiques, l'histoire Ecclesiastique, de siecle en siecle, nous marque des personnages doüez de haute speculation & meditation. Les Soliloques & Meditations de sainct Anselme, sainct Bernard, sainct Bonauenture : & quoy, mille autres escriuains des siecles plus reculez, monstrent assez l'ancienneté de cette forme de prier.

Les Carrauanes & peuplades de Saincts Anachoretes, qui remplissoient les deserts d'Orient, pourquoy cherchoient-ils les *solitudes, y errans par les cauernes*, sinon pour vacquer plus librement à la Meditation & Contemplation ?

Ne cognoissez-vous pas bien donc, à ce jargon, que le monde est tousiours monde, *nommant le bien mal, & mettans les tenebres pour la lumiere.*

Le Diable, Prince de ses obscuritez, sçachant combien les enfans de lumiere illuminez par ce flambeau de l'Oraison Mentale, descouurent ses embusches, & en esclairent les autres, destruisans son regne, *& sa puissance tenebreuse*: il l'a fort à contre-cœur.

C'est pourquoy par ses supposts, qui sont les ames peruerses, il tasche de retirer de cette Angelique occupation, ou du moins, de trauerser par ses irrisions, ceux qui reçoiuent cette grace de Dieu, de vouloir aspirer à cette cognoissáce.

Tenez pour constant, Angelique, qu'il n'est point de feu sans fumee, de Soleil sans ombre, ny de Dauid contemplatif, qui ne soit mesprisé en ses extases, par quelque mocqueuse Michol.

En cés yuresses spirituelles, les maudits Chás se riét tousiours des bons & iustes Noes.

Les Philistins se gaussoient de

Samson, attaché à vne colône, aueuglé de corps, mais clairuoyant d'esprit. Ainsi quand les mondains voyent les personnes spirituelles les yeux fermez, cloüez fixement à la consideration *des colomnes des Cieux*, ie veux dire des choses celestes, voila l'obiet de leur gausserie.

Ils les reprennent côme faineantes, iugeãs mal de cette saincte oysiueté: mais consolez-vous, Angelique, *nostre Seigneur, nostre Patron & Aduocat*, prendra aussi tost la cause en main de ces Maries, contre ces troublees & troublantes Marthes.

Ils vous enuironneront côme abeilles, mais au nom du Seigneur vous les escarterez, & possederez vostre ame en patiëce: vous serez le signe de leurs fleches, mais en fin leur arc se brisera. Souuenez-vous de celuy qui a bien souffert d'autres contradictiõs pour vostre salut, & qui a seruy de signe pour contredire, voire de

L'ORAISON MENTALE. 79
pierre d'achoppement aux peruers : plusieurs bataillerõt contre vous, mais si Dieu est auec vous, vous percerez ces armees, ils parleront contre vous d'vne lãgue pleine de dol, & vous entourneront de paroles odieuses : mais le Seigneur ne taira point vostre iuste loüãge, parce que le puits d'enfer ouure la gueule medisante sur vous : confiez-vous en luy, il a vaincu le monde.

Parmy leurs mocqueries, ils dirõt que vous attendez cõme les Israëlites, que la manne ou les cailles vous tõbent du Ciel, & dittes leur tout doucemẽt, que voiremẽt *vous leuez vos yeux à celuy qui habite aux Cieux, cõme les yeux des seruiteurs & seruantes, sont aux mains de leurs maistres & maistresses : que vous attendez secours d'enhaut, de celuy qui a faict le Ciel & la terre, que vostre ame sans luy, est vne terre sãs eau : que vous croyez qu'il regardera vostre humilité, qu'il ne vous mespriserapas, & que sa puissance*

D iiij

n'*est point abregée*, qu'ainsi vous attēdez *vostre salutaire*, auec patience, & la mane de ses diuines cōsolations.

Mais priez les bien tout modestement, qu'ils ayent pluftost compassion de voftre infirmité, & misere, que de blasmer en vous la saincte Meditation : s'ils vous alleguent que l'on peut bien faire son salut sans cela, dittes leur qu'il peut bien estre ainsi, mais que vous ne le sçauez pas asseurement : cela sçauez vous asseuremēt qu'aussi peut-on bien faire son salut ainsi, c'est à dire auec l'Oraison Mentale, estāt vn outil fort propre pour faire progrez en la pieté, joint qu'il a pleu à Dieu vous inspirer, non seulement l'obseruance de sa loy, mais encor quelque desir de vous perfectionner, comme au ieune adolescent de l'Euangile.

S'ils alleguent, & c'est leur jargō ordinaire, que nos Peres s'en sont bien passez, respondez charitablement, que vous ne le croyez pas, d'autāt que cet exercice n'a iamais manqué en l'Eglise de Dieu: que s'il a esté moins frequenté, nous voyōs aux funestes apports de l'heresie, qui nous afflige, que nous payons à l'aduāture pour ce manquement, *l'iniquité de nos peres*, desquels aucuns plus curieux de gouster sans doctrine suffisāte, du fruit de la science du bien & du mal, cōtenu és sacrees Panchartes, que de ce fruit de vie de la saincte Meditation, ont plongé leur posterité en ces erreurs, qui cōbattent la verité en ce téps calamiteux & miserable.

Et cōme l'Heresie anime de sa part les entendemens de ses sectateurs d'opinions erronnees, ainsi Dieu renforce de son costé son Eglise, *de son esprit principal*, plantant la deuotion dās le cœur des fidelles, par le moyen de la saincte Meditation.

Deuotion & Meditation, termes presque ignorez des errans: tant

D v

s'en faut qu'ils en sçachent aucune pratique. Deuotion à laquelle plustost qu'à aucune sciéce, sont deuës les palmes des heresies debellees, comme on peut remarquer en la naissance des ordres de S. Dominique & de S. François. Car l'heresie ayant tiré son origine de l'ignorance & de la mauuaise vie, desormais la sciéce a banny celle-là, reste que le deuotion extirpe celle-cy & voila les fondemens des reuoltez par terre: & qui ne voit que le principal & plus puissát outil de la deuotiõ est l'oraison? ie dy la mentale & cordiale.

Si les mõdains persistent accariastrement à accuser cét exercice de nouueauté, ou taisez vous, Angelique, ayant cõpassion de leur aueuglement, ou en cedant à l'amiable à leur proposition, dittes leur graticusemét que toute nouuelleté est bié suspecte nõ pas tousiours mauuaise. *Ainsi N. S. est venu faire tou-*

tes choses nouuelles, donner vn commandement nouueau, faire vne Eglise, glorieuse & immaculée, sur le debris de la Synagogue, que l'Apostre nous exhorte, *à despouiller le vieil homme & reuestir le nouueau qui soit selon Dieu, à renouueller nostre Esprit*, & Dauid, *A chanter vn Cantique nouueau*, que par la saincte Meditation se moyenne ce rajeunissement, où *renouuellement de l'Aigle*, comme parle Dauid : muât les vieilles plumes des mauuaises habitudes aux nouueaux cotons des Vertus.

Adioustez que le bon mesnager Euangelique, *profere du thresor de son cœur les richesses anciennes & nouuelles*; Et que l'Espouse du Cantique, qui est l'ame contemplatiue, *reserue à son Espoux les pommes vieilles & recentes*. La grace, & la bonté des fleurs & des fruicts, consiste en leur fraischeur,

D vj

& nouueauté, ce qui est recent, n'est pas tousiours à reietter.

Ie vous veux reciter vn riche exemple à nostre propos, mon Angelique, & qui seruira pour vostre consolation, & consolidation. Le bien-heureux Ignace, Pere de cette celebre Cõpagnie, qui milite par tout le rõd de la terre, sous le nom de Iesvs, ayant nouuellement cõposé cet incomparable liure de ses Exercices spirituels, & attirant par ce moyen vne infinité d'ames, sous l'estendart de la Croix, peuplãt de toutes parts les Monasteres, reformant les familles entieres: somme, metamorphosant par cet outil, le mõde de mal en bien, fut aussi tost par le mõde louche, qui ne void rien que de trauers, soupçonné de nouueauté en ses dogmes, & accusé, comme seducteur, de la ieunesse, & des ames simples, à l'exemple de nostre Seigneur: mais en fin, ayant manifesté ses

L'ORAISON MENTALE. 85
bonnes fraudes, & soubmis son liure à l'examen & censure de tout sain iugement : il a en fin merité ayant passé par l'estamine de la congregation des Cardinaux, d'estre approuué par le Souuerain Pontife Paul III. Voila des bonnes nouueautez, Angelique, & bien meilleures que celles qu'inuentēt tous les iours les mondains pour aggréer au siecle.

O qu'il est bien vray, *que plusieurs blasphement ce qu'ils ignorent* ! Heli voyant Anne mere de Samuël, priant mentalement, l'estima yure, iugeant temerairement d'vne si sage femme. Et les Iuifs faisoient pareil estat des extases Apostoliques.

Herodes creut nostre Seigneur insensé, parce qu'il se taisoit, comme si le babil n'estoit pas plustost vn indice de folie, que la taciturnité.

Mon Angelique, si tost que vos

amis du monde vous verront addonner à l'Oraison Mentale, ils croiront soudain que vostre cerueau soit estropié, ils chercheront par tout de l'Hellebore pour procurer vostre guerison, ils iront au Medecin pour vous remettre l'hyppocondre, & vous feront tout plein de belles & charitables remonstrances en genre demonstratif, pour vous exhorter à ne perdre pas ainsi vostre reputation deuant les hommes, en vous retirant de cette saincte occupation, qu'ils appellent de leur grace, folie. Consolez-vous, Angelique, en ce que Dieu *a esleu la folie pour confondre la sagesse du monde, de ce qu'il a choisi la folie de la Foy, pour abbattre la philosophie mondaine, de ce qu'il nous enseigne, que la sagesse du monde est vne folie deuant luy, & que celuy qui veut estre sage, doit deuenir ainsi fol pour luy plaire.* Resioüyssez - vous à *guise des Apostres, de cette ignominie contumelieuse pour son amour. Si vous plaisiez au monde, vous ne seruiriez pas bien Dieu. Soyez bien aise que le monde se mocque de vous, reseruant vostre gloire au tesmoignage de vostre conscience.*

Si le monde veut que vous priez à sa façon, & vocalement *des leures, non du cœur*, dites luy que chacun faict à sa mode : vous le laissez faire à la sienne, qu'il vous laisse faire à la vostre, il faut que chacun selon les Prouerbes, se chausse à son poinct, & se mesure à son aulne. *Le Sage s'asseoira, & se taira, & ainsi s'esleuera.*

Il est plus iniurieux quand il appelle cet exercice vne spirituelle Alchimie, où l'on souffle son cerueau. Que voulez-vous, il faut souffrir ses sornettes, & luy dire que vrayement vous cherchez en l'Oraison le fourneau du

diuin Amour, & la pierre philosophale de celuy dont la teſte eſt appellée au Cantique, *or d'Ophir, or
tres-pur,& tres-bon.* Et par Dauid, *vn
argent examiné par le feu, eſprouué &
purgé au ſeptuple.*

Vous diray-ie l'encloüeure? voicy que ie l'ay apprise de noſtre B.
Mere Thereſe, fondatrice des Religieux & Religieuſes Carmes Reformez, vierge d'vn eſprit de grande Oraiſon, & fort illuminé. Pluſieurs mondains, dit-elle, meſpri-
ſent l'Oraiſon Métale, parce qu'ils
ne ſçauent aucunement bien faire
la Vocale, car l'attention ferme à
la Vocale, eſt vne partie de la Métale : que ſils auoient ceſte attention, ils ne ſeroient pas ſi indiſcrets
de ſe mocquer de ce qu'ils pratti-
queroient : d'autres qui feront les
modeſtes ſ'eſpandront aux loüanges de l'Oraiſon Vocale, comme
plus conforme aux hommes, alle-
gueront que par elle : *On pouſſe des*

bons mots, difant fes œuures à Dieu, que la grace eft diffufe aux leures qui prient ainfi, & que par elle on attire la benediction. Qu'il faut dire la gloire de Dieu, & magnifier en parlant fa puiffance, qu'il faut pouffer dehors la memoire de l'abondance de fes fuauitez, que l'Eglife prie ainfi publiquemēt, qu'elle ordonne ainfi fon office. *Ils magnifient ainfi leurs langues, comme fi leurs leures eftoient à eux*: mais ne voyez-vous pas, que leur cœur qui n'eft pas droict, faict parler leurs lãgues frauduleufes? O monde! ô femme de Ieroboam, difoit le Prophete Ahias, pourquoy te diffimules-tu? O fiecle! tes paroles plus molles, & qui coulent comme l'huille, font des traicts poignans & acerez. Il eft vray, Angelique, l'Oraifon Vocale faicte auec l'attention, & les circonftances requifes eft tres-bonne, mais faut il pour exalter le moins, blafmer le mieux? car c'eft le poinct de leur conclufion: *Declinez & fuyez de moy, ô ma-*

lings, & ie rumineray les commandemens de mon Dieu, ils me narrent
des contes iniquement, mais cela n'est
point conforme à la verité.

Confessez franchement, Angelique, que vous voulez imiter les
escoliers de Pythagore, & philosopher en vous taisant.

Zacharie ayant veu vn Ange
deuint muet. Moyse du pourparlé auec Dieu, reuint balbu-
tiant. *Isaye & Ieremie* disent, *ha! ha!
ha! Seigneur, nous ne sçaurions parler.*
On ne sçauroit bien contempler
les mysteres diuins qu'en se taisant, ny les mieux penetrer que
par l'Oraison Mentale.

Que l'Oraison Mentale n'est point difficile.

CHAP. V.

COMME il est plus facile de se taire que de parler, autant est-il plus aisé de prier mentalement que vocalement. Proposition paradoxique pour le monde, dont le vain babil luy faict trouuer le silence plus difficile que sa cajollerie. Mais proposition tres-vraye, mon Angelique, à ceux qui s'addonnent à ce sainct exercice, desquels aucuns paruiennent iusques à l'Oraison continuelle, d'où qui les distraict, les enleue de leur centre, tendans à Dieu à chacune de leurs aspirations & respirations.

Mais dites-moy, n'est-il pas autāt naturel à l'ame de penser, qu'au corps de respirer, comme celuy-cy haleine en dormant, & celle-là ne songe elle pas ? *a elle iamais repos, sinon en Dieu qui est, son centre? dit* S. Augustin, & Dauid chante, *en paix en luy ie dormiray & me reposeray.* Qui me dira qu'il y aye de la peine à respirer, sinon à ceux que le catharre suffoque, ou que l'on serre à la gorge, & qui sont ceux qui trouuent de la peine à mediter, sinon ceux qui sont remplis de peccantes humeurs de vicieuses mœurs, ou ceux que le Diable tient au gosier, les empeschant de sauourer ce pain de vie & d'intelligence, *qui ont oublié de manger leur pain spirituel.* Comme les Israëlites qui se degoustent du Man. *Qui abominans ceste viande, approchent iusques aux portes de la mort, & dont l'ame defaut de faim & de soif de ceste reffection desirable.*

On en voit prou desquels,

L'esprit va çà & là, d'vn & d'autre costé,

En cent contraires parts diuersement porté.

Et qui prennent en leur mire toutes sortes de routes, excepté celle qui atteint au blanc d'vne iuste attention: ce que nous vous monstrerons, Angelique, quand nous vous parlerons des distractions.

Il s'en voit assez qui prennent à plaisir, de laisser vagabonder leurs esprits dãs le vaste champ de leurs imaginations, courans *aux desirs de leurs cœurs, & en leurs inuentions*, apres des pensées folles ou impertinentes, à cela on ne trouue aucune peine. Vn Amant possedé d'vne frenetique passion, pour vne creature en perdra le repas & le repos, ne se delectera qu'à penser & repenser à certaines perfections qu'il s'imagine en elle. Helas! Angelique, sera-ce de la peine de contempler les incomparables excel-

lences de celuy qui a creé de sa parole
Les plus rares beautez de ce grand vniuers.

On vsera sa vie à poursuiure des honneurs, des commoditez, des delices passageres, & on plaindra vn peu de temps que l'on mettra à pourpenser les moyens de paruenir *à la gloire, aux richesses, & aux torrens de volupté* qui nous attendent au Ciel!

Ceux qui vouloient destourner Hannibal de passer ses conquestes en la belle Italie, luy represētoiét la rigidité des Alpes, & la difficulté des passages, mais en fin il perça ces hauts monts, trauersa trois obstacles, & reduisit presque Rome à sa mercy. Ceux qui diuertissent les autres de s'addonner à l'Oraison Mentale, leur proposent sa sommité comme inaccessible, mais rien *n'est impossible au croyant:* i'adiouste, ny à l'amant, ny au voulant, ny au volant, car on vole volontiers à ce qu'on veut, rien ne peut obstacler les genereux courages.

Ceux qui d'vn auare soing frettent les mers du Leuant, pour fuyr la pauureté, iusques au bout du monde, & nous rapporter l'or du Peru, mais quels trauaux ne subissent-ils, mais quelles risques ne courent-ils, mais que ne font-ils comme des Iasons pour conquerir la toison d'or tant desirée? Que craindrons-nous de nous embarquer en l'Oraison, qui est la nef des Argonautes, où nous rapporterós chez nous toutes sortes de biés.

Ny les deserts, ny les Mers-rouges, ny les Iourdains, ny les armées n'empescherent point le desseing d'Israël en la conqueste de la terre de Chanaã, laquelle bien que promise, ils ne possederent qu'au prix de leurs sueurs, & de leur sang, ils ne s'arresterét pas tát aux terreurs que leur vouloient imprimer ces timides,& lasches espions qui leur en faisoient le rapport, comme aux genereuses resolutiõs de leurs braues Capitaines, Caleb & Iosue.

Voyez l'inegalité du monde, tantost il dit que la meditation n'est rien qu'vn vain amusemét, tantost que c'est vn exercice penible, & de haute entreprise, faisant ainsi d'vn Elephant vne mousche, & d'vne mousche vn Elephant

Mettõs la main au fort du mal, & sondõs son origine: la voicy, Angelique, *c'est que l'home ennemy, ayant semé tant de zizanie*, de corruption, dans l'Oraison Vocale des mondains, que presqu'elle est inutile, ayant rongé toute la moëlle du dedans, & n'y ayant laissé que l'escorce, il empesche tant qu'il peut qu'ils ne soient instruicts de la Mentale, qui viuifieroit & donneroit l'ame à leurs prieres de bouche, mortes pour la plus part: ce que l'on void
au

au peu d'exaucement qui reüssit à leurs supplications, dont la racine cordiale est sechée.

Les perles qui naissent au bruit des Echos, n'ont que la crouste de perles creuses au dedans, & vuides de substances & solidité, ainsi la plus grande partie des Oraisons Vocales du monde n'ont que le son, & vn battement d'air plein d'inanité. Voila vne cause de la part du Diable.

L'autre est de la part des mondains, tellement inueterez en leurs mauuaises habitudes, qu'ils redoubtent la peine de se refondre, & de despoüiller leur vieille peau, & ils sont tellement habituez au desreiglement de leurs pensées, que quand on r'ameine, *& faict retourner ces Sulamites à soy*, *& qu'on faict reuenir ces preuaricateurs à leur cœur*, il semble qu'on les mette aux ceps, que l'on gesne leurs esprits les arrachant à la cadene

E

& au banc d'vne galere pour voguer contre leur gré & naturelle liberté.

Ils sont au commencement comme ces cheuaux rebours, farouches & indomptez, qui fuyent les poteaux, les caueçons, & les lices, mais apres qu'ils sont bien dressez, ils se reposent sur leur propre bride, leur frein leur sert à marcher & à mascher, & tout ce qui les incommodoit les ajuste & soulage. O Angelique, *s'ils auoient veu & gousté combien le Seigneur est doux, & proche de ceux qui l'innoquent en verité,* & cordialement!

I'aduoüe franchement, qu'à vne ame libertine, volage & esgarée, la Meditation semble difficile à l'abbord, mais mercy à son detraquement: non que l'Oraison en soy aye rien de malaisé. Vn Ophtalmique voit toutes choses rouges, vn Icterique iaunes: le sont-elles pourtant? qu'ils purgent ces humeurs sanguines & bilieuses, qui leur troublent la veuë, & ils verront les obiects en leur propre nature & couleur. La malaisance que ces personnes croyent en l'Oraison Mentale n'y est pas, mais au desracinement de leurs mauuaises constitutions spirituelles.

On ne remonte pas en quatre heures ce qu'on descend en vne, on ne redresse pas en trois iours, le ply qu'vn arbre aura pris en 3. ans: & il y a des esprits si impatiés, qu'ils voudroient tout à coup recolliger & ramasser leurs pensées, qu'ils ont laissé piroüetter tout le temps de leur vie, l'espace de vingt & cinq, trente, ou quarante ans: ne sot-ils pas iniustes de se rebuter tout à l'abbord s'ils ne peuuent gaigner ce point sur eux, *& ne vouloir pas boire d'auantage de ce calice enyurant de douceur, pour auoir gousté* l'amertume du principe de leur reflexion.

Ne iugez-vous pas bien, Angelique, que cela prouient pluſtoſt de l'acrimonie de leur gouſt depraué, que d'aucune aſpreté de la viande *plus douce que les rayons de miel aux goſiers bien diſpoſez?*

Voila pas vn argument bien coëffé, l'ay de la peine à reduire mon eſprit extrauagant à la Meditation, doncques l'exercice de la Meditation eſt extraüagant & penible: n'eſt-ce pas attribuer à la glace douce & polie d'vn miroir les defauts d'vn laid viſage qui s'y mire?

Ie vous aſſeure, mon Angelique, qu'il eſt mille fois plus aiſé de prier mentalement à qui eſt bien inſtruict d'vne bonne methode, que de dire, ny l'office, ny le chappelet, ny aucune autre Oraiſon Vocale: il me ſéble que cela eſt & viſible & palpable, voyez-le, touchez-le en ces raiſons.

L'agir du corps & de l'eſprit (car

telle est la vraye Oraison Vocale) n'est-il pas plus penible, que de penser en grande tranquillité de corps & d'esprit?

Considerez comment au parler tout est en bransle, langue, leures, estomac, l'esprit bandé par l'attention actuelle ou virtuelle qu'ils disent: en l'Oraison interieure, ce n'est que quietude & accoisement.

De plus, il est fort difficile de continuer longuement l'Oraison Vocale, quād les formulaires dressez pour la faire sont parfournis, il n'y a autre moyen que de recommêcer, le corps en fin se lasse; mais à penser on continuera les années entieres, car l'Oraison Mentale consiste plus en des esleuations affectueuses, qu'en des discours suiuis: & puis, qui se peut iamais ennuyer du simple regard que l'on appelle Contemplation, si on ne veut contrarier ceste verité? *que l'œil ne se lasse iamais de voir.*

Ioinct que i'espere vous faire voir en cette directiõ vne pratique si aysée de l'Oraison Mentale, que vous iugerez clairement combien sont friuolles ces pretenduës allegations de difficulté que proposent les mondains, qui agitez au commencement de quelques petites distractions, cornent à l'impossible, attribuans iniustement à l'Oraison le defaut de leurs propres imperfections. Leur plus grand mal, *est qu'ils ne veulent pas entendre pour bien faire*, ny prendre la moindre peine pour apprendre *cette science des saincts*, & de salut

Que l'Oraison Mentale se peut prattiquer dans le monde.

CHAP. VI.

VN autre grand artifice du maling pour diuertir les personnes seculieres sur lesquelles il exerce vn Empire tyrannique de ce sainct exercice, est de leur persuader qu'il ne conuient proprement qu'aux Religieux retirez du commerce des hommes, le releguans dans les cloistres plus renfermez. Erreur non populaire seulement, mon Angelique, mais qui abreuue mesmes des cerueaux qui regentét hautement dans le monde, & qui y tiennent les premiers rangs. C'est la principale piece de batterie que l'ennemy de nostre bien dresse contre l'Oraison Mentale,

& qu'il nous faut desmonter monstrant sa nullité & fausseté.

Ce ne seroit pas seulement vne erreur, mais vne heresie, de nier opiniastrement que l'on peut ou deust mediter dãs le monde: mais i'entends bien, Les mõdains disent qu'ils sont tant accablez d'affaires, que cela leur oste tout le temps, & occuppé entierement leurs esprits, de maniere qu'ils y sont fort ineptes: tout cela est vne fripperie pour couurir vne fripponnerie, c'est chercher, comme dit le Prouerbe, *des nœuds en vn joug, & excuser des excuses en son mal.*

Ie ne diray point que c'est faute d'amour de Dieu, marchandise de rare trafic parmy les mondains, amour qui facilite toutes difficultez, & qui ne dit iamais, Ie ne peux, quand il y va de la gloire de Dieu, ou du salut de l'ame, mais c'est faute de volonté. Car comme les plumes & l'air n'empeschent point les oyseaux de voler, ny l'eau les poissons de nager, ainsi nuls negoces peuuent empescher vne belle ame de s'esleuer en Dieu, pareille *au lys blanchissant*, qui pousse sa teste satinée à trauers la poignāte noirceur *des espines*.

Les animaux mundes & ruminans, ausquels sont comparez les meditatifs laissent-ils de remascher en marchant & trauaillant? S Crespin, S. Cosme, S. Yue, laissoient-ils de mediter pour estre, celuy là embesongné à sa boutique, l'autre attaché aux fonctions de la medecine, celuy-cy du barreau.

N'est-il pas plus aisé de contempler en agissant, que d'agir en contemplāt? Les Anachoretes aciens, qui selon le conseil de l'Apostre *viuoient du trauail de leurs mains*, interrompoient-ils pour cela leurs oraisons interieures?

Les oyseaux de Paradis font bien leurs petits en volant, & pourquoy vne ame celeste ne pourra-elle faire ses negoces en contemplant?

Pourquoy ne fera-elle en voltigeant son nid sur les ondes, comme les Alcyons ayant le cœur ouuert vers le Ciel, & clos par embas, mettant bien son esprit dans les affaires, non les affaires dans son esprit, ne touchant d'affection à la terre, que comme le rond sur le plain en vn poinct.

Pourquoy à guise d'vn Alphée, ne percera-elle la mer du siecle, sans amertumer les ondes douces de ses plus gracieuses pensées, *reseruant sa force interieure pour Dieu*?

Es charges & offices, nous sçauons si bien donner le téps au seruice du public, & au nostre particulier. Rebecca porta-elle pas bié en mesme temps Esau & Iacob, & Iacob mesprisa-il pas Lia & Rachel? N.S. estoit-il pas, & seruy & suiuy de Marthe & de Marie? N'a-il pas prattiqué la vie appellée

Mixte, partagée entre l'action & la contemplation? Les Apostres ont-ils pas esté grandement occupez, ayans tout l'vniuers à moissonner, & neātmoins ont-ils laissé de vacquer à la meditation?

S. Paul pressé *de la solicitude de toutes les Eglises, faisoit-il pas instāce iournaliere* de les visiter, roulant comme vn Soleil, tout autour de la terre, a-il pourtant laissé d'estre rauy iusques au *troisiesme Ciel, où il entendit des secrets qu'il n'ose reueler.*

Tant de miliers de Saincts Euesques anciens autant comme vous pouuez penser, & plus fidellement occupez à leurs charges, que tous ces empressez mondains, ont-ils laissé de mediter, bié qu'ils eussent, & à regir leurs trouppeaux, & à combatre l'infidelité & l'heresie?

Les anciens Patriarches conducteurs de si amples familles auoiēt bien autant d'occupation que ces affairez, & neātmoins obmettoiētils de mediter, tesmoing Isaac qui meditoit en allant au rencontre de sa chaste Rebecca.

Y a-il rien de plus contemplatif qu'estoit Iob, pere de tãt d'enfans, possesseur de tãt de biẽs? Tobie en sa pauureté laissoit-il de contẽpler?

Moyse, qui auoit l'innombrable peuple d'Israël sur les bras, contemploit-il pas ordinairement? & Dauid en la charge Royalle obmettoit-il la contemplation?

Nostre bon Roy S. Loys, S. Edoüard Roy d'Angleterre, le B. Amé Duc de Sauoye, le B. Elzear Côte d'Ariã, ont-ils laissé cet exercice parmy les accablemés de leurs Couronnes, & de leurs sceptres?

Y auoit-il rié de plus extatic que Salomon en son throsne d'yuoire?

A la chasse mesme, plaisir violẽt & brusque, S. Hubert & Frãçois Borgia, encores Duc de Gandie, depuis General de la fameuse Compagnie de Iesvs, ont-ils laissé de mediter?

Daniel & Ioseph, gouuernans des Royaumes entiers, cessoient-ils de mediter?

Charles cinquiesme, la terreur du monde endossé de l'Empire, & de tant de Royaumes, est dit en son histoire, auoir parlé aussi souuent à Dieu, qu'aux hommes: bien est vray qu'à la fin, il renonça genereusement à tous ses septres, pour se dedier entierement à la part de Marie: *Immolant à Dieu des sacrifices de loüange, par ce qu'il auoit rompu ses liens.*

Ces exemples sont en si grand nombre, & en outre, si puissans & pressans, qu'ils ne peuuent admettre autre responce, que l'adueu d'vne extreme lascheté au seruice de Dieu.

Car tant s'en faut, que l'action soit incompatible auec la contemplation, qu'au contraire, ces deux choses se liét par vne estroitte conjoncture, comme le corps & l'ame, celle là estât aueugle sans celle-cy, & celle-cy inutile sans celle-là.

Ie dy bien plus, que les mondains ont d'autant plus besoin de la Meditation, qu'ils sont plus enuironnez des occasions de peché, & qu'ils ont plus de necessité d'estre secourus en leurs negotiations & mesnages, *afin que leur cœur soit conforté*.

Cessent donc ces pretendus renuoys de la Meditation, comme si les Soldats, les Courtisans, les artisans, les mariez, & toutes sortes de seculiers, de quelque vacation & condition qu'ils soient, n'estoiét pas capables de negotier auec Dieu en esprit, des affaires de leur salut: *Cette saincte Philosophie*, ce que disoit autrefois Seneca de sa Morale, *admet indifferemmēt toutes gens, ne refuse aucun*: elle n'est point acceptatrice des personnes, autant est capable de bien mediter le petit que le grand, le pauure que le riche, le malade que le sain, le ieune que le vieillard, la femme que l'homme, l'ignorant, que le sçauant.

Ouy, & que l'on ne tienne point cela pour paradoxe, ou i'iray plus outre, de dire que le simple & idiot est plus idoine à cette science mystique, que le docteur & sçauanteau, car il est escrit, *que quand l'hōme s'esleue en hautesse de cœur, Dieu s'enuole de ses prises, & que les riches de sçauoir seront renuoyez à vuide, & les pauures affamez remplis de biens.*

Pren des vases vuides, dit Elisee à la veufue de Sarepte, *& ils seront remplis d'huile* : Les vaisseaux vuides de presomption, & de leur propre opinion, sont ordinairement comblez *de l'onction spirituelle des consolations diuines.*

Ie confesse vostre grandeur, ô celeste Pere, de ce que vous auez caché vos secrets aux Sages, & les auez reuelé aux petits. Laissez venir à moy les petits, dit nostre Seigneur, *car à tels est le Royaume des Cieux*: & quel est le Paradis icy bas, sinon la saincte Contemplation?

Aussi void-on aux Religions reformées, qui s'exercent à la priere Mentale: les pauures freres laics, communément plus aduancez és choses de l'esprit, que les lettrez & predicateurs. *Mon entretien & deuis familier*, dit la Sapience, *est auec les simples*, *& qui regarderay-ie*, dit le Seigneur, *sinon l'humble, & celuy qui a ma crainte deuant les yeux?*

Les femmes deuottes sont ordinairement les plus aduancees en cet Exercice, qui ne regarde que les saines & sainctes affections, tesmoins saincte Magdaleine, sainctes Catherines de Sienne, & de Gennes, saincte Marie d'Ognies, sainctes Claires de Mont-falcon & d'Assise, saincte Paule, saincte Florentine, saincte Monique, saincte Brigitte, saincte Gertrude, & en nos iours la B. mere Terese, esprit à mon iugement incomparable en fait d'Oraison.

Que l'on n'aille donc plus attachant la Meditation à certain sexe, ou certaine condition & profession de personnes; car bien qu'elle se puisse exercer en Religion plus librement & commodement, il ne s'ensuit pas que seulement elle soit propre à ces lieuxlà: mais comme *l'onguent d'Aaron, onction mystique, s'espancha de sa teste sur sa barbe*, dit Dauid, *& de là iusques aux bords de ses vestemens*: Ainsi semble-il que par la misericorde de Dieu, de ces demeures religieuses, & retirees, où ce sainct Exercice s'estoit renclos & relegué, pour le desbord du siecle, il veuille refluer dans le mõde, pour le rectifier & reformer, à cause des vrgentes necessitez de l'Eglise attaquee & inquietee de l'heresie, & se rendre communicable à toutes sortes de vacations seculieres.

Car comme toutes les lignes qui se tireroient du centre de la terre, à la circonference du Ciel, seroient esgales, ainsi Dieu qui n'est *point acceptateur des personnes, admet indistinctement à son accés familier le Iuif, & le Grec*, & ne regarde pas *tant la face que le cœur*, ny tant la qualité de ses seruiteurs en leurs prieres, que l'amour & l'affection, auec quoy ils le reclament.

Or est-ce mon intention principale en ce liure, de tracer vne certaine forme de prier mentalemét, qui serue indifferemment à toutes personnes, *comme ie suis debiteur à tous*, suiuant la condition à laquelle Dieu m'a appellé, & non tant aux Religieux qui sont mieux stilez en cet exercice que moy, & qui volótiers vont plus auant en cette mystique Theologie, comme aux plus grossiers du vulgaire, & aux plus simples ames de uotes, qui souuent sous le pretexte de ce renuoy aux cloistres, s'abstiennent de gouster des fruicts delicieux, que produict le palmier de la saincte Meditation.

Qu'il faut vn Directeur pour bien apprendre ce S. Exercice.

CHAP. VII.

C'EST icy, Angelique, le conseil des conseils, d'auoir quelqu'vn qui bien vous conseille : mais où est-il? me direz vous. Certes il est plus aisé à dire, qu'à rencontrer, à le descrire qu'à le trouuer.

Entre plusieurs milliers vn homme docte & bon,
A peine pût nommer l'Oracle d'Apollon, dit ce Poëte,

Il le faut sçauant, il le faut vertueux de science & de conscience, qualitez germaines, neantmoins de rare assemblage : s'il a celle-là sans celle-cy, il sera bon docteur, mais mauuais conducteur, tant il est difficile de ramasser en vn mesme homme, les conditions de Moyse & d'Aaron, la probité & le sçauoir. S'il est bon, mais ignorant, commét enseignera-il, comment guidera-il, comment descouurira-il les illusions, les embusches & les pieges que Sathâ dresse en cette voye? *Sera-ce pas vn aueugle, qui en conduira vn autre ?* De là tant de cerueaux desmontez, à cause de la temerité des Phaëtons, qui entreprennent des conduittes dans les Cieux, sans sçauoir les adresses.

Certes, quand ie vous veux despeindre, Angelique, les qualitez de ce directeur requis, il me souuient de la Republique de Plato,

& de l'Orateur Cicero, pluſtoſt à deſirer, qu'à eſperer.

Combien d'ames, helas! gemiſſent paralytiques, & deſireuſes de ſe pionger dans cette piſcine probatique de la ſainɛte Oraiſon, qui diſent, *nous n'auons point d'homme*. Prenez courage, Angelique, ſi vous auez vn grand deſir de cette eau, noſtre Seigneur debonnaire ſera voſtre homme, & la vous donnera, comme à la Samaritaine. O l'excellent directeur, *priez-le qu'il ne vous oſte pas ſon ſainɛt Eſprit, mais qu'il creé en vous vn cœur net, & qu'il en forme vn droict & neuf en vos entrailles*. Il ſera l'eſtoille qui vous cõduira, comme les Magès, car *aucun ne peut aller au pere que par luy*.

S'il veut vous inſtruire de ſoy-meſme, il vous conduira par vn chemin bien court: *car la grace du ſainɛt Eſprit*, dit ſainɛt Ambroiſe, *eſt prompte*, il vous purgera, illuminera & perfectionnera en moins de rien, & vous esleuera à de grandes grādeurs spirituelles, comme nous voyons qu'il a operé luy seul en tant de saincts & sainctes, qui ont excellé en l'Oraison.

Mais comme il ne *fait pas ainsi à toute nation*, & ne meine chacun par cette routte extraordinaire, gouuernant communément & les corps & les ames, par des causes secondes, priez-le, ou qu'il fortifie en vous les inspirations de vostre bon Ange, ou qu'il vous donne vn Ange visible, sçauoir, vn Directeur idoine, qui rencontré vous doit estre *vn Ange de grand conseil*: ouy, & si vous luy demandez instamment cette grace, il l'a vous octroyera *pour la gloire de son nom*, quand il deuroit, ou humaniser vn Ange, comme iadis il fit pour le ieune Tobie, ou Angeliser vn homme; car il est escrit, *qu'il nous a donné en charge à ses Anges, afin qu'ils nous conduisent en toutes nos voyes, de* peur que nous ne choppions.

Si vous n'en pouuez trouuer qui joignent ces deux pieces que ie vous ay signifiees de la science, & de la probité, choisissez plustost l'humble & charitable prud'homie, que la *science enflante* : car du beaucoup sçauoir, se faict le plus subtil sublimé d'orgueil, cause de grandes cheutes.

Si vous rencontrez vn cœur paternel, jettez vous fondement & franchement en son escole : car comme dit l'Apostre, *il se trouue beaucoup de pedagogues, & peu de peres*.

La vigne n'a point tant besoin des ormeaux pour soustenir les pampres, qui autrement ramperoient contre la terre, ny le lierre tant de necessité de s'attacher à vne muraille, que l'ame nouice & apprentiue en cet exercice en a d'vn Directeur.

C'est vne espece de cabale mystique, qui ne s'apprend que par la pratique, l'vsage, & l'instruction de viue voix. Vous aurez bien icy vne direction Angelique, mais pour claire & intelligible que ie m'efforce de la rendre, encores faudrail à l'aduenture quelquefois que vous *alliez au Voyant*, & que vous consultiez vn pere spirituel pour luy manifester les mouuemens & internes ressorts de vostre cœur, & vos pensees sur ce texte.

La loy est morte sur le papier, si le magistrat, comme vne loy viuante, ne luy sert de truchement & d'interprete. Et l'Escriture saincte nous seroit elle pas impenetrable, si les docteurs ne nous l'exposoient? La Theologie de l'Oraison est mysterieuse & secrette, pour ce appeelle mystique.

L'Eunuque de la Royne de Cádace, lisoit Isaye, mais il ne l'eust pas entendu sans l'ayde de sainct Philippe.

Le moindre mestier du monde, requiert

requiert l'apprentissage d'vn maistre, celuy de parler Rhetoriquement, combien occupe-il de tẽps en noſtre aage, & celuy de parler Angeliquemẽt, non aux hommes, mais à Dieu ſapprendroit-il ſans inſtructeur?

Allons au bon Preſtre, ſes leures gardent la ſcience des Sainćts, car il eſt l'Ange du Seigneur des armees; rendez-vous, comme parle ſainct Paul, *docile & facile à enſeigner, eſcoutez & retenez la diſcipline de ſalut, cheminez en ſimplicité auec confiance*, Dieu ne permettra iamais que vous tombiez, ny gliſſiez au chemin de l'humble reſignation, il eſt ferré & aſſeuré.

Ainſi ſainct Paul fut renuoyé à Ananias pour eſtre enſeigné en la doctrine de ſalut: ſainct Paul, diſ-je, qui en ſçauoit plus au premier inſtant de la grace qui luy fut infuſé, que iamais le bon Ananias n'en auoit, ny conceu, ny penſé:

F

mais Dieu veut estre ainsi seruy.

Tel lira cette direction, pressé de sa seule curiosité, sans desir de la pratiquer, sans volonté de chercher vn directeur, qui luy enseigne ce chemin du Ciel, moins de se soubmettre au iugement, & à la conduitte d'autruy, qui aussi ne recueillira pas grand fruict de la lecture de ces pages escrittes, plustost pour vous, Angelique, qui ferez ce que vous y lirez, que pour ceux qui les liront, & n'en feront rien. *Pareils à ce volage*, dont parle Salomon, *qui se considere dans vn miroir en passant, & soudain oublie sa figure.*

Ie sçay qu'on opposera, qu'il est escrit, *de ne se confier en l'homme qui n'est qu'vn baston de roseau, & qu'il ne faut reposer son bras sur la chair*: ouy bien sur l'homme comme homme, mais à l'homme comme Lieutenant de Dieu, il est commandé

& recommandé d'auoir recours, & de le croire, & de luy obeir, car il est escrit, *qui vous oit, m'entend, & qui vous mesprise, me desdaigne.*

Quand vous aurez trouué vn tel homme d'insigne vertu, bien que de moindre suffisance, escoutez-le attentiuement és choses spirituelles; car Dieu infailliblement *mettra ses paroles en sa bouche, pour vostre instruction & consolation*; car n'est-il pas escrit de ceux qui ont receu le sainct Esprit, par l'imposition des mains, *qu'eux ne parlent point, mais le sainct Esprit par leur organe?*

N'est-il pas vray que l'Asnesse vid l'Ange auant Balaam le mauuais Prophete? Souuent, mais que disie, tousiours il arriue que l'humble incapacité, voit plus clair és choses de l'esprit, que l'enflee suffisance.

Quand vous aurez obtenu de

Dieu quelque conducteur, selon son cœur & le vostre, remerciez-le grandement, resignez-vous entièrement en ses mains vertueuses & douces, oyez-le auec respect, comme Marie aux pieds du Sauueur, priez nostre Seigneur qu'il vous illumine par luy, comme les hierarchies superieures influent leurs splendeurs aux inferieures, recommandez luy vostre conducteur & vostre conduitte, luy disant ces mots d'Hélisee à Helie, *Mon Peré, mon Pere, le chariot d'Israël & son cocher.*

Distinction de l'Oraison Mentale, en active, & passive.

CHAP. VIII.

J'AY icy vn aduis de grande importáce à vous donner, mon Angelique, auát que passer outre, & c'est vn poinct que i'ay pluftoft apris de l'experience, que de l'enseignemét d'aucun maistre spirituel, ny de la lecture d'aucun liure, fondé neantmoins sur la distinction philosophique d'intellect, agent & patiét. Il est donc tres-cómun parmy les spirituels, de dire que l'Oraison Mentale conduite par les trois voyes, purgatiue, illuminatiue, vnitiue: mais plusieurs faute de la distinction que ie vous vay proposer se fouruoyent grandement: car aucuns s'imaginét, plus attentifs aux

F iij

mots qu'experts en la chose, qu'apres auoir purifié l'interieur, venát à l'illuminatiue, on y rencôtre certains rayons, visions ou lumieres, & que passant à l'vnitiue, on tombe és extases, transports, rauissemens, Deifications, transformations, escoulemens & autres tels degrez, dont parlent certains liures, & cuident s'esleuer là, comme l'on dit, à force de bras, & à pure pointe d'esprit, & souuent ces Icares trouuent les aisles de leurs desirs fonduës, & confonduës, *ne meditans que choses pleines d'inanité.*

Or ie pose icy pour fondement, qu'il est vne espece d'Oraison Mentale actiue, & vne autre sorte qui est passiue. Ie m'explique: i'entends actiue celle où nous agissons en Dieu, nous esleuans en luy selon les forces & facultez de nostre ame, nous seruant de toutes ses puissances imaginatiue, appetitiue & intellectuelle. Ie veux dire de la phantaisie, des passions, de la concupiscible & irascible, & de l'entendement, memoire & volonté. Par cette sorte d'oraison nous desracinons nos pechez, & extirpons nos vices: en la voye purgatiue, nous taschons d'acquerir les vertus en l'illuminatiue, & de nous tenir attachez par amour à Dieu en l'vnitiue.

J'entends par l'Oraison passiue, quand Dieu, par sa pure grace & libre disposition, visite vne ame, & agissant en elle, & elle souffrant, (ce que sainct Denys, & tous les Theologiens mystiques appellent, *souffrir les choses diuines*) il la purge, mais d'vne purgation subtile, deliee & tres-fine, comme nous lisons de la B. Catherine de Gennes, dont la vie Seraphique fut quasi vn perpetuel Purgatoire de charité, & cette est la Purgatiue Passiue. L'Illuminatiue Passiue semblablement, est quand Dieu *qui est toute lumiere,* infond en vne ame, ou des vertus, ou des cognoissances par des irradiations & illustrations interieures, transcendantes toute humaine capacité. L'vnitiue passiue est ceste sureminence, où logent ces Deiformitez, pasmoisons, insensibilitez, esleuations, extatiques, & autres telles absorptions en Dieu.

Or voyez, Angelique, combien on se peut mesprendre, en confondant ces deux especes d'Oraison Mentale, si differentes que le Septentrion n'est point tant esloigné du Midy : par l'vne nous allons en Dieu, par l'autre Dieu vient en nous : l'vne est simple, aiseé, naturelle, basse, & en nostre pouuoir, l'autre est sublime, releuee, & hors de nostre puissance : nous pouuons acquerir celle-là, nullement celle-cy. Il est en nous de nous esleuer en Dieu (i'entends bien tousiours, *pourueu qu'il nous attire* : car sans sa grace & assistance, *que ferions-nous, que penserions-nous.*) Mais il n'est pas de nos prises, d'attirer Dieu en nous. Il nous est libre d'aller à luy, à cause de la franchise de nostre volonté, & n'est-il pas encores plus libre à Dieu, de venir, ou non, à nous, luy qui est vn acte pur, *qui partage son esprit à chacun, comme il luy plaist, qui inspire où, & ce qu'il veut,* qui fait, *comme vn potier, des vases d'honneur ou d'ignominie de son argille,* selon son bon plaisir, qui visite ceux que bon luy semble, & plus souuent les pauures Zachees, que les riches Pharisiens repudiant les Vasthis, pour embrasser les Esters.

En l'eschelle de Iacob, les vns vont, les autres viennent, & en la Meditation les actifs vont à Dieu, & Dieu vient aux passifs : & comme peu vont à luy, il descend aussi à fort peu.

Tous ceux que Dieu a visitez, ainsi en l'Escriture, ont vrayement

F v

paty ces diuines impressions : comme par exemple, tous les Prophetes: & n'est-il pas escrit de Saül, quand il prophetisa, *que l'esprit du Seigneur l'enuahit* ? de là nasquit le prouerbe en Israël, *Et Saül n'est-il pas entre les Prophetes?*

Voulez vous vne passion plus expresse, que celle que souffrirent les Apostres à la Pentecoste, *quand ils furent remplis du S. Esprit?*

Et les reuelations de S. Iean, que sont-ce, sinon Meditatiõs passiues?

Les Stigmates de S. Paul, de S. François, de saincte Catherine de Sienne, estoient-ce pas des souffrances visibles? Tous ne sont pas marquez à ces coigns, & n'ont pas les cœurs grauez du nom de IESVS, & des enseignes de sa Passion, comme S. Ignace, & saincte Claire de Montfalcon.

C'est cette bien-heureuse souffrance, que desiroit l'Espouse, quand elle prioit son bien-aymé, qu'il se burinast comme vn seau sur son cœur, & sur son bras. Cette souffrance luy brunissoit le teinct, & la decoloroit. C'est ce qu'elle entend par l'embrassement de la droitte & de la gauche, & par ce toucher qui luy faict tressaillir les entrailles.

Ces passiuetez (car ainsi m'est-il aduis qu'on les doit appeller) sont si rares, qu'il y a de la temerité d'y aspirer & de l'indiscretion à les desirer, *Dieu les donne & les oste, mortifiant & viuifiant comme il veut.*

Le Soleil qui void tout, regarde specialement le soucy ou l'heliotrope, se faut-il estonner si Dieu *se complaist en certaines ames?* Plusieurs sont *appellez* à l'Oraison actiue, *peu esleus* pour la passiue: tous sont capables de celle là, tres-peu de celle-cy.

Car, comme peu de cerueaux sont assez forts pour porter beaucoup de vin, ainsi peu de gens font suffisans de boire *à ce calice excellent, & enyurant, plein du vin pur* de la passiueté, mais *vin qui engendre les Vierges*, *vin meslé auec le laict* des sacrees & sucrees douceurs du Ciel.

Voicy donc, Angelique, le chemin fourchu, où se font les fouruoyemens qui esgarent en des lõgs destours, c'est que quelques vns se persuadét qu'auec l'actiue, on peut paruenir à la passiue, c'est à dire, croyent auec leurs forces naturelles, arriuer à cette souffrance surnaturelle, & pour le vous dire tout net, ils se trompent entierement. Ie ne dy pas que l'action ne dispose à la passion, & que Dieu, selon l'axiome, n'agisse en aucuns selon leur disposition passiue, mais non pas tousiours: autrement ce seroit comme Iacob, contraindre Dieu de nous donner sa benediction, dresser vne tour presomptueuse de Babel, contre celuy qui deprime les hautains és pensées de leurs cœurs, & qui exalte les humbles, ne regardant que l'humilité au Ciel & en la terre.

J'aduoüe que *ceux qui sont fidelles en peu*, & qui marchent bassement en l'action se trouuent quelquefois constituez sur beaucoup, par la passiueté, entendans ce mot de l'Inuitant, *l'amy monte plus haut*, mais on arriue à ce port, comme les rameurs, plustost en y tournāt le dos, & disant auec le Centenier, *Seigneur, ie ne suis pas digne que vous veniez chez moy*, qu'en y allāt à pleins voiles de trop enflez desirs.

Il ne faut pas pourtant se descourager en la vie spirituelle, si on se void priué de ces suauitez que d'autres reçoiuent, qui semblent moins aduācez, & plus nouices en cet exercice, car outre que nous ne voyons pas leur cœur, mais Dieu, ce sont *graces gratuites* données quelquefois cōme des miettes par compassion aux Cananées, ou comme des dragées & du laict aux enfans, ou comme des essays pour augmenter les desirs ainsi qu'il fut faict en la Transfiguratiō à trois Apostres pour les encourager.

Il arriuera peut-estre qu'vne ame sentira vn traict de Dieu, en quelque visite, & en restera tellement alterée, qu'elle *beera apres cōme vne terre sans eau, elle dessechera comme vn test*, préssée du desir de pareil retour, *ses mains distilleront la myrrhe*, & ses yeux des larmes de regret d'estre priuez de si doux sentimens: *languide d'amour, elle souhaitteroit d'estre appuyée de ces fleurs, & de ces fruicts*, que roule quant & soy la visite de Dieu, *distillante de la rosée du miel du Ciel*. Elle reclamera assez la venuë de l'Espoux *en son iardin, voire, & les halenées des Autās, pour en faire fluer les aromates*: mais impiteux & inexorable, *il passera*

L'ORAISON MENTALE. 135
promptement comme vn fan de biche, & ne reuiendra que lors à l'aduenture qu'elle y pensera le moins : car il est escrit : *I'ay esté trouué de ceux qui ne me cherchoient pas.*

Voyez-en l'exemple tout clair au Cantique, *il passe soudain, & s'enfuit, elle ouure & ne le trouue plus.* Ainsi s'esuanoüyt-il des tourbes qui le vouloient prendre, & encores de deuant les Disciples d'Emaüs, & depuis sa resurrection, plusieurs fois il s'eclipsa des yeux de ses Apostres.

Voicy le pis, c'est que quelques ames peu aduisées, pressées de leur ferueur, taschent de procurer ces visites passiues, libres & volontaires, par des efforts violens & dangereux de Meditation ou Oraison actiue, s'exposant par ce moyen à mille illusions & dangers, croyant ou se persuadant que Dieu opere en elles, ce qu'elles operent elles-mesmes par la vehemence de leur soufleuement. Notable tromperie!

Ainsi ceux qui montent par vne corde pensans tirer à soy la corde en bas, se trouuent attirez par la corde en haut, & ceux qui roulent sur le courant d'vn fleuue, pensent que les riuages cheminent, & c'est leur batteau, fallace de la veuë exterieure, & l'autre est vn abus de la veuë interieure.

Ces efforts sont dangereux & inutiles: dangereux, car il y a tousiours quelque dose de presomptiō tant cachée soit-elle, de sorte que ces esleuations sont subiettes à de grandes cheutes, *esleuez, ils s'escrasent*, dit le Roy Prophete, à guise de l'aigle, qui ne guinde la tortuë dãs les airs, que pour la laisser cheoir sur quelque roc, & l'escarteler.

Ce sont vapeurs, qui haussées ou

s'éuanoüyssent ou se resoluent en pluye, & ceste pluye en boüe.

Inutiles, parce que l'on ne rencontre iamais les vrayes passiuetez par ceste route subiette plustost tant aux illusions & fouruoyemés, comme au rebut du sainct Espoux, qui *veut estre recherché auec simplicité de cœur.*

Et de faict, dit-il pas, *que les yeux curieux le font enuoler?* Sõ Espouse le cherche à perte d'haleine, *court par les carrefours, par les places publiques,* voyez-vous là vne ame qui s'empresse en l'actiueté? pour cela elle ne faict rien: *Voila que les gardes & les rondes de la cité, la battent, la blessent, la desqualisent: elle le cherche, & ne le trouue pas:* comme elle *passe vn peu plus outre à* l'aduenture pour se reposer; *voila qu'elle le trouue, & l'empoigne si bien qu'elle ne le lasche plus.*

Quand le Messie estoit si ardamment desiré, & demandé par les Patriarches & Prophetes, dont nous voyons les vœux feruens çà & là dans les cahiers de l'ancienne alliance, il ne venoit pas, *& il a faict paroiſtre à la plenitude des temps ſa benignité & ſon humanité, ſe donnant au monde lors qu'il luy eſtoit plus ingrat & ennemy. Il y eſt venu; & le monde ne l'a pas cogneu, voire, les ſiens ne l'ont pas receu?* qui ſont les Iſraëlites, *voire & l'ont crucifié.* Dieu procede ainſi, car il n'eſt pas raiſonnable qu'il ploye ſa volonté à nos vœux, mais il eſt iuſte que nous accommodions nos deſirs à ſon ſainct vouloir.

Que ceux donc qui auront ſenty vn traict de Dieu, ne s'affligent pas ſi de long temps ils ne le reſſentent, car cela paſſe comme vn eſclair : moins qu'ils ſe tourmentent de la perte ; car comme ces faueurs ne ſe donnēt pas touſiours au merite, auſſi ne ſe retirent-elles pas touſiours pour le peché, encores moins se doiuent-ils peiner à les rechercher par vne tenduë Oraison actiue, puisque par là ils n'y peuuent aucunement arriuer; ains il y a plus de merite à les refuser humblement, comme faisoit la B. Mere Terese au commencement de ses suspensions & impetuositez spirituelles, s'en reputant indigne, & de peur des deceptions, il en faut endurer la priuation patiemment, & les receuoir humblement & en crainte : du reste, mon Angelique, *iettons nostre soing sur Dieu, il sçait nos neceßitez*, & ce qu'il veut faire de nous, & en nous, contentons nous de la voye plus basse & plus seure, & laissons les passiuetez aux ames sureminentes, nous ne sommes pas dignes de telles graces.

Ie voy que vous m'attendez à ce pas, Angelique, pour sçauoir de moy le moyen de discerner les efforts de l'Oraison actiue, d'auec les traicts de la passiue, & certes, c'est bien vn secret des plus abstrus de la mystique Theologie, il est plus aisé à recognoistre en la practique qu'à descrire en la Theorie. Il faut auoir vne grande discretion *des esprits, pour esprouuer ce qui est de Dieu, & ce qui est de l'homme,* & le distinguer: que si Dauid disoit *qui peut entendre les pechez? Seigneur, purgez moy de mes fautes occultes.* Ie dirois volontiers icy, *qui a iamais sondé l'abysme du cœur de l'homme, sinõ le cardiognoste & scrutateur des cœurs, & des reims, qui souuent sont pleins d'illusions.*

L'ame creée à l'image & semblance de Dieu, a en ses saillies vers ce sien principe des mouuemens si semblables à ce que Dieu agist en elle, que sans le cordon rouge d'vne exacte remarque, à peine peut-on distinguer Phares de Zara.

C'est icy *la diuision de l'ame & de*

l'esprit, des moëlles & des cartillages, dont parle l'Apostre, c'est trauailler en l'œil, partie delicate & sensible, que de trouuer ceste difference, il faut auoir la main ferme, & la veuë bien claire.

Qui me dõnera la vraye pierre de touche, pour distinguer l'vn & l'autre, or me sera vn grand Apollon.

Il y a des comettes, que l'on a toutes les peines du monde de discerner d'auec les estoilles.

Sainct Paul en son rauissement passif, ne sçait dire s'il fut enleué *en corps ou en esprit.* Dieu en ses visites, tantost parle en vne nuée, ores en vn tourbillon, ores en vn buisson ardent. Sainct Iean en Patmos pasmoit emmy ses visions, les ames passiues en sont souuent esbloüyes, tousiours il y a quelque incertitude.

Si i'osois ie vous dirois icy auec les Sceptiques, *ie ne definis rien.* Le plus grand secret que i'y sçache, Angelique, est de ne desirer ny rechercher aucunement ces passiuetez, & sur tout, ne bander iamais auec effort violent son esprit en l'Oraison actiue. Si vous gardez ceste regle, vous discernerez aysement ces passiuetez s'il vous en arriue quelqu'vne, par la diuine dispensation, d'auec vos actiuetez humbles, simples, naturelles, & peu tendues.

I'ay encore à vous dire qu'en ceste Direction, ie ne pretens point vous traitter en aucune maniere de cette Oraison passiue & supereminente, que me semblét manier Harphius, Rusbrochius, Thaulerus, la B. Mere Terese, le P. Ieã de *Iesus Maria*, Carme Reformé, en sõ liure de la Theologie mystique, & plusieurs autres; car outre que i'y entends si peu que ie serois fort incapable d'en informer l'autruy, ie n'ay autre desseing en cet Opuseule que de tracer vne Methode d'Oraison Mentale, simple, basse, populaire, & comme i'ay dit, actiue, qui puisse estre sortable à toutes conditions de personnes qui viuent dans le monde en la deuotion ciuile.

La difference entre Meditation & Contemplation.
CHAP. IX.

I'Nscris ceste directiõ, de l'Oraison Mentale, non de la Meditation, parce que le titre de l'Oraison Mentale cõprend la Meditation, & de plus la contemplatiõ: choses bien differentes.

La Meditatiõ selon S. Bernard, Richard & Hugues de S. Victor, *est vn discours de l'entendement qui se faict interieurement pour eschauffer la volonté, & la porter à quelque bien.* De ceste eschauffaison disoit Dauid: *le feu s'embrasera en ma Meditation.*

La Contemplation selon la doctrine de S. Thomas, *est vn fixe, tranquile, & amoureux regard sans aucune varieté de discours.*

I'ay besoin de similitudes, mon Angelique, pour vous faire bien penetrer & la nature & la differéce de ces deux pieces qui sõt comme les deux pieds, les deux aisles, les deux poles & piuots de l'Oraison Mẽtale. Represẽtez-vous dõc que la Meditatiõ est cõme le marcher; action lẽte, penible, & qui procede pas à pas, vn pied s'aduançant l'autre suiuant: ainsi le mediter est vne ratiocination d'antecedens & de consequens qui va tirant des conclusions, tantost cognoissant par l'intellect, tantost aymant par la volonté: mais la Contemplatiõ est comme le voler à tire d'aisle, actiõ suaue, douce, aysée, esleuée: aussi les cõtemplatifs sont-ils cõparez *à l'aigle qui faict son nid és lieux hauts, & qui regarde fixement le Soleil.*

Figurez

Figurez-vous que la Meditation estant la pasture de l'ame (pource disoit Raphael à Tobie, *ie me pais d'vne viande inuisible*) est comme le manger; action materielle, crasse, qui requiert vne mastication posée, mais la Contemplation est comme le boire, action coulante, douce, suaue, aysée, & de plus grād goust, & c'est ce boire & ceste yuresse dont il est tant parlé au Cātique : en mangeant on aualle le marc & la substance, au boire ce n'est que suc espuré. La Contemplation est comme la quintessence de la Meditation. Elle *est cet œil vnique, ce cheueu seulet, qui blesse le cœur du sainct Espoux.* Elle est comme Rachel, & l'autre comme Lia.

Imaginez-vous que la Meditation est comme la lecture d'vn liure; action successiue, mais la Contemplation est comme l'aspect d'vne image qui representeroit d'vne seule prospectiue, tout ce que le li-

G

ure va descriuant.

Et pour insister sur ceste peinture, n'auez-vous iamais aduisé que quelquefois nous considerons des tableaux en detail examinás leurs parcelles, ou les personnages, ou leurs proportions, ou les particularitez de quelque paysage, ou bien nous les regardōs en gros & en general, conceuans d'vn traict d'œil toute leur composition. La Meditation est semblable à cette premiere sorte de consideration : car elle va pesant, maniant, tourne-virant, espluchāt par le menu toutes les circonstāces du mystere, ou de la chose meditée. La Contemplation est pareille à la seconde sorte, apprehendāt vne verité,& s'y attachant sans autrement l'examiner: De maniere que l'vne ressemble à l'agitatiō de Marthe, l'autre au repos & accoisement de Marie, *goustant & voyant combien le Seigneur est doux, & son esprit plus suaue que le rayon de miel.*

L'ame en la Meditation eſt comme vne fille à marier, qui ſe va enquerant des qualitez & perfectiōs de ſon futur Eſpoux; leſquelles bien recogneuës, & l'ayant eſpouſé, il n'eſt plus queſtion de ces enqueſtes, mais ſuffit de le voir pour l'aymer ſans autre reflexion: & voila la Contemplation. Auſſi s'eſt-il trouué des eſprits tellement touchez de ce traict Contemplatif, qu'au ſeul recit des choſes qu'ils auoient longuement meditées, ils tomboient en tranſport. Sainct François lechoit ſes leures à la ſeule prolation du nom de IESVS, tant il luy ſembloit emmiellé. Et le B. frere Gilles, l'vn de ſes premiers compagnons alloit en extaſe oyāt nommer Paradis. Ainſi l'Eſpouſe au Cantique, ayāt deſcrit les beautez de ſon Amāt par le menu, elle conclud par ce mot de Contemplation, *il eſt tout deſirable*: & là meſmes elle dit que comme

G ij

vn bouquet de diuers brins de myrrhe, actes de meditation, *elle le mettra reposer sur son chaste sein*, où elle le verra & sentira tout à coup, qui est le propre de la Contemplation.

La Meditation est comme le moudre, & escraser le froment, le paistrir & le cuire; le contempler est le digerer.

Celle-là est comme battre le fusil, faisant des estincelles lumineuses & ardentes de la collision de l'entendement & de la volonté, c'est comme attiser le feu, arranger le bois, le souffler, l'enflammer : le contempler est comme se chauffer tout doucement à vne chaude & claire flamme.

Le Prophete Ieremie veit *vne verge veillante sur vn pot boüillant*. Ie compare la Contemplation à celle-là, & la Meditation à celuy-cy.

Ie dors, mais mon cœur veille, dit l'ame pieuse, car quand la Meditation se repose la Contemplation commence à speculer.

Si vous dormez entre deux chemins, dit le Châtre-Roy, ce que i'entēds des deux voyes de la Meditation: l'vne cognoissante, l'autre affectueuse, *Vous ferez essor sur les aisles d'vne Colombe argentée*, qui est la Contemplation.

Le Sage, dit l'Ecclesiastique, *recherchera la sagesse des anciens, il vaquera és propheties, entrera au plus abstrus des paraboles, penetrera le secret des Prouerbes.* Voila l'enqueste de la Meditation, & voicy le repos de la Contemplation. *Il donnera son cœur de grand matin à Dieu qui l'a faict, & il priera deuant la face du treshaut, qui le peut remplir de l'esprit d'intelligence.*

Faictes estat, Angelique, de regarder le dedās d'vne horologe, en examinant bien les roüages & les dents de ces ressorts, vous *viendrez*

G iij

enfin à cognoistre quelle heure il est. Mais ce sera bien pluſtoſt faict, ſi vous voulez ietter ſimplement vne œillade ſur le poinct que marque l'eſguille au quadran. Ainſi la Meditation eſt vne ſtudieuſe inquiſition d'vne verité, mais la Contemplation en eſt vne claire veuë & cognoiſſance.

Celle-là eſt comme le chien qui court, queſte & attrape la proye, mais celle-cy comme le chaſſeur qui en iouyſt.

La Meditation eſt comme Iacob luittant, mais la Contéplation comme Iacob boiteux, qui ne chemine plus, mais auſſi comblé de benediction & appellé *Iſraël*, c'eſt à dire, *preualant contre Dieu*, autres dient *voyant Dieu*.

La Meditation eſt conforme au procedé de la ſcience humaine, mais la Contemplation auoiſine le ſçauoir des Anges, qui entendent ſans diſcours.

Vous pouuez colliger, Angelique, de ce que nous auons auancé, que communément la Meditation precede la Contemplation, ouy certes selon l'ordinaire: mais il ne s'ensuit pas neantmoins, que la Contéplation ne puisse estre seule sans prealable Meditation : comme par exemple, quand Dieu tire passiuement vne ame à la Contemplation, ainsi qu'il faisoit parlant en vision aux Prophetes, lors que moins ils y pensoient: ou quád vne ame grandement exercée & aduancée en l'Oraison, se porte à l'instant à la simple veuë de son souuerain obiect.

Voire, il peut arriuer que la Contemplation serue de fourriere, & porte le flambeau deuant la Meditation, ainsi qu'il arriua à Moyse, lequel rauy quelque temps en l'aspect de ce buisson ardent, sans se reduire en cédres, il se porte à ce raisónemét meditatif:

i'iray, & verray ceste grande vision, comment ce buisson peut ardre sans se consommer. Ainsi l'aspect general d'vn paysage nous ayant pleu de prime face, nous induict à le considerer en detail, & cela est faire suiure la Meditation apres la Contemplation.

Pour l'ordinaire neantmoins, la Meditation precede, comme l'Aurore le plain Soleil : Ainsi la Royne du Midy, ayant examiné toutes les particularitez de la Cour de Salomon, s'esleua en la Contemplation de sa sagesse, & de la felicité de ses courtisans. Ainsi feroit vne ame, qui apres auoir longuement discouru en soy des singularitez de la celeste Beatitude, ramassant toutes ses pensées, s'arresteroit à l'admirer, à la desirer, à y aspirer.

Ainsi la dolorée Magdelaine, apres auoir longuement cherché le Sauueur au tombeau, ploré, demandé, regreté, couru, fouspiré, mouuemens que le docte Origene reprefente admirablement bien en l'Homelie qu'il en a faicte, en fin ne l'ayant point trouué dans les enqueftes de la Meditation, elle le rencontre au iardin de la Contéplation, où foudain elle luy cria; *ô mon Maiftre*, & couroit à fes pieds, azile de fes maux, f'il ne luy euft dit: *Ne me touche pas*. O que la Contemplation en fon haut degré va proche de Dieu! Moyfe l'appelloit *voir Dieu face à face*, ce qui fe doit entendre, non à la mode des bienheureux, mais par vne tres-claire lumiere de la foy.

Des dispositions requises pour bien mediter.

CHAP. X.

EN toutes operations la disposition est requise, la forme ne se ioint qu'à la matiere disposée, & l'organe indisposé ne conçoit iamais parfaictement son obiect. Dieu qui *atteint puissamment d'vne fin à l'autre, dispose le milieu suauement* & auec vn bel ordre, comme il appert nettement en l'histoire de la Creation du monde.

Pour iouyr de la lumiere du iour, faut-il pas, & ouurir les fenestres de la maison & les yeux, qui sont les fenestres du corps? Et neantmoins il y en a qui les yeux clos *ou declinez contre la terre*, voudroient contempler le Ciel, bien qu'il soit *impossible*, dit vn Pere ancien, *de regarder en mesme temps le Ciel & la terre.*

Certes, ce seroit vne grande temerité d'esperer la grace sans se rendre capable de la receuoir, & vne presomption desordonnée d'aspirer à la priuauté & familiarité de Dieu qui se trouue en l'Oraison Mentale, sans se resoudre de luy plaire.

C'est s'embarquer sans biscuit, & sans spalmer & calfeutrer vn vaisseau, c'est vouloir voler sans aisles, que penser s'addonner à la Meditation, sans disposer suffisamment son cœur.

Les curieux prenans la vanité pour ourse,
Y font triste nauffrage au milieu de leur course.

Se faut-il estonner, mon Angelique, si peu de gens y

font progrez, puisque fort peu y apportét les dispositions necessaires, & s'y preuuent à bon escient, parce qu'ayás les déts agacées des delices du siecle, ils ne peuuent sauourer le goust de ce fruict *desirable*.

Voyez combien d'années deuãt, Noé prepara l'Arche pour se sauuer du cataclisme vniuersel, si nous attendons le deluge gratieux des diuines visites, pour purger *& lauer nostre interieur*, que ne disposons nous l'arche de nostre cœur, comme il est conuenable?

Souuenez-vous de l'esprit que le Seigneur inspira à l'ouurier Bezeleel pour preparer le Tabernacle, le Propitiatoire, & l'Arche pour la reception de la Manne, des tables & de la Verge, demandez luy *cet esprit pour vous conduire en la terre de droitture*, qu'il vous *creé de nouueau, & qu'il reforme la face de vostre interieur*,

L'ORAISON MENTALE. 157
pour y receuoir par le moyen de la saincte Oraison la verge de la purgatiue, les tables percees de l'illuminatiue, & la Manne de l'vnitiue.

A propos de Manne, vous sçauez, mon Angelique, que ce pain celeste varioit ses gousts, selon la disposition de ceux qui le mangeoient, *aux bons il estoit bon, aux peruers il estoit aigre*, de sorte que pour la peruersité d'Israel, ils vindrent *à ce degouster du Man*, non qu'il ne fust bon en soy, mais parce qu'ils ne valoient rien. I'en dis de mesme de la *Manne cachee*, de la saincte Meditation: ceux qui sont bié disposez, *& qui se sont suffisamment esprouuez*, trouuent tres-sauoureux *ce pain de vie & d'intelligence* : mais ceux qui ont l'interieur corrompu, ne le peuuent sauourer pour estre leur goust vicié de mœurs & d'humeurs cacochimes.

Il faut donc *preparer les voyes au*

Seigneur, rectifier les deprauations, applanir les obstacles : & bien accommoder nostre maison interieure, pour receuoir vn si grand hoste, en ses visites secrettes, & y traitter & commercer familierement auec luy. *Si quelqu'vn luy ouure, comme il faut, il entrera, & souppera auec luy, & il luy monstrera tout bien.*

Ne voyez-vous pas comme les laboureurs, auec beaucoup de fatigues, disposent la terre, la cultiuans, deffrichans, nettoyans, pour la rendre idoine à receuoir vne bonne semence?

Regardez comment on mollifie la cire, pour la rendre susceptible de quelque forme ou impression. Disposez ainsi vostre cœur, Angelique, si vous le voulez ensemencer du bon grain Euangelic, & le seeller du cachet du sainct Espoux.

Qui est celuy, dit l'Escriture, *qui voulant bastir vne tour, ne suppute les* frais qu'il luy conuiendra foncer, depeur que l'argent luy manquant, il ne s'immole à la risée de ceux qui diront, Cet homme a commencé d'edifier, & n'a peu acheuer. Si vous voulez (pour parler auec sainct Augustin) esleuer en vous la grande fabrique de la perfection, pensez premierement à la baze d'vne bonne disposition.

Considerez comme les enfans du siecle se disposent de loin à faire leur fortune dans le monde, comme les oyseaux à fabriquer leurs nids, ils dressent leurs estudes, leurs exercices, leurs trauaux, leurs industries à ce dessein : Apprenons de là à nous disposer de loin à l'Oraison, par le moyen de laquelle nous puissions accumuler des tresors au Ciel.

Non sans cause, l'ame contéplatiue est appellee, aube qui se leue, & sa route, lumiere claire qui s'aduäce peu à peu, & croist iusques au iour parfait:

ne voyez-vous pas comme l'Aurore desbouche petit à petit les barrieres de la nuict, chasse les tenebres, & prepare le monde à la reception du Soleil?

Les materiaux dont fut cõstruit ce fameux temple de Salomon, Roy Pacifique en Hierusalem, qui veut dire, *vision de paix*, venoiẽt de loin tous disposez, & prests à mettre en œuure, de sorte qu'en cette structure on n'entendit ny coup de hache, ny bruit de marteau. Pour prier mentalement en paix, il faut se disposer de longue main à ce sainct exercice, & ainsi on y goustera *cette paix de Dieu, qui trapasse tout sentiment*, on y entendra le *Dieu de paix, y parlant de paix*.

Or entre ces dispositions requises, qui sont en tres-grand nombre, nous en choisirons quelques principales que nous diuiserons en deux classes, *d'esloignees & de voisines*: Car il y a des choses qui disposent de plus loin,& d'autres de plus pres à ce sainct exercice: Ie dy outre la preparation, qui est vne disposition immediate, & desia vne partie de l'Oraison.

De la pureté de cœur.

CHAP. XI.

LA netteté interieure, & l'integrité de la cõscience, est du tout necessaire auant que s'adonner à ce sainct exercice, car de quel front oserions-nous demander des faueurs à Dieu, estãs en sa disgrace? à peine aborderions-nous vn homme que nous aurions offencé. Il est tout constant que non l'Oraison seulement, mais toute bonne œuure faitte en peché mortel, est morte, inutile à salut, & sans aucun merite: si donc nous voulons rendre meritoire & efficace noſtre priere cordiale, il faut purifier noſtre ame par vne ſalutaire penitence, contrition, confeſſion & ſatisfaction.

Seigneur, diſoit Dauid, *vous m'aſperſerez d'yſſope, & ie ſeray mondifié, vous me lauerez, & ie ſeray rendu plus blanc que la neige, lors vous donnerez ioye & lieſſe à mon ouye, les os humiliez ſe reſiouiront, car vous aurez deſtourné voſtre veuë de mes pechez, & effacé mes iniquitez.* Le meſme dict ailleurs, *Si i'ay regardé l'iniquité en mon cœur, Dieu n'exaucera point mon oraiſon.* Et derechef, *Dieu a dit au pecheur, pourquoy narres-tu mes iuſtices, & prens-tu mon Teſtament par ta bouche, ayant en hayne la diſcipline, & ſecoüant ma loy? ton cœur n'eſt point droict deuant moy, & tu ne m'es point fidelle.*

L'oraiſon eſt pareille à la pierre appelee Dioſcoride, qui perd ſon eſclat, miſe en la bouche d'vn homme mort. *La sagesse*, dit le texte sainct, *n'entrera point en l'ame maligne, ny au corps suiet aux pechez.*

Si c'est vne inciuilité manifeste, de se mettre à table sans lauer les mains, il est encores plus intolerable, de vouloir se mettre au festin spirituel de la Meditation, sans *lauer son cœur, & le purger de malice.*

Ne sçauez vous pas, Angelique, comme fut traitté celuy qui fut si osé d'entrer aux nopces, sans la *robe nuptiale*?

Pour proferer la parole de Dieu aux hommes, Isaye se dict *pollu de leures* : & voila vn Ange qui les luy purifie, auec vn charbon tiré du sainct Autel. Et pour parler à Dieu, quelle pureté nous est conuenable?

Vous n'ignorez pas cette vision de sainct François, à qui vn Ange fit voir vne fiolle de criftail, pleine d'eau tres-claire & limpide, & luy dit, que fon cœur deuoit eftre ainfi net, f'il vouloit dignement approcher de l'autel : ie vous en dy de mefme, *purgez tout vieux leuain, oftez tout mal de voftre penfee, lauez vous exactement, fi vous voulez eftre vn vafe propre* pour receuoir les fpirituelles actions de la grace de l'Oraifon.

Ce que les anciens reclamoient en leurs facrifices, *Retirez-vous d'icy, vous qui eftes prophanes* : nous le pouuons dire en ce facrifice fpirituel, *du cœur contrit & humilié*, que les foüillez f'en efloignent, *Car Dieu n'exauce point des pecheurs*.

Bien-heureux celuy, chante le Salmifte, *qui n'a point efté au confeil des impies, ne s'eft arrefté au train des pecheurs, mais qui a mis fa volonté en la loy de Dieu, & y a medité iour & nuict, car il fera comme vn bois planté au riuage des eaux, qui donne fon fruict en sa saison, & dont la fueille ne chet point. Il n'en sera pas ainsi des peruers, mais ils seront reiettez de la face du Seigneur, comme la poussiere deuant le vët, car Dieu cognoist la route des iustes, & le trac des meschans perira.* Dieu n'est pas aueugle comme Isaac, il ne donne pas sa benediction si legerement à ceux qui ont la voix de Iacob, & les mains d'Esau.

Il faut auoir de l'huile en la lampe, c'est à dire, prier en charité, si on veut entrer aux *nopces de l'Agneau*, & n'entendre point ce rebut, *ie ne vous cognoy point*.

Les seuls vases vuides & nets, receurent l'huile du Prophete, la grace *n'habite* qu'és ames pures & exemptes de peché.

Celuy donc qui est sainct, se sanctifie encore. Celuy qui est net, se nettoye sans cesse, pour faire progrez en cet exercice: car comme l'herbe ditte Chien-dent, estãt en la bouche d'vne cheure arreste tout le troupeau: & vn petit Remora accroche vn grand nauire, bien qu'il cinglaſt à pleins voiles : ainſi le peché empeſche le progrez de l'oraiſon, c'eſt la pierre de l'embleme, qui tarde l'aiſle de feſleuer.

Dauid ne peut baſtir le temple de Dieu, parce qu'il eſtoit homme de ſang, & ceux qui ſont embourbez dans la chair & le ſang, ne feront iamais de *leurs cœurs des temples au Sainct Eſprit*. Il n'y a que les meres-perles claires & nettes qui ſe nourriſſent de la roſee des Cieux, & il n'y a que les ames pures capables de cet exercice mental.

La Manne ne fut donnee à Iſraël, qu'apres la conſommation des farines de l'Egypte. Car l'Arche eſt incompatible auec Dagon, Chriſt auec Belial, la lumiere auec les tenebres: ſi donc vous voulez, Angelique, *embraſſer cette œuure de lumiere* la Meditation, reiettez celles de tenebres, *qui sont les pechez.*

Contemplez auec combien d'apprests le grand Prestre entroit au *Sainct des Saincts*, pour traitter auec Dieu du salut du peuple, l'oraison estant *vn pourparlé auec Dieu*, il y faut proceder auec grande reuerence & pureté.

Si donc, Angelique, vous desirez entrer en cet exercice, prenez pour impresse vne Hermine auec cette deuise, *Plustost mourir, que se cōtaminer*: car cet animal a cette proprieté de se dōner plutost en proye aux chasseurs, que de se sallir en vn bourbier. Protestez de choisir plustost la mort, que le peché, & voila vn solide fondement, & vne belle disposition pour l'Oraison Mentale.

Vous attēdez à l'aduāture de moy, Angelique, vne instructiō pour acquerir cete pureté de cœur, helas!

chacun le sçait, c'est la saincte penitence. Choisissez donc vn Confesseur idoine, descouurez-luy les maux de vostre ame, frequentez la saincte Confession, pratiquez souuent les actes de cõtrition, renoncez absolument & au peché, & à toute affection de peché : sans cet entier renoncement au vice, vous ne ferez iamais chose qui vaille en cet exercice, vous trauaillerez prou, mais ne ferez rien, sinon *battre l'air, & penser à des inanitez : car Dieu esgare les cogitations des pecheurs.*

Il vous seroit inutile, & à moy temeraire, d'aduancer quelque autre chose en ce faict de la purgation de l'ame, à ce que nostre maistre nous en apprend en la premiere partie de son Introduction, car cette mesme pureté, qu'il requiert pour la Vie deuotte, est à desirer pour la Meditation. Vn des principaux exercices de ceux *qui veulent*

veulent viure pieusement en nostre Seigneur. Lisez donc ces documens auec attention, & les pratiquez auec fidelité.

De la tranquillité de l'esprit.

CHAP. XII.

UNE autre disposition, fille de la precedente, est la paix interieure, & le repos de l'ame, qui ne peut s'establir que sur la netteté de conscience. *La route des pecheurs,* dit Dauid, est *circulaire,* ils sont agitez d'vn vertigo & tournoyement continuel, *leur cœur est comme vne mer boüillante,* tempestueuse & agitee, parce qu'ils sont emportez au gré des vents de leurs passions tyranniques, *qui sont ces dieux* estranges, *qui ne leur donnent relasche, ny nuict, ny iour, les laissant en la voye d'iniquité.* En cette Egypte, où *ils sont, ils ne boiuent que de l'eau trouble*, ils ne viuent qu'en transe, agitez d'vn continuel remords, & ils tremblent d'apprehension, où il n'y a que craindre.

Ces esprits inquietez, & agitez comme *roseaux*, de leur propre synderese, ne sont aucunement propres à ce sainct exercice, car comme la fumee chasse les mousches : ainsi l'inconstance est contraire à la Meditation.

Qui comme les abeilles, ne fait iamais le miel de ses douceurs aux repercussions des Echos, i'entens és ames turbulentes.

Elle est vn vin delicieux, qui n'est bon que rassis, & qui perd sa suauité estant troublé.

Ce qui rendoit Marthe inepte à la contemplation, est qu'elle *se troubloit de trop de choses.*

Icy se doit pratiquer ce beau precepte du Salmiste: *Leuez-vous apres que vous vous serez assis*, car le repos & accoisement, est vne puissante disposition, pour esleuer l'ame en la priere.

Il est impossible de mirer droict à vn blanc, quand la main varie.

Et de lire distinctement en vn liure, si la teste croule ou tremble.

Et de monter en lieu haut, si le pied n'a l'assiette ferme. Ainsi ne peut-on mediter, si on n'est en trãquillité. Ce que ce Poëte de sa poësie, disons-le de la Meditation.

Qu'elle doit prouenir d'vn cœur net & serain.

Dieu ne fit ses rares operations dans le monde, qu'apres auoir desbroüillé son chaos: Et les Alcyõs ne font leurs nids sur les ondes, que pendant le calme, qui de leur nom s'appelle *Alcyonien.* Nous ne ferons iamais rien en l'Oraison Mentale, que nous n'ayons accoisé tous nos tumultes interieurs. Prions celuy *qui commande aux vents & à la mer, qu'il y face vne grande tranquillité,* car sans luy, *nous ne pouuons rien faire*, ny desuelopper nos intrications.

La similitude de sainct Gregoire en ses Morales, est excellente à ce propos: Comme on ne peut voir sa face dans l'eau, dit-il, sinon quand elle est accoisee, ainsi l'ame ne peut faire aucune reflexion sur soy, que quand elle est rassise.

Taschez donc, mon Angelique, de faire en sorte, que cessent en vous *ces reuoltes de la chair contre l'esprit, cette loy des membres, qui contracte celle de l'ame,* mettez voſtre appetit ſous voſtre partie ſuperieure, & le regentez auec la bride de la raiſon: domtez vos paſſions deſordonnees, rangez-vous en voſtre iuſte deuoir, afin de gouſter cette *paix*, *dont iouïſſent ceux qui ayment la loy de Dieu, & vous habiterez en des tabernacles de confiance, en vne multitude de paix, en vn repos opulent*, & le Dieu de paix demeurera touſiours auec vous, au milieu de voſtre cœur, y parlant des paroles excellentes de paix: car comme dit Dauid, *ſon lieu a eſté fait en paix*.

De la Mortification.

CHAP. XIII.

LA Mortification, difent tous les fpirituels, eft la porte de l'Oraifon, *porte eſtroitte :* mais qui introduit *en fes aymables & defirables tabernacles.* C'eſt vne des plus vtiles & neceſſaires difpofitions, pour prier mentalement : car comme en vne balance, l'abbaiſſement d'vn des baſſinets, eſt l'eſleuation de l'autre, ainfi *la mortification du corps eſt la viuification de l'eſprit*, & comme dit vn ancien pere, *quand la chair eſt à l'eſtroit, la charité fe dilate.*

Les lampes de Gedeon ne firent voir leur lumiere, que quand les cruches furent brifees : & l'ame n'esclatte, ny brille iamais si clairement, que quand le corps est mal traitté.

La vexation, dit le texte sainct, *donne de l'entendement*, au contraire, *le corps corrompu* d'aises & de delices, *aggraue l'ame, & cette terrestre habitation deprime le sens, qui penseroit à choses grandes.*

Pour paruenir au refrigere des confolations Mentales, *il faut passer par le feu & l'eau des mortifications.* Pour voir Dieu en l'autre vie, il faut mourir en celle-cy: car il est escrit, *nul me verra & viura*: Et pour contempler clairement Dieu en cette vie, il y faut estre fort mortifié : les lumieres de l'oraison, ne croissent que selon les degrez de la Mortification.

Le seul Agneau occis en l'Apocalypse, *est trouué digne d'ouurir le liure à sept seaux*: ce qui nous apprend

H iiij

que l'occision spirituelle de la mortification, nous descouure les secrets de la contemplation : & de fait, *ceux qui suiuent l'Agneau, sont ceux qui ont laué leurs estoles en son sang*, & qui ont pratiqué les plus sanglantes mortifications.

Des mortifiez contemplatifs, se peut entendre ce mot de l'Apostre : *vous estes morts, mais vostre vie est cachee auec Iesu en Dieu* : car ceux qui sont participans de ses passions, & souffrances, le sont aussi de ses consolations.

Ces lys croissent entre les espines, comme les roses emmy les picquans, comme le miel emmy les pointures des abeilles, & le plus amer thim de mortification, faict le plus doux miel d'oraison.

C'est *cette espine blanche* de Baruch, *sur laquelle se reposét les oyseaux*, c'est à dire, les Contemplatifs *au iardin* de l'oraison.

C'est le fiel du poisson, qui redonne la veuë aux Tobies.

Quand Abraham voulut monter en la montagne pour faire ce genereux sacrifice de son enfant, il laissa son asne au pied & ses seruiteurs. Celuy qui se veut esleuer à la contemplation, & y sacrifier son cœur à Dieu, doit deprimer son corps & ses sentimens.

Comme l'encens symbole d'oraison, ne s'esleue en haut que bruslé, & l'arbre de la myrrhe ne pousse sa liqueur qu'esgratigné, aussi l'experience nous enseigne, que nous ne paruenons à la parfaitte contemplation, que par l'entiere mortification: pource voyez-vous que l'Espoux appelle son Amante *à la montaigne de la myrrhe, & à la colline de l'encens.*

Que si vous voulez ietter les yeux, mon Angelique, sur ceux que Dieu a rendus eminens en l'Oraison, vous remarquerez qu'ils ont tous esté excessifs en la mortification.

Les Niniuites, Iudith, Esther, Daniel, Dauid, en s'affligeant par ieusnes, sacs & cendres, furent exaucez en leurs prieres.

Au nouueau Testament, nous remarquons les austeritez de saint Iean Baptiste, d'Anne la Prophetesse, de sainct Paul, & de sainct Iacques.

En l'histoire des Saincts, nous trouuons des exemples plus admirables qu'imitables és Anachoretes d'Orient.

Saint Martin, grand contemplatif, estoit exorbitant à mal traitter son corps.

Et sainct François peré tout Seraphique, appelloit le sien, frere l'Asne: y auoit-il rien de plus austere que sa vie?

Chacun sçait le lict espineux de S. Benoist, comme les penitences de la Magdeleine, & de S. Hierôme.

S. Bernard se reprēd soy-mesme, comme d'vne imperfectiō d'auoir excedé és mortifications exterieures.

Noſtre bon Roy ſainct Louys, mon Dieu, comment traittoit-il auec rudeſſe ſa royalle chair! auſſi eſtoit-il fort adonné à la priere.

Les abſtinences & auſteritez extremes du glorieux S. Charles Borhomee, ſont notoires en nos iours: & le B. Philippe Nery, ne le vid-il pas auec la face lumineuſe, teſmoignage de ſa haute contemplation.

Et il ne ſe faut pas eſtonner ſi ces grandes ames ſont paruenuës à tel faiſte, à l'ayde de la mortification, puis que la commune experience nous monſtre, que plus fort on pouſſe vne balle contre terre, plus elle bondit en haut.

Plus eſtroit eſt le canal d'vne trompette, plus eſclattant en eſt le ſon: ainſi plus ſerree & bridee eſt touſiours la chair, plus

resonnáte deuant Dieu, est la priere de l'esprit, pource les Saints sont-
ils appellez, ores *cimbales bien son-
nantes*, instrument qui ne bruit que
frappé, ores *trompettes*, voire & trõ-
pettes *ductiles*, c'est à dire, duittes
au marteau, tous symboles de mortification.

Laquelle, comme vous sçauez,
Angelique, se diuise en exterieure
& interieure : celle-cy est vne mystique & spirituelle *Circoncision de
cœur*, qui mortifie les sens interieurs, range les passions qui sont
en la concupiscible & irascible, re-
ctifie l'entendement & la volonté:
quant à l'exterieure, elle sousmet
à la raison les cinq sens de nature,
figurez par ces cinq Rois, vaincus
par Abraham, & dompte toutes les
rebellions de la chair, qui contre-
uiennent à la droitture de l'esprit.

Autrefois ceux qui abordoiét le
Roy des Tartares, passoient pre-

mierement entre deux feux, pour se purger de tout mauuais air, & pour se presenter deuant Dieu en la saincte Oraison, il est biē raisonnable de se purifier, passant à trauers les deux feux de la Mortification tant interieure qu'exterieure : feux qui nettoyeront la roüille de nos corps & de nos ames, & qui nous rendront plus idoynes d'approcher de Dieu, qui est appellé *feu consommant.*

Or les moyens de prattiquer ces Mortifications preambulaires de l'Oraison, vous seront enseignez, mon Angelique, par le P. Arias de la Cōpagnie de Iesvs, en son traité de la Mortification, & encores par le P. Louys du Pont de la mesme Cōpagnie en sa Guide Spirituelle.

De la Recollection interieure.

CHAP. XIV.

C'Est vne disposition mytoyenne entre les esloignées & les prochaines, & c'est vn recueillement interne, par lequel l'ame se r'amasse comme les animaux font en hyuer pour se tenir chauds.

Et comme vous voyez, Angeli-que, les sauteurs ramasser toutes leurs forces pour se lancer plus auant, ainsi faut-il que l'ame qui se veut esleuer par l'Oraison Mentale, s'exerce auparauant à recueillir en soy toutes ses facultez çà & là dispersées.

Vn Prince qui veut faire quelque genereuse entreprise, collige en vn corps d'armée toutes les forces de son estat: ainsi *l'ame fil-*

le du Prince trois fois grand, voulãt entreprẽdre la conqueste du Ciel *que les violens rauissent* par le moyen de l'Oraison, doit reünir toutes ses puissances par vne bonne Recollection.

C'est ce *retour à soy de la Sulamite* aux Cantiques, par vne salutaire introuersiõ. C'est lors selõ Dauid, *que l'esprit reuient à sa terre, & que perissent toutes les vaines cogitations.*

Les oyseaux d'Ezechiel, *pleins d'yeux deuant & derriere, alloient & reuenoient.* Figure de l'ame, qui pleine de considerations contemplatiues qui sont des regards intelleêtuels, va en Dieu par ses eslancemens: & reuient à soy par ses recollections.

En ce retirement, elle met en œuure ce mot du Salmiste, *vacquez & voyez*, recueillant toutes ses lumieres en soy pour esclairer son petit monde, comme le Ciel qui a tous ses Astres au dedans, pour illustrer l'vniuers, & comme l'Esclandrate qui a tout son esclat au dedans.

Voyez comme le miroir ardent, ramassant les rayons Solaires engendre des flammes, & comme l'Iris forme des couleurs par la reception de ces mesmes rays, ainsi l'ame recolligée acquiert de sainctes chaleurs en sa volonté, & diuers lustres de cognoissance en son entendement.

Considerez auec combien de patience les oyseaux couuent leurs œufs, qui esclos produisent des oysillōs, qui en fin remplissent les airs de voltigemens & de ramages. Si vous voulez loüer Dieu, & vous esleuer en l'Oraison, apprenez bien à vous recolliger, Angelique, & à mesmement couuer vos pensées auant que *les espancher deuant Dieu.*

Ne sçauez-vous pas que les odeurs sortēt plus fortes d'vne boëtte bien close, que plus vn baston à feu est chargé pressément, & que plus vn arc est bandé ferme, plus puissans sont les coups qui en partent? Ainsi est tres-forte la priere qui sort d'vn esprit bien recueilly.

C'est auoir proprement *son ame en ses mains*, que d'en sçauoir reünir les pensées, & les *r'appeller à soy* comme le prodigue Euangelic, *des regions loingtaines* où les distractiõs les font extrauaguer.

Le poing clos, a beaucoup plus de vigueur que la main estenduë & relaschée. Le *iardin clos* est celuy qui conserue mieux & ses fleurs, & ses fruicts, pource l'Espouse y est comparée aux Cantiques.

Mais comment, me direz-vous Angelique, pourray-ie r'enclorre dedans moy, mon esprit qui embrasse tout l'vniuers, & plus encores en pensées? Ie vous aduoüe ingenuëment qu'il y a de la peine vn peu au commencemẽt à le r'appeller, ayant accoustumé les carrieres de ses libertinages, mais comme aux nopces Euangeliques, *pressez-le, contraignez-le à r'entrer dans soy.* Donnez-luy vn but, vne mire asseurée, il deuiendra bon archer à force de tirer au blãc.

Il est vray que nostre cœur est plus grand que le monde: mais *il est tres-vray que Dieu est plus grand que nostre cœur.* Comblons l'abysme de nos pensées de l'abysme de la diuinité, car asseurément, *vn abysme appelle* & appete l'autre.

Ne sçauez-vous pas que selon la supputation des Physiologues, il y a dix fois autant de feu que d'air, dix fois plus d'air que d'eau, & dix fois autant d'eau que de terre? & neantmoins voyez comme la puissance esmerueillable de Dieu a reclus le plus dans le moyen, faisant en la nature contre la nature, que le contenant moindre, renferme en son sein le contenu, qui est dix fois plus grand en quantité. Aussi lisons-nous que Dieu a enfermé *comme en des portes la mer, & donné la loy aux eaux qu'elles n'oseroient transgresser.* Il nous a donné le mesme pouuoir sur nostre esprit, lequel nous pouuons renger en ses limites, retranchant ses diuagations.

Quand on remonte vne horologe, voyez comme l'on r'amasse toute la corde qui s'estoit desbandée par la succession des minutes. Ainsi deuons nous faire de nostre esprit, adiustant tous ses ressorts par le chaisnon d'vne Oraison bien reiglée.

Apprenez donc peu à peu, Angelique à reuenir à vous, à vous r'amasser, reünir, ne vous espácher ny dissipper point en pensées vagues, vaines, inutiles, r'appellez-vous en vous mesmes, reuoyez-vous, examinez-vo⁹, rêtrez en vo⁹, reflechissez & repliez-vous dãs vo⁹ mesme, car c'est le grand tour de souplesse de l'ame de se recourber, & faire reflexion sur soy. Reünissez toutes ces facultez esparses, & faictes-les butter en vn poinct, & vous verrez la verité de cet Axiome, *Que la vertu ramassée est bien plus forte que la dispersée.*

Du lieu propre pour bien mediter.

Chap. XV.

E lieu idoyne est vne circonstance fort contiguë, puisque là s'opere l'exercice de l'Oraison, pourtant le mettons-nous entre les dispositions plus voysines : & il est tout constant que selõ qu'il est choisi à propos, il confere grandement à cette recollection interieure de laquelle ie vous viens de traiter, Angelique.

Ce n'est pas toutefois que ie vous vueille attacher à certains lieux determinez, sçachant que comme Dieu est par tout, il peut estre prié par tout, il n'est point lié aux lieux: *si le Ciel des cieux ne le peut* contenir, combien moins ce Temple? disoit Salomon parlant du sien.

Nostre Seigneur en Sainct Iean, respondit à la Samaritaine, *que les vrais adorateurs l'honorent en* esprit *& en verité, sans s'abstraindre à aucun lieu.*

Ie veux que les hommes prient en tout lieu, dit l'Apostre: & Dauid: *loüons Dieu en tout lieu de sa domination*, & qui ne sçait *que la terre est au Seigneur, & toute sa plenitude.*

Ieremie prie Dieu en la boüe; Daniel en la fosse aux Lyons; les trois enfans dans la fournaise: Iosué à cheual, le bon Larron en la Croix, Iob sur vn fumier, dit S. Basile le grand. Ainsi Ezechias dans son lict. S. Pierre en la prison, Ionas au vêtre de la Baleine, Le ieune Tobie dans sa châbre nuptiale.

Neantmoins on ne peut desaduoüer, sans contraster l'experience & la raison; qu'il n'y aye aucuns lieux plus commodes les vns que les autres pour faire Oraison, & que nous les deuons prudemment eslire quand cela depend de nostre puissance & de nostre choix. Comme par exemple, le lieu retiré ou le sanctifié.

La Solitude & la retraitte vn peu escartée, ayde merueilleusement à mediter: car il est escrit: *Le Solitaire s'asseoira, & s'esleuera par dessus soy.* Dieu dit par Osée, *ie la meneray en solitude & parleray à son cœur.*

Pource, Dauid s'escartant quelquefois, & se depestrant des empressemés & cuisantes solicitudes de sa charge royale, pour faire essor *sur des aisles de colombes au repos* de quelque recoing separé, il se côpare *au hybou & au passereau solitaire,* voire dit de soy, *qu'il ayme à estre singulier, attendant doucement son passage à vne meilleure vie.*

C'est la douceur de cette retraite qui fit iadis quitter les villes aux anciens Hermites pour habiter les bois, les antres, & les deserts : c'est elle qui fit abandonner Rome à S. Hierosme, pour se confiner en la Palestine, proche la creche du Sauueur, & qui luy faisoit dire que *les villes luy estoient des prisons, & la solitude vn Paradis de delices.*

Certes que la solitude ne confere grandement à attirer l'esprit de Dieu par de suaues intractions: il ne se peut nier sans estre accablé de ces exēples. Ce fut en la solitude *du desert de Iourdain, que la parolle de Dieu fut faicte à S. Ieā Baptiste.* Ce fut en la solitude que Moyse parla à Dieu, qu'Agar fut cōsolée, qu'Abraham veit Dieu, qu'Elie fut enleué au Ciel : Son Disciple Elisée comblé d'vn double esprit, que S. Iean l'Euangeliste eut ses reuelations, qu'Israël receut la manne. Il est tout asseuré que la solitude est la mere nourrice des plus hautes contemplations.

Ce n'est pas pourtãt que ie vous persuade, Angelique, de fuyr dans les antres & deserts pour vacquer à l'Oraison Mentale, *car chacun deuant demeurer en la vocation en laquelle il est appellé*, cet exercice se peut aussi bien prattiquer en la vie & deuotion ciuile, où tous selon leur profession peuuent auoir où quelque cabinet retiré chez eux, ou trouuer leur hermitage en l'Oratoire du cheuet de leur lict, ou du moins au pied de leur couche, ou en quelque recoing, ou en tout cas dans quelque Eglise commode.

Car comme dit tres-bien S. Gregoire le Grand, celuy-là est plus solitaire, qui au milieu des villes,

des

des conuersations & compagnies sçait rappeller son esprit à soy, & le destacher du tracas des affaires, que celuy qui plongé de corps en vne profonde solitude, est neantmoins en pensée dans les tracasseries du siecle. Qui peut ranger son ame à ce poinct, il porte sa solitude quant & soy, & s'est basty vn hermitage dans le cœur à l'imitation de la B. Catherine de Siene.

Certes, i'ay tousiours estimé ceux-là miserables pour grands qu'ils soient dedans le monde, qui n'ont pas chez eux vn petit lieu pour estre à eux ; tous espachez en l'exterieur, & entierement hyppotequez à l'autruy.

Et est vne chose encores plus deplorable, de voir des belles & tresriches maisons, ornées & diaprées de meubles exquis & excellēt: habitées par personnes Catholiques, n'auoir pas seulemēt vn Oratoire, où la famille ou le maistre puisse auoir recours pour negotier auec Dieu. Et vous y verrez neätmoins ou des galeries spacieuses & specieuses pour se recréer & prendre l'air, remplies de peintures vaines, ou des biblioteques garnies pour la plus-part de liures prophanes, des contoirs pour y manier les affaires temporelles, de retraitte deuotieuse il ne s'é parle point. Si est-ce cela qui deuroit aller deuant ces fabriques pompeuses, qui ne seruent qu'à fast & ostentation.

Que si pour traitter d'vne affaire importante auec vn amy, on le tire à quartier. Si pour vacquer à l'estude on cherche vn lieu à recoy, combien plus de soing doit auoir vne ame pieuse *de se bastir vn petit nid* comme Iob, *pour y multiplier ses iours* en l'eternité, pour y negotier auec l'amy du cœur qui est l'Espoux celeste, *vrayement le Dieu caché, qui nous enseigne en particulier la science des Saincts*, de laquelle il est escrit : *mon secret à moy, mon secret à moy.*

C'est *en cet estart* que l'Espouse souhaite de trouuer son tendre frere pour iouyr de ses plus doux embrassemens. Le *voyez-vous*, dit-elle, *qui est derriere l'apparoy, qui regarde par les treillis des fenestres. Enseignez-moy*, poursuit-elle, *où vous paissez, où vous reposez. O fleur des champs?* on ne vous trouue donc qu'en des lieux esloignez.

N. S. *duquel toute action est nostre instruction*, nõ tãt pour besoin qu'il en eust, que pour nostre enseignement, en ceste Oraison qu'il fit au iardin, Idée & exemplaire de toute parfaicte priere, il se retira *d'vn iect de pierre de ses Disciples*. D'où nous nous apprenons que pour prier cõmodémẽt, il se faut vn peu sequestrer des hommes & des negoces. Pource sortit-il de Hierusalem, entra en vn iardin solitaire, & pendant sa vie, n'alloit-il pas faisant ses Oraisons aux montagnes,

I ij

& n'y menoit-il pas rafraischir & reposer ses Apostres?

Qu'à son exemple donc *ceux qui sont en Iudée, s'eschappent aux montaignes.* Ie veux dire, ceux qui sont dans les charges du monde se separent quelqu'heure du iour qu'ils aduiserõt plus commode, de la societé des autres, pour se recueillir en la presence de Dieu, afin de receuoir lumiere pour se bien conduire en leurs functions, car autrement si la Contemplation n'esclaire leurs actions, elles se trouueront aueugles & *œuures de tenebres.*

Dauid grand Roy selon le cœur de Dieu pour soustenir le faix de la Royauté, dit de soy, *qu'il s'esloignoit en fuyant, & demeuroit en la solitude.*

Moyse qui auoit tout Israël à guider, s'eschappoit souuent pour consulter Dieu.

Isaac pere d'vne grande famille alloit quelquefois se promener vers le desert pour mediter.

Iacob en son retour de Mesopotamie faisant aller tout son grand train deuát soy, alloit derriere tout seul & meditant.

Iudith auoit vn lieu secret & particulier en sa maison où elle faisoit ses prieres & mortifications.

Sainct Pierre en Ioppe, monta au grenier de la maison pour contempler, ainsi que rapporte le liure des Actes.

Sainct Gregoire le Grand pour se rauigorer par la Meditation se desroboit quelquefois, & se cachoit emmy les Monasteres de Rome.

S. Augustin, non content d'auoir reduit ses Chanoines à la regularité, ramassa encores hors la ville d'Hypone des Religieux solitaires, auec lesquels il se retiroit quelquefois, & ausquels s'adressent ces beaux Sermons que nous auons de luy, *aux freres de l'hermitage*.

S. Martin la perle des Prelats de noſtre France, vſoit bien ainſi de ſon Marmouſtier s'y refugiant cō-me à Marie accablé des empreſſe-mens de Marthe, en ſon Archeueſ-ché de Tours.

Si vous voulez vous conſoler de pareils exemples, Angelique, de ces belles ames qui ont peu prati-quer des retirades ſalutaires em-my les charges du monde, liſez-les chez le P. François Arias, en la pre-miere partie de ſon traitté à l'O-raiſon Mentale.

Et entre autres qualitez de ce lieu retiré, tous les ſpirituels d'vn commun aduis tiennent qu'il eſt à propos qu'il ſoit obſcur, car com-me le blanc eſcarte la veuë que le noir congrege, ainſi la ſplendeur diſperſe les penſées que l'obſcuri-té reünit.

L'Eſpoux ſacré *met ſa cachette & ſa couchette és tenebres.* Mais *tenebres qui ſont illuminées par luy, car ſes tene-bres ſont vne lumiere claire,* ſans dou-

L'ORAISON MENTALE. 199
te, moins l'ame s'espanche par les sens, plus elle est resserrée en soy, & plus elle est recolligée, plus elle est illustrée.

Emmy les tenebres de l'Ægypte *par tout où estoit Israël il faisoit clair*, ainsi emmy les tenebres du corps, la veuë de l'ame est la plus acerée.

Car comme la Lune reuient plus forte de son Eclipse, & les rays du Soleil se r'enforcent par l'obstacle des nuages, ainsi semble il que redouble sa clarté quād le corps perd la sienne. L'experience le faict voir aux aueugles qui ont la memoire d'autāt meilleure, qu'elle est moins distraitte par les yeux.

N. S. nous semble-il pas conuier à ceste retraitte solitaire & obscure, quād il nous conseille *pour prier d'entrer en nostre chambre*, c'est à dire en lieu retiré, *& de fermer la porte sur nous.* Et pourquoy non serrer les fenestres, puisque sensiblement cela faict rentrer nostre

I iiij

ame en foy, comme le corps eft dans la chambre.

Mais à vray dire le meilleur & plus recommãdable endroit pour prier, c'eſt l'Egliſe appellée *maiſon d'Oraiſon*, pourueu que l'on y rencontre aſſez de tranquillité: & il y a des Egliſes de toutes les ſortes, les vnes à la verité plus quiettes que les autres, & en general touſiours ſont-elles aſſez idoynes à cet exercice: car le ſainct reſpect que l'on doit, & que l'on rend à ces lieux ſacrez & venerables, ne permet iamais que le bruit y ſoit inſupportable. En vne chambre le bruict d'vne ruë ou d'vn meſnage, ſeroit bien telle fois plus incommode.

Ie vous conſeille donc, Angelique, ſi vous pouuez, de prier mentalement à l'Egliſe, car il y a de notables aduãtages en ce lieu, & vous ſçauez cõbien il importe en guerre d'eſtre campé aduãtageuſemẽt, & retranché en lieu fort. La Medi-

L'ORAISON MENTALE. 201
tation est vn combat *contre les puissances des tenebres, & les malices spirituelles de nos ennemis inuisibles*: ce n'est pas peu d'estre en des tranchées que ces malings esprits redoutent d'abborder.

Car comme nostre Seigneur chassa auec vn foüet les vendeurs & achepteurs du Temple, qui conuertissoient ce lieu *de priere en speloque de larrons*. Aussi ne doutez point que les saincts Anges assistans aux Eglises & porteurs des prieres qui s'y font ne soient le fleau des Demons, qui par leurs tentations & artifices les voudroient changer *en cauernes de brigands*.

Entre les benedictions du Tẽple de Salomõ, celle-cy en estoit vne; qu'aucune mousche n'y entroit, & c'est vn priuilege des lieux sacrez, cõme les Eglises, que l'Empire de *Beelzebuth*, qui veut dire *Prince de mousches* y est fort affoibly.

O Dieu, Angelique, & ne voyez
I v

vous pas que comme en la pleine Lune les moëlles s'enflét, ainsi que par la presence reelle du corps de nostre Sauueur qui est en la saincte Eucharistie, les Anges redoublent leur force, *& les demons y tremblent d'effroy*, comme criminels deuant leur iuge?

Là vous pouuez dire hardiment: *declinez de moy malings, & ie repenseray aux commandemens de mon Dieu*. Ou bien, *que le Seigneur se leue, & que ses ennemis soient dissippez, que ses hayneux dispersez fuyent deuant sa face*. Quels broüillards ne se dissoudroient deuant ce *Soleil d'Orient*. Et pource les Eglises sōt-elles toutes tournées deuers l'Orient, pour nous enseigner *que la nuict de l'ancienne loy* (lors que le Tabernacle estoit pointé vers l'Occident) *est passée, & le iour venu*, de l'alliance nouuelle. Esclaire par celuy qui est la *lumiere du monde, lumiere de lumiere, & Orient d'enhaut*. Venu pour *illustrer ceux qui estoient en tenebres & en l'ombre de mort, pour dresser leurs pieds en la voye de la paix.*

Comme les Apostres estoient *congregez au cenacle*, vraye Eglise par leur presence, voila pas qu'ils reçoiuent *les dons du Sainct Esprit, du Pere des lumieres*, voire & le Sainct Esprit mesme en forme de langues de feu brillantes & bruslantes.

N'en doubtez point, Angelique, c'est en ces lieux qui luy sont consacrez qu'il verse plus largement ses graces, *il ombrage ces tabernacles de Cedar des nuées de sa protection speciale*. Autour de ceste mystique *Hierusalem, rodent les rondes continuelles* des Sainchts Anges, *qui pareils aux soixante braues d'Israël, gardent ces couchettes & oratoires de Salomon faictes des boys du Liban, soustenuës de colomnes d'argent, & ionchées du pourpre de la saincte charité*.

I vj

Fut-ce pas vne des requeftes accordées à Salomon en la Dedicace de fon Temple, que les prieres qui y feroiét deuëment faictes auroient vn heureux entherinemét.

Sans doute, c'eft ce lieu fainct où Iacob veit fon efchelle, car n'eft-il pas oingt d'huille facrée ? *Dieu eft vrayement en ce lieu là* comme il eft au Paradis. *Approchons-nous dóc là de luy, & nous ferons illuminez, & nos faces ne feront point confonduës.*

Beniffons Dieu dit Dauid, *en l'Eglife de fon peuple, & le loüos en la chaire des anciés.* Ce n'eft pas dit S. Chryfoftome, *que nous ne puiffions loüer Dieu par tout, voire parmy les foires & marchez du monde. On le peut auffi prier en la maifon à part, mais en nul lieu auec tant d'energie qu'en l'Eglife, à caufe de l'vnion & le lien de charité que Dieu ayme tant parmy les freres.*

Pource Dauid châtoit de la maifon-Dieu, qui eftoit le Tabernacle, *que c'eftoit fon repos au fiecle du*

L'ORAISON MENTALE. 205
siecle, qu'il y eslisoit son domicile & son habitation ordinaire : & encores le passereau a trouué son trou, & la tourterelle son nid, pour mettre ses petits, mais vostre autel, Seigneur mon Dieu & mō Roy, sera mon refuge.

Et qu'on ne s'imagine point y auoir trop de distraction, car c'est le vray centre du repos, & le lieu de toute oraison, soit publique, soit priuee, soit vocale, soit Mentale: comme on n'est à table que pour manger, aussi est-il messeant de faire autre chose à l'Eglise, que prier.

La priere y est assez secrette, car que sçait celuy qui vous void ce que vous voulez en vostre cœur. Heli entendoit-il la priere cordiale qu'Anne, mere de Samuel, espanchoit deuant Dieu au temple? Escoutez Dauid, Angelique, qui parle inuinciblement. *Faites vn iour & feste solemnelle en cachette à la corne de l'autel.* C'est là que nous som-

mes cachez dans la cachette de la face de Dieu, du trouble des hommes. Si vous priez mentalement en voſtre chambre, ſeroit-ce pas à la veuë des Anges? Et qui ſont ceux qui frequentent les Egliſes, ſinon des hommes Angeliques: ne redoutez point de pratiquer deuant ceux-cy pour leur edification, ce que vous exercez deuant ceux-là à leur conſolation.

Les auettes font leur doux & roux miel dans leurs obſcures ruches à cachettes du monde, mais ouuertement entr'elles: quãd nous prions métalement à l'Egliſe, nous ne ſommes point apperceus du monde maling, mais ſeulemét des ames pieuſes & debonnaires, qui ſont bien aiſes de ioindre leur miel auec le noſtre, pour faire des rayõs agreables au celeſte Eſpoux, qui receura charitablement, & la cire des oraiſons vocales des vns, & le miel des mentales des autres. *Dieu* est en son tẽple, dit Dauid, c'est luy qui fait habiter ceux qui sont de mesmes & bonnes mœurs en cette maison: Dieu est en son S. temple, son siege est au Ciel, il regarde de là haut icy bas, sur les prieres des pauures.

Aymez singulierement, Angelique, à mediter à l'Eglise, & vous y sentirez vn notable aduancement: car, cõme les palmiers florissent à l'aspect les vns des autres, ainsi vostre cœur florira en bõnes pensees, deuant celuy, *dont les fleurs sont des fruicts d'hõneur & d'honnesteté, vous monterez en cette palme de Cadés, & prendrez de ses fruicts.*

Ie vous dy, cõme Dieu à Abrahã, *Sortez de la terre de vostre maison,* (sinon que l'infirmité, ou quelque autre iuste necessité vous y retiẽne) *sortez de vostre parentage & mesnage, & allez en cette terre saincte & beniste, que ie vous mõstre, & vous y trouuerez du repos en vostre ame.* C'est la terre de Chanaam qui vous fluera le laict & le miel, *& où la pierre vous espanchera des ruisseaux d'huile.*

Du temps conuenable à l'Oraison Mentale.

CHAP. XVI.

COmme tout lieu, aussi tout temps y est propre. *Ie beniray le Seigneur en tout temps,* dit le Salmiste, *sa loüange sera tousiours en ma bouche:* Et encores, *Sa loy est ma meditation tout le iour.* Et l'Apostre nous conseille, *de prier sans intermission.* Nous lisons du glorieux sainct Anthoine, l'honneur des hermitages, que le Soleil couchant le trouuoit en priere, & l'y retrouuoit en se leuāt, passant & les iours, & les nuits entieres à ce sainct exercice de la cōtemplation. Sainct Hierosme dict cela de soy-mesme, saint Bernard y estoit continuellement bandé : & quoy : tant d'autres Saincts & Sainctes, ce sont ames fortes & puissantes, vnies à Dieu sans relaxation : peu arriuent à ce faiste : cherchons seulement quelle partie du temps sera plus commode à nostre imbecillité.

Le temps est considerable en sa qualité & en sa quantité, de sorte qu'il nous faut voir, & quel temps, & combien d'espace nous pouuõs employer à la Meditation.

Derechef, le temps se partage en diurne & nocturne, & tant le iour, que la nuict se diuise en ses heures, & il est question de sçauoir quelles heures du iour ou de la nuict sont conuenables.

De l'Oraison nocturne, Dauid dit, *Au milieu de la nuict ie me leuois pour vous loüer, Seigneur.* Et encores, *La nuict ie me suis souuenu de vostre nom* : Et derechef, *Toute la nuict i'ay estendu mes mains vers vous, & ay medité la nuict auec mon cœur.* Isaye, *Seigneur, mon ame vous a desiré la nuict.*

Sainct Luc dit de nostre Seigneur, *qu'il passoit souuent la nuict en oraison*: & de fait, prioit-il pas la nuit quand il fut pris au iardin des oliues?

Helas! Angelique, les Astrologues se releuent bien la nuict pour vne vaine speculation du bransle des astres: & les Pilottes sur mer sont toute la nuict bandez vers le pole: que dis-je, & les larrons ne font que roder toute la nuict, pour attraper vne iniuste proye: & les mondains passeront cent nuicts à iouer, à baler, à folastrer, & dittes qu'il seroit bon de se releuer pour mediter, on trouuera soudain *cette parole dure.* Pour la seule veille de Noël, vne fois en l'annee, chacun se plaint huict iours apres, & plusieurs s'en dispensent. O que le monde est *vn iuge inique, & iniuste la balance de son iugement!*

Nous ne sommes plus que les cendres & les charbons amortis de l'ancienne ferueur de nos peres, les premiers Chrestiens, qui passoient toutes les nuicts precedentes les bonnes festes, en continuelles oraisons dans les Eglises, il ne nous reste que le nom de *veille, ou vigile* de cette deuotte coustume.

Donc pour la dureté des cœurs, & comme le monde se void paistry maintenant, ie n'oserois pas temerairement conseiller à ceux qui sont en la vie ciuile, notamment à ceux qui sont en subiection, ou dãs le mariage, de se leuer la nuict comme Tobie & Sara pour prier: il semble que ce sainct vsage est relegué dans les cloistres, où les ames religieuses ne manquent iamais *de se leuer au milieu de la nuict* pour tousiours psalmodier,

& prier Dieu pour le monde, qui est lors aggravé de sommeil & d'aise: pareilles aux Rossignols, qui seuls entre les oyseaux, chantent la nuict branchez sur des espines, qui representent les austeritez regulieres, ainsi *le iour ils magnifient sa misericorde, & entonnent la nuict son Cantique.*

Le iour se partage en trois téps, du Matin, du Midy, & du Vespre; sur quoy Dauid disoit, *que le Vespre, le Matin, & à Midy, il annonçoit la loüange de Dieu.*

De ces trois parties, la matiniere sans aucune cótrouerse, est la plus excelléte, c'est l'allégresse, la fleur, la creme, & la richesse du iour. *Les oyseaux mesmes par leur gazoüillement,* dit sainct Ambroise, *nous conuient d'offrir à Dieu les primices de nostre cœur, & de nostre voix.*

Dauid en tát de lieux, *Mon Dieu, mon Dieu, j'ay veillé à vous dés la pointe du iour: Dés le matin j'ay medité en vous, ie vous ay preuenu de bonne heure: & vous ay reclamé, mes yeux ont preuenu l'aurore pour mediter vos ordonnances, du matin vous exaucerez ma voix, du matin ie seray deuant vous, & vous contempleray, mes yeux ont anticipé le leuer du Soleil, & deuant le iour ie viëdray à vous.*

Aux Prouerbes, la Sapience dit de soy, *Ceux qui me chercheront du matin me trouueront.*

C'est vne chose si tres-sensible, que l'esprit est plus vigoureux, & moins embroüillé apres le repos de la nuict, & que le grand matin est le temps le plus opportun à toutes les fonctiõs de l'ame, que ie ne me mets pas en peine de recommander ce temps, comme le plus idoine. Les mõdains adonnez aux lettres, disent, & sentent assez que l'Aurore est amie de leurs Muses, ou de leurs amusemens studieux. O que ce temps est fauorable pour acquerir en meditant *la science des Saincts*!

Le temps plus cōmode apres celuy-là, eſt le Veſpre, i'entens auant le ſoupper, en l'heure la plus eſloignee du diſner, *c'eſt l'eſleuation de mains*, que Dauid appelle, *Son ſacrifice veſpertin* : car quant au ſoir apres le repas, c'eſt vn temps entierement incōmode, & auquel ie ne vous conſeille autre choſe, Angelique, ſinon d'employer vn bon quart d'heure à faire, ſelon la ſaincte couſtume de tout Chreſtien, voſtre examen de conſcience, auant que prendre voſtre repos : Plorez vos fautes en ce declin du iour, pluſtoſt que *d'eſiouir voſtre eſprit*, par la meditation *en Dieu voſtre ſalutaire* : car il eſt eſcrit, *le pleur eſt pour le Veſpre, & la ioye pour le matin*.

Le temps le moins propre des trois du iour, que ie vous ay ſpecifiez, *eſt le midi*, notamment pendāt les chaleurs de l'Eſté, & encores durant l'Hyuer, pour l'empreſſement des affaires du monde. Auſſi voyez-vous qu'il eſt pluſtoſt deſti-

L'ORAISON MENTALE. 215
né pour repaistre le corps, que pour nourrir l'ame.

Si est-ce que la Royne du Midy ne laissa de venir considerer la Cour de Salomon: figure qui nous apprend qu'aux testes bien faittes, le my-iour n'empesche point de contempler les choses celestes.

Et S. Bernard qui se faschoit de quitter la contēplation pour aller au Refectoir, c'est biē signe que le Midy le trouuoit en Oraison.

Si vous m'en croyez, Angelique, vous determinerez vne heure asseuree pour faire tous les iours vostre Oraison Mentale, selon la cōmodité de vostre condition, & par l'aduis de vostre pere spirituel : & vous choisirez, s'il vous est possible, vne heure deuant le iour, & par cōsequent, auant que le monde se leue, qui a volontiers ce mot en maxime, & en pratique, *qu'il est vain de se leuer deuant le iour*. Ainsi vous ne manquerez à aucune fonction de vostre vacation, puisque cette heure fera hors d'œuure, au demeurant tranquille, libre, sombre, sans bruit, sans destourbier.

Que si Platon rougissoit, voyant des artisans se leuans plustost pour trauailler, que luy pour philosopher, rougiriez-vous point, Angelique, de voir que les bouticques des marchans s'ouurissent plus matin pour traffiquer auec le monde, que vostre cœur pour commercer, & conuerser auec Dieu?

Quand ie vous conseille de determiner vne heure certaine, principalement du matin, mais il faut que cette resolution soit si forte, qu'elle ne s'interrompe que pour vne tres-necessitante necessité. Ne voyez-vous pas que non pas mesmes pour euiter la mort, nostre Seigneur ne voulut obmettre d'aller prier au iardin de Getsemani, comme il auoit de coustume? Ne sçauez-vous pas que Daniel, au
peril

peril de sa vie, ne voulut cesser de prier Dieu, nonobstant la deffense du Roy: aussi ietté en la fosse, Dieu serra la bouche aux Lyons, en faueur de celuy qui n'auoit voulu clorre la sienne à la priere.

Sainct Chrysostome dit, que *l'homme pieux, tient la priuation de l'Oraison plus insupportable que la mort, car come l'ame est la vie du corps, la priere est la vie de l'ame.* Ie vous propose cette saincte rigueur, parce que ie sçay auec combien de stratagemes, d'illusions, & d'artifices, le Diable taschera de vous diuertir, ou faire interrompre d'vn si braue dessein, mais il *luy faut resister, voire iusques au sang.*

Helas! il y en a de si reiglez, pour l'heure de leur repas corporel, que pour respect quelconque, ils ne l'interrōperoient. Dans le monde, *toutes choses ont leur temps*, les affaires, les visites, les procez, les assignations, les jeux: mais pour seruir Dieu pour mediter, on n'a pas vn moment de reste, ny d'arresté.

Resolvez-vous, Angelique, comme à vostre corps, de donner aussi à vostre ame, *sa viande en son temps*, afin que vous soyez *vn arbre planté proche les eaux* des diuines graces, *qui donne son fruict en sa saison*, & faittes que *la fueille* de vostre determination, *ne s'escoule iamais*.

Or pour venir à la quantité du temps, que vous employerez en ce sainct exercice, certes tous ceux qui en ont tracé des preceptes y marchent fort retenus, & y procedent fort diuersemét, qui conseillét plus qui moins: tous disent qu'il est difficile de prescrire vn borne certain, mais que cela doit proceder de la prescription des peres spirituels, qui s'y conduiront selon la portée des esprits qu'ils manient.

Si vous me pressez de vous dire ce qui m'en semble, il m'est aduis qu'vne bonne demye heure suffit aux commençans, trois quarts d'heure aux profitans, & vne heure pour le plus aux consommez. Voicy ce qu'en dit nostre maistre, en son Introduction, *Employez-y chaque iour vne heure: mais n'y mettez pas dauantage, si vostre pere spirituel ne le vous dit expressement.*

Il semble que le terme d'vne heure soit la iuste portee de la patience, force, & attention de l'esprit humain, ce que chacun experimenté, escoutant vne predication, car si le predicateur passe son heure, *il parleroit le langage des Anges*, il diroit les plus belles choses du monde, on ne l'entend qu'auec anxieté: ce qu'il aduance par delà ce borne, est inutile & infructueux, il vaut mieux laisser l'esprit au deçà, que le lasser au delà de son appetit, pource ie prefererois mesme és plus aduancez, les trois quarts à l'heure entiere.

Somme, tous ceux, pour la plus part, qui ont touché ce poinct, limitent le temps à vne heure. Que si on veut par iour employer plus de temps, il est bon que ce soit à diuerses fois, comme en quelques Religions reformees, où l'on donne vne heure à la Meditation la nuict apres Matines, & vne autre le iour, apres les Vespres.

En la deuotion ciuile, vne heure me semble baster encores aux cõsommez, pour le commencement la demie suffira, selon l'aduancement, trois quarts, le tout suiuant l'aduis du directeur spirituel, pour suiure le progrez de nature, du moins au plus.

Que si par vne force forcee, ou inuincible, Angelique, vous ne pouuez de tout le matin faire vostre Meditation, reparez resolument ce deschet l'apresdinee en quelque heure esloignee du repas.

Il y a des ames qui se portent quelquefois aux extremes, & qui mordent tellement à cet exercice, qu'affriandez de cette Lothe, on a par apres de la peine à les moderer: pareilles à cet escolier qu'il faloit chasser par force d'aupres Antisthene, tant il estoit alleché de ses discours philosophiques.

Angelique, euitez ces longueurs, & pratiquez en la Meditation ce precepte de la priere vocale, *quand vous priez, dittes peu. Quand tu auras trouué le rayon de miel*, dit le Sage, *prēs-en moderement, de peur que le trop ne te face vomir.* Les trop longues speculatiõs, debilitent le cerueau, & offentent la teste, il vaudroit mieux mediter peu à la fois, & plus souuent. L'ame aussi bien que le corps, se rebute & s'eslance d'vn trauail de trop ample duree: tout ainsi qu'il est plus vtile pour la santé du corps, de manger peu, & plus frequemmét, que de ieusner beaucoup, puis se remplir auidement, & indigestement, de mesmes est-il en l'esprit.

Aucuns disent, qu'il leur faut vn grand temps, pour accoiser leurs distractiõs, & r'amener leurs pensees à vn iuste recueil : c'est ce qui fait dispenser le bié-heureux Pierre d'Alcantara, de terminer cet exercice à vne heure & demie, mais il est singuller en cet aduis, car peu à peu cet appaisement d'imagination, se forme & facilite par la continuation de l'exercice : & dittes moy, ne seroit pas ennuyeux ce ioüeur de luth, qui metroit plus de temps à accorder son instrument, qu'à le toucher?

Souuenez-vous, Angelique, que nostre Seigneur grand exemplaire des cõtemplatifs, n'employa qu'vne heure, encores à diuerses reprises en son Oraison du jardin, ce que nous colligeons du texte qui dit, *Pierre, tu n'as peu veiller vne* heure auec moy. Selon mon iugemēt, à la Meditation, comme à la Predication, trois quarts suffisent, vne heure c'est tout.

De la situation du corps en meditant.

Chap. XVII.

C'Est la raison de S. Iean Chrysostome, pour les sacrees ceremonies : Si nous estions purs esprits, comme sont les Anges, nous n'en auriōs pas de besoin, mais puis que nous sommes composez de corps & d'ame, il est raisonnable qu'honorās Dieu par le culte interne de cœur, nous l'honorions encores de corps par vne reuerence externe, afin que de nostre tout, nous l'adorions, *puis que toutes choses luy seruent.*

David disoit, *mon cœur*, voila l'interieur, *& ma chair*, voila l'exterieur, *se resioüissent au Dieu viuant*: & encores, *Benissez, ô mon ame! le Seigneur & vous aussi mes entrailles.*

Cette reuerence visible, bien qu'elle ne soit pas de l'essence, est toutefois vne decence si substantielle, que la desdaigner par mespris formé, est pecher contre le culte diuin.

C'est l'escorce qui conserue l'arbre, la fueille qui maintiét le fruit. Ce sont les cheueux de Samson, de peu d'apparence, mais de grande force.

Ie sçay que la gloire de la fille du Roy, qui est l'ame, *est au dedans*: & comme dit sainct Paul, *au sentiment de sa conscience*, mais aussi ne sont à mespriser *ses aggraffes d'or qui l'enuironnent de tant de gracieuses varietez* en l'exterieur.

Les ioües de l'Espouse sont comparees *à l'entr'ouuerture d'vne pomme*

L'ORAISON MENTALE. 225
de grenade, où par l'exterieur on voit reluire l'interieur, & aux *tabernacles de Cedar*, du dedans desquels on iugeoit par le dehors, comme des richesses qui sont dãs les grãds Palais par leur prospectiue exterieure.

La vertu interne esclatte tousiours, cõme aussi le vice par le deportement externe. *Seigneur*, disoit Dauid, *mon cœur ne s'est point exalté, ny mes yeux esleuez, parce que ie sentois de moy en humilité.* Voyez-vous, Angelique, comment il veut que l'on iuge de ce qu'il a dans le cœur par sa contenance exterieure.

S. Iacques dit que *la foy se monstre par les œuures.* Ainsi la deuotiõ cordiale par le modeste maintien du corps.

Car l'ame & le corps sont tellement vnis, dit S. Ambroise en ses Offices, que la composition externe fait voir si l'ame est bien ordonnee au dedans, quãd les gestes sont
K v

desordonnez, qui ne iuge que l'ame est desreiglee?

Vous deuez donc, Angelique, tascher d'auoir vne situation de corps, conuenable à l'excellent exercice que vous ferez en meditāt, c'est à dire deuote, humble, respectueuse, car il arriuera souuēt, que selon qu'il sera bien composé, l'ame ressentira plustost l'intraction. Vn maintien pieux r'appelle puissamment l'esprit à soy.

Ie vous remarqueray icy cinq compositions du corps, & vous choisirez celle qui vous sera la plus agreable & vtile.

La premiere & plus estimee de toutes, est la genuflexiō. Ainsi pria le Sauueur au jardin, ainsi Dauid en Hebron, ainsi Salomon en son temple, ainsi sainct Pierre voulant resusciter Tabithe. *Ie flechis mes genoux au Seigneur*, disoit sainct Paul, S. Estienne *flechit les genoux*, priant pour ses ennemis. Sainct Hierosme recite que saint Iacques le Mineur estoit si assidu à flechir les genoux, qu'il luy estoit venu vn cal pareil à celuy des chameaux. Saint Barthelemy Apostre, flechissoit les siens cent fois le iour.

Cette est la forme plus commune des prieres particulieres, celle qu'est la Mentale, qui se pratique en l'Eglise, & à vray dire, Angelique, celle que ie vous recommande le plus, comme la moins extraordinaire & fort decente.

La seconde situation est la prostration, nostre Seigneur la pratiqua au jardin, car le texte dit, *qu'il tomba sur sa face*: Ainsi pria Moyse sur Sina, ainsi les vingt & quatre vieillards de l'Apocalypse se prosternent deuant le throsne de l'Agneau. L'Eglise l'obserue encores en quelques vnes de ses ceremonies, comme en la consecration des Prestres, & des Prelats.

La troisiesme situation de corps, est d'estre debout, sainct Denys le Chartreux, & S. Bonauenture la conseillent, & recommandent, comme conferant à l'esleuation de l'esprit, selon ce que chante ce poëte.

Les autres animaux regardens contre terre,
Mais l'homme a le chef droit, pour esleuer ses yeux:
Et encor son esprit vers la voûte des Cieux.

Ainsi prioit Iacob, en luittant auec Dieu: Ainsi S. Estienne priant pour soy: ainsi le Publicain: ainsi Simeon Stilites sur la colonne: ainsi Dauid quand il châtoit: *nos pieds estoiët debout en vos paruis, ô Hierusalë.*

La quatriesme contenance est, d'estre assis modestement: ainsi prioit Marie, *assise aux pieds du Sauueur:* Ainsi estoient les Apostres en priere au cenacle, car il est escrit, *que le S. Esprit remplit toute la maison où ils estoient assis.*

La cinquiesme forme & la moins conuenable, est en se promenant lentement & grauement. Ainsi meditoit Isac *descendant dãs le chãp*. Ainsi Iacob retournant de Mesopotamie. Ainsi Elisée allant pour ressusciter le fils de la veufue. Ainsi les Saincts ne laissoient de mediter en voyageant, comme S. Bernard, S. François, S. Dominique, S. Charles, le B. Ignace, & le B. François Xauier.

Sur toutes ces façons i'ay à vous dõner diuers aduis, Angelique. Si vous trouuez assez de commodité en la premiere qui est à genoux les mains iointes modestement, ie la vous conseille tant qu'il m'est possible.

Euitez entierement la seconde en public, car elle n'est aucunemét conuenable à la deuotion ciuile, bien que quelques Religieux fort reformez, comme les Chartreux & les Feüillantins la practiquent en quelques endroits de leurs offices Ecclesiastiques, il y a bien de la difference entre leur vie & celle des seculiers. Si vous la prattiquiez en pensant vous deprimer, vous ressembleriez à ce Philosophe, qui contemplant les astres tomba dãs vne fosse, car sans doute, vous vous plongeriez dans le raualement de la plus releuée vanité: pour la prattiquer en particulier, prenez l'aduis de vostre Directeur.

La troisiesme est plus seante, & vous vous en pourrez seruir pour vous délasser de la genuflexion comme font quelquefois les deuots PP. Capucins, car c'est la forme de prier que S. François auoit plus ordinaire, & qu'il recommandé à ses enfans.

La quatriesme qui est la session, n'est permise par Sainct Augustin en sa reigle qu'aux vieux ou aux infirmes, n'en vsez qu'en cas de debilité & de necessité, que l'assiette soit basse, respectueuse, les mains iointes, & comme il est conuenable à vne personne qui prie, *que vostre modestie paroisse notablement : car le Seigneur est proche* dit Sainct Paul, *& il est proche* chante Dauid *de ceux qui l'inuoquent en verité, & d'vne foy non feinte.*

La cinquiesme est plustost de tolerance & d'indulgence que de l'aduis d'aucun, car certes, le promener semble disconuenable. Neantmoins comme les personnes sont differentes, il se trouue des esprits qui se promeinent quand le corps est à recoy, & qui sont à recoy quand leur corps se promeine; l'agitation & le bransle exterieur, faisans vne repercussion de leur ame au dedans, si cela leur ayde, qu'ils se promeinēt mais lentement & grauement, comme il est conforme à chose si saincte:

le Soleil & les cieux en roulant, *ne laissent de narrer la gloire de Dieu.*

Ie ne blasme aucune de ces façons, Angelique, mais certes il est loisible de dire, *qu'esprouuant tout on peut choisir & retenir le mieux.* L'Eglise les prattique toutes en ses offices publics, ce qui nous sert de modelle en nos oraisons particulieres.

Choisissez donc auec liberté & charité celle qui vous aydera le plus, & vous y conduisez auec discretion, vous souuenant tousiours que quand nostre Seigneur se prosterna il estoit tout seul, n'estoit veu d'aucun, & pendant la nuict, ce qu'il ne fit pas lors qu'il pria en public, en la resurrection du Lazare, en la benediction des cinq pains & autres occurrences : car il faut fuïr tant qu'il est possible toute singularité & estrangeté.

Si la genuflexion vous incommode vn peu au commencement

perseuerez de grace auec l'ayde de Dieu, & vous aurez bien tost surmôté ceste difficulté: le corps s'accoustume & se ploye en peu de temps à ce que l'on veut, pourueu qu'on ne le flatte point. S. Paul l'hermite & S. Anthoine estoient aussi facilemẽt agenoüillez qu'assis. Mon Dieu que de Courtisans sõt tout le iour & la nuict sur leurs iambes! *l'accoustumance oste la souffrance* dit l'Axiome philosophic.

Vn Asmatique au recit de Plutarque, faisant tous les iours vn peu d'exercice pour soulager son mal, non seulement à la fin perdit son Asme, mais deuint vn des meilleurs coureurs de son tẽps Combien voyons-nous de Dames delicates entrées en des religions fort austeres, demeurer maintes heures à genoux sur la terre dure, qui ne pouuoient gueres durer au siecle agenoüillees sur des carreaux mollets? Mais que ne peuuent en vn cœur genereux le sainct amour & la diuine grace.

Vous me demanderez à l'aduenture, si en ceste genuflexion au moins on se peut appuyer: certes, ie vous responds que l'on le peut: mais ie ne vous dis pas que l'on le doiue sans euident besoing, autrement ceste contenance semble molle & lasche pour vn exercice si vigoureux, & preste du sommeillement en vne action qui doit estre bien esueillée. Si on a quelque incōmodité au corps quoy que treslegere, elle sert d'esguillon pour tenir l'esprit en haleine.

Si vous alleguez que l'Espouse du Cantique, *estoit appuyée sur son bien-aymée*, & l'eschelle de Iacob appuyée sur Dieu, ô le bon accoudoir, Angelique, & bien autre que de bois! appuy spirituel & mystique: aussi lisez comme ceste amante *sommeillante veille de cœur*.

Vous m'enquerrez encor s'il sera bon d'auoir les yeux fermez en meditant. Ie vous diray, si le lieu est obscur, cela vous releuera de ceste peine; sinon, vous pouuez vous rendre tout lieu tenebreux en serrant les paupieres, & cestuy est à l'aduenture *le dormir* de l'Espouse que nous venons de dire.

Sainct Paul eut des grandes lumieres internes, tandis que ces deux catarractes que l'Escriture nomme *escailles* luy couuroient les yeux, la perte de la veuë corporelle augmente la spirituelle, tesmoin cet ancien qui s'aueugla pour mieux philosopher.

Le Prophetee Elie vne fois voulant prier mit sa teste entre ses genoux, vne autre fois la couurit de son manteau, pour pouuoir estre plus attentif dit la Glose ayant les yeux bouchez. Que si vous n'estes en lieu sombre, & ne voulez fermer les yeux, au moins fixez vostre veuë en vn lieu.

Vous voulez encores sçauoir quelle sera la contenance de vos mains, & ie vous dis, si en public, tenez-les ioinctes ; si en particulier, vous les pouuez ou ouurir, ou estendre les bras selon les mouuemens de vostre deuotion à l'instar de Moyse priant contre Amalech, & selon la mode du glorieux P. S. François imitée par ses freres.

Mais pour Dieu, Angelique, ne faictes ces actions qu'en priué, & vous souuenez que c'estoit à l'escart que l'Espouse sacrée vouloit trouuer *son amant pour le baiser, & luy ouurir son sein, luy communiquant ses chastes mammelles.*

De la lecture spirituelle.

CHAP. XVIII.

C'EST icy, Angelique, vne disposition tres-proche & comme contiguë. Car côme selon l'ancien Prouerbe, *le paistrir va deuant la proüe,* aussi la lecture doit preceder la Meditation, autrement c'est s'embarquer sans biscuit, & sans vent faire voile, ce flambeau doit marcher deuant : *vostre parolle, ô Seigneur,* disoit Dauid, *est vne lampe à mes pieds, & vne lumiere à mes sentiers.*

C'est le fondement sur lequel nous bastissons en l'Oraison. C'est le peloton de soye que nous y deuidons.

Ie sçay que ceux qui sont fort aduancez & rompus en cet exercice, & qui d'eux-mesmes peuuent former les poincts de leur Meditation s'en peuuent passer quelquefois, & ie dy quelquefois, & non tousiours, parce que pour fertile que soit vn esprit, il ne peut pas cõtinuellement se fournir nouuelle matiere, ioinct qu'il est plus cõforme à l'humilité *de quitter les desirs de son cœur, & ses propres inuentions* pour visiter les liures des grands spirituels & contemplatifs, pleins du suc d'vne tres-solide doctrine. Il est donc bon que tant les commeçans, que les experts facét comme dit S. Hierosme *succeder leur oraison à leur lecture*.

Il y a vn monde d'autheurs qui nous fournissent des matieres, voire toutes digerées pour mediter, ceux que nostre maistre nous conseille, Angelique, sont Sainct Bonauenture, Bellintani, Brune, Capiglia, depuis Louys du Pont,

Theologien de la Compagnie de Iesvs, nous fournit vn volume de meditations de tres-ample moisson.

Si vous me demandez quelle est la matiere de l'Oraison Mentale, ie vous respondray en deux mots toutes choses, car comme on peut penser à tout, on peut aussi mediter sur tout. Voicy neantmoins les principaux Tomes où vous ferez vostre queste & emplette, qui sont fort au long deduits par le P. du Pont en sa Guide spirituelle, sçauoir le liure des creatures, celuy de la cognoissance de vous mesmes, celuy des escritures sainctes, celuy de Iesus crucifié, & celuy de la diuinité.

Somme autant de liures spirituels & de deuotion, ce sont autāt de materiaux pour la Meditation: consultez sur leur choix vostre Pere spirituel, & les prenez de sa main : comme des lettres missiues qui vous sont escrites de la part de l'Espoux de vostre ame, car ainsi S. Gregoire & S. Bernard veulét que nous receuions les liures de deuotion.

Et comme les personnes esprises d'vn amour humain ne se peuuent saouler de lire, relire, penser & repenser aux lettres affectueuses qui leur viénét de la part où leur cœur est engagé, ainsi les ames deuotes touchées d'vn sainct & diuin amour, se doiuent porter de grand courage à la lecture sacrée des liures de pieté.

Sans ce bois, *le feu ne se peut embraser en la Meditation* : sans elle l'huille defaut à la lampe, & ceux qui se mettent à mediter sans ceste prouision ressemblent aux Vierges peu sages qui *ne portèrent point d'huille* pour l'entretié de leurs lampes, aussi elles s'esteignirent, & furent priuées de la venuë de l'Espoux.

poux. Sainct Bernard en son eschelle des cloistriers, tiét que sans ceste preambulaire leçon, la Meditation ne peut estre que manque & defectueuse.

Si nous voulons que Dieu nous entende en nostre oraison, il faut que nous l'escoutions en la lecture, car comme *nous luy parlons en celle-là; il nous parle en celle-cy*, disent Sainct Augustin & Sainct Hierosme.

La sagesse se bastit en nos cœurs vne maison par la priere, mais la lecture est celle *qui dresse la table, qui verse le vin, & donne le sel. Que si le sel s'esuanoüyt*, dit l'Escriture, *auec quoy salera-on?* & si on obmet la lecture sur quoy meditera-on?

Elle est le rayon de miel *distillant des leures de l'Espoux*, dequoy disoit Dauid, *que vos parolles ô mon Dieu, sont douces à mon palais! ouy elles sont plus suaues que le miel en la bouche de mon cœur*.

L

La lecture ouure la mine & la Meditation en tire l'or. Elle ouure *le celier* de l'Espoux, & l'ame s'y *enyure* par la contemplation. Elle creuse la terre, & le mediter puise *l'eau viue d'vne veine intarissable*. Elle est la mammelle pleine de laict que l'Oraison sucçe, & le trouue *meilleur que le vin*.

Ceux qui maschoient les feuilles Sybillines à ce que l'on dit, deuenoient Prophetes, & ceux qui remaschent les liures de deuotion acquierent de grandes lumieres spirituelles.

La lecture dresse le plan & les eschafaudages sur quoy la Meditation esleue sa fabrique.

C'est elle qui comme fourriere, marque les logis à nostre memoire, entendement & volonté, qui font par apres du sejour en la Meditation sur les poincts preparez.

Elle est la cuisiniere qui assaisonne & appreste les viandes que l'Oraison par apres mafche, digere, ingere.

Lire, c'eſt deſbroüiller le chaos des imaginations pour les mettre en bel ordre, & ſeparer en l'Oraiſon la nuict du iour, & la lumiere des tenebres.

C'eſt fournir du bled aux deux meules de noſtre entendement & volonté, afin qu'elles ne ſ'embraſent en de mauuais péſers par leur colliſion à vuide.

En fin, c'eſt amaſſer des materiaux pour baſtir vn Autel à Dieu dans le Temple de noſtre cœur, *& luy immoller deſſus vn ſacrifice de loüange.*

Or vous obſeruerez ceſte reigle, Angelique, de lire dés le ſoir precedẽt, & remarquer les poincts ſur leſquels vous voudrez mediter le lendemain. Peſez-les, & les ordõnez iudicieuſement & conuenablement, ingerez-les tout ſimplement & doucement en voſtre memoire, comme celuy qui verſe vne odorante liqueur en quelque vaſe de criſtal.

Apres allez vous repoſer, & taſchez de vous endormir ſur ceſte penſée non profonde, comme qui mediteroit, mais ſuperficielle & legere, ô que c'eſt clorre heureuſement ſon cœur, que de le bouſcher de ſemblable cogitation!

La cire molle reçoit pluſieurs impreſſions, mais touſiours la derniere, & ſur laquelle elle ſe durcit, eſt celle qui demeure plus longuement, ainſi par ceſte derniere penſée, effaçant les autres vaines du iour paſſé reſtera ſeule en voſtre eſprit, & vous verrez que le lendemain en vous reſueillant, (comme auſſi vous taſcherez de le procurer) ce ſera la premiere qui vous reuiendra au deuant, ſurgeonnant comme vne belle fleur, de la ſemence que vous aurez ietté en voſtre cœur la precedente ſoirée, *& bien-*

heureux ce seruiteur qui sera trouué veillant & pensant à son Seigneur, quand il viendra de bon matin frapper à sa porte.

Ô que le Diable, *ce Lyon rugissant* qui rode sans cesse autour de nos cœurs pour les remplir de ses zizanies, sera confus s'il les voit ainsi preparez & munis contre ses embusches!

Que si pour quelqu'empeschement legitime, Angelique, vous ne pouuez faire ceste lecture dés le soir, au moins procurez de la faire quelqu'espace auparauant la Meditation: afin que voſtre memoire s'en imbibe comme vn vase de sa liqueur, & que par apres vous puissiez plus commodément ruminer & recuire ceste matiere que vous aurez cueillie, cõme vne auette la fleur, pour en composer le miel de voſtre priere.

Des diuerses methodes d'O-
raison Mentale.

CHAP. XIX.

Tous les visages sont differens, & les esprits dauantage, comme ils sont de substāce plus souple, aussi plus muable. Vn visage garde constamment sa forme assez long temps, mais l'esprit change si fort, que ce qu'il prise auiourd'huy il le mesestime demain, qu'il conçoiue vne chose d'vne façon, soudain apres il la prendra d'vn autre ply, vray Protée.

Pourtant ne se faut-il pas estonner si on trouue tant de varieté de methodes, parmy ceux qui donnent des preceptes pour l'Oraison Mentale, ains c'est ceste diuersité qui peut rendre cet exercice aggreable. Des mesmes fleurs on peut agencer diuers bouquets, & vne mesme matiere est susceptible de pluralité de formes.

Vne mesme viande peut estre apprestée en plusieurs sauces, par mille voyes on peut tirer à mesme but, & diuerses lignes peuuent aboutir à mesme centre: Vne mesme conception peut estre dite cōme en diuers langages, aussi en diuers biais.

Sainct Augustin de son temps approuuoit que plusieurs escriuissent des controuerses à cause de la varieté des stiles: car telle raison plaira à tel, couchée de telle sorte, qu'il ne goustera nullemēt, tracée d'autre façon. Ie dy le semblable des liures de deuotion.

Helas! les escriuains pieux n'arriueront iamais à contre-balancer tant de liures, ou malings, ou folastres que le monde enfante par ses supposts, dont *la bouche ne parle que vanité, la dextre ne trace qu'iniquité, & qui ne meditent qu'inanité* & choses friuolles. Cependant de ces feuilles qui empoisonnent les cœurs par les yeux aucun ne se plaint, & des liures pieux, on dit qu'il n'y en a que trop. Il n'y en a que trop à la verité, si on en vouloit bien faire son profit, mais si faut-il contenter le goust de ces esprits malades qui ne veulent que des fruicts nouueaux & frais, tousiours quelque ame mord & se prend à ces hameçons de pieté.

Ce sont les verges bigarées de Iacob, qui donnent tousiours quelque teinture de probité aux conceptions spirituelles de ceux qui en lisant les liures de deuotion, *desirent enfanter l'esprit de salut.*

I'ay donc pensé, Angelique,

L'ORAISON MENTALE. 249
ne faire point chose inutile & superflue, si aux methodes de ces grands hommes qui nous ont precedé en ceste matiere, ie ioignois encores la mienne telle qu'elle soit, bastie de leurs preceptes mais à ma mode, comme vous sçauez que chaque oyseau faict son nid à sa guise. Peut-estre qu'elle vous pourra apporter quelque clarté pour l'intelligence des autres, la conference des liures qui traittent pareil subiet ayde fort la cognoissance & l'approfondit. Ainsi conferoient les peres du desert pour se resoudre és choses spirituelles. De là le B. Cassian a ramassé ses Collations, & Sainct Paul aux Corinthiens inuite à ses Conferences.

Si ceste Direction vous sert seulement de marchepied, mon Angelique, pour vous faire entrer en l'intelligence des autres escriuains, ie n'estimeray point ma peine mal employée.

C'est icy ma leçon que ie vous communique, allumant voſtre flambeau à ce peu que i'ay de lumiere : ſi vous vous exercez auec diligence *vous verrez la gloire de Dieu, & ferez choſes bien plus grandes que ie ne vous enſeigneray.*

Ie vous participe volontiers ma forme de mediter, pourueu que vous me participiez la matiere & l'efficace de vos prieres.

Tout vray bien de ſoy eſt diffuſif. Le Soleil ſert eſgalement vne multitude qu'vn ſeul, & la parole ſe diffond aiſément à autant d'oreilles qui l'entendent; la fontaine ſ'ameliore puiſée, & la mammelle ſe fertiliſe ſuccée, ma leçon ne lairra d'eſtre mienne, bien que ie la vous communique, & peut-eſtre que ceſte charité *qui ne cherche pas ici le ſien, que la gloire de Dieu, fera retourner mon oraiſon en mon ſein a-*

uec acroiſſement de grace, *car ceux qui enſeignent les autres à ſalut, acquierent de la clarté pour eux-meſmes, eſtant vne bonne façon d'apprendre pour ſoy, que d'enſeigner autruy.* Comment il en ſoit, vous ne pouuez que prendre en bonne part, Angelique, ce petit eſſay que voſtre ſainɛte deuotion exige de ma plume.

Or de ce peu de liures traittans de ceſte matiere, que i'aye peu voir en ceſte ſolitude où noſtre Seigneur m'a conſtitué, les vns traittent de l'Oraiſon Mentale en general, & en donnent des enſeignemens, comme le P. François Arias, le P. Barthelemy Riccius, & le P. Louys du Pont en ſa Guide Spirituelle, tous trois de la Compagnie de IESVS. D'autres preſcriuent vne certaine forme, & enſemble fourniſſent de matiere, comme le B. P. Ignace en ſes exercices ſpirituels, Grenade en

L vj

son traitté de l'Oraison & Meditation. Le B. Pierre d'Alcantara, & le P. Iean Busé de la Compagnie de IESVS en son manuel de Meditations, & tres-commodément à mon gré le P. Louys Richeome de la mesme Compagnie, vne des riches plumes de nostre France, en son Pelerin de Lorette, & le P. Louys du Pont en son ample volume de meditatiõs, & nostre maistre en son Introduction. D'autres suggerent simplement de la matiere, comme ceux que nous auons nommez au chapitre precedent.

Voila bien, mon Angelique, tous ceux que ie peux auoir en main, tandis que ie vous trace & compile ceste Direction quinessencée de leur doctrine: ce sera à vous de iuger si ie l'auray sceu passer en moy, & imiter l'abeille qui tire l'esprit des fleurs pour façonner son miel sans les interesser. *C'est le propre d'vne pudeur ingenuë*, dit vn docte ancien, *de loüer ceux de qui l'on apprend, leur rendant l'honneur, plustost que se tacher d'vne plagiaire mescognoissance.*

De ces autheurs i'ay colligé quatre sortes de methodes: la premiere est de Grenade & pierre d'Alcātara, entierement vniformes, qui font l'Oraison Mentale de cinq parties: la premiere, ils la nomment Preparation, qu'ils composent de quelques prieres preābulaires. La seconde est, la lecture spirituelle, la troisiesme la Meditation, qui est le discours de l'entendemēt suiuy de la quatriesme, qui est l'action de grace, & en cinquiesme lieu la Petition.

La secōde est de Bellintani, qui partage l'Oraison en trois : la Preparation, la Meditation & les Actes.

La troisiesme forme est celle du

Bien-heureux Ignace, fondateur de la Compagnie de IESVS, au liure de ses exercices spirituels, liure tout doré, ains tout d'or, ains *plus precieux que l'or, ny le topase*, d'où ie vous confesse ingenuëment & ouuertement, Angelique, d'auoir tiré tout ce peu que i'ay de lumiere & de cognoissance en ce subiect. O liure diuin, fait par inspiration speciale, liure non iamais assez loüé, qui cache sous vne escorce simple la plus subtile moüelle des Cedres du Liban, manne cachee, grain de moustarde Euangelique, arbre qui espand tes pampres & tes fruicts par tout le rond de l'vniuers, petit en apparence, que tu es grand en effects: ce n'est que suc & essence alambiquez dans le grand cerueau *de ce geant spirituel*, ainsi appeloit le deuot Auila, ce bié-heureux homme.

Là est la semence, non seulemét de cette tant excellente Compa-

L'ORAISON MENTALE. 255
gnie qu'il a dressee, dont le grand corps est animé par l'esprit contenu dans ce peu de feuilles, mais encores de mille & mille conuersions & reformatiõs en tous estats: comme sçauent assez les exercitās, c'est vn leuain salutaire, qui faict leuer la paste des bons desirs, le poinct d'Archimede, qui enleue la terre, ie veux dire les cœurs terrestres au Ciel.

Il y va donc partageant l'Oraison Mentale en trois pieces: la premiere, l'entree qu'il compose d'vne priere preparatoire, & de deux preludes: la seconde, le corps qui est le discours: la troisiesme, le Colloque où il fait entrer les affections: cette forme est suiuie par tous les Peres de sa Compagnie, & le P. Louys Richeome l'a fait voir clairement en son Pelerin.

La quatriesme methode, Angelique, est ce bref formulaire de nostre maistre, en la seconde partie de son *Introduction*, où comme *vne abeille iudicieuse*, il a sçeu dextrement perfectioner son ordre sur l'estampe des precedens.

Nous tascherons de la suiure au plus prez qu'il nous sera possible, puis que cette Direction n'est que comme vne dilatation de ce sien abregé, neantmoins auec quelque diuers lineament, car vous sçauez que pour grande que soit la conformité du fils au pere, il y a tousiours quelque traict de dissemblance. Le petit Iulus chez le grand Poëte, va trottinant apres son pere, mais à pas inesgaux.

*Partition, & table compendiaire
de l'Oraison Mentale.*

CHAP. XX.

COmme celuy qui veut esleuer vn bastimét, dresse premieremét son projet & dessein en crayon, ou en fait vn modelle racourcy, le jettant comme en moule, apres il alligne & ajuste le plan & l'assiette par diuers compassemens: Ainsi ay-je pensé, Angelique, auant que d'estaler aux parties suiuantes, la methode de cette Direction, de vous en tracer icy vne idee generale, & vous proposer vne adresse abregee, qui vous y serue de phare.

Figurez-vous donc, que vous ayez demandé vne heure d'audience, à quelque grand Prince, pour traitter auec luy d'vne affaire qui vous soit fort importante, sans doute, ou le iour precedent, ou quelque temps, auant que l'aborder, vous irez disposant les raisons, par lesquelles vous croirez le pouuoir induire à enteriner vos requestes, vous tascherez de vous rendre agreable, de vous insinuer à propos en son cœur : proche d'arriuer en sa presence, vous composerez modestement vostre habit & vos gestes, vostre maintien sera humble, vos reuerences respectueuses: le voyant, vous essayerez de le porter à vous entendre benignement sur l'affaire que vous luy proposerez, laquelle vous deduirez auec vne clarté affectueuse, y apportant toute vostre industrie, pour le ployer à vostre desir : s'il vous escoute gratieusement, & vous respond courtoisement, vous ne manquerez pas de le remercier, de luy offrir tout ce qui despend de vous, le prier de tenir la main à l'effect de sa promesse, & vous auoir tousiours en sa protection. Apres vous vous retirerez alaigre, ruminant à part vous, la conduitte & l'issuë de cet affaire, & vous resoudrez à la prompte execution. Voyez-vous en ce procedé, mon Angelique, tous les tenans & aboutissans de l'Oraison Mentale. Ayant à traitter par son moyen, auec *le Roy des Rois, le terrible enuers les Rois de la terre, & qui sçait oster quand il luy plaist, l'esprit des Princes, auec le grand Dieu*: Et negotier du plus important de tous vos affaires, qui est le salut eternel de vostre ame, est-il pas raisonable que vous preuoyez les choses que vous aurez à luy representer? vous disposant selon les instructions, que cy-dessus nous vous auons deduittes. Puis venant à l'aborder, vous vous constituerez en sa presence, luy representant le subiet qui vous y ameine, & luy demandant son ayde & sa faueur, apres vous espancherez *vostre ame deuant luy* en discours affectueux, puis le remerciant de son audience, vous luy offrirez tout vostre estre, & luy demanderez confort en vos plus vrgentes necessitez. Au partir de là, reflechissant sur vostre Meditation, vous en colligerez ce que vous y trouuerez de plus vtile pour vostre aduancement, & profit spirituel.

Vous allez voir tout cela en cette partition doctrinale. L'Oraison Mentale, mon Angelique, a trois parties principales & integrantes, l'entree, le progrez, & l'issuë, comme qui diroit, la teste, le corps & les pieds : ou bien, le commencement, le milieu, & la fin.

La premiere nous l'appellerons

preparation, la seconde confideration, la troifiefme conclufion. Chacune de ces parties eft foufdiuifee en trois membres, ceux de la premiere, qui eft la prepa- ion, feront ainfi appellez : le premier, la Prefentation, ou exercice de la prefence de Dieu, fçauoir, le moyen de nous prefenter deuant Dieu : le fecond, Reprefentation, qui eft vne fabrication de lieu, ou compofition de l'image de la chofe qui eft à mediter : le troifiefme, Inuocation, pour laquelle nous implorons l'affiftance de la diuine grace, pour atteindre la fin & le fruict, que nous pretendons tirer de cet exercice.

La feconde partie ditte confideration, confifte en vn, deux, ou trois, ou plufieurs poincts, & communément de trois, tirez de la lecture de quelque liure de deuotion, ou formez felon la volonté de celuy qui medite. Et est à remarquer, qu'en la consideration de chacun de ces poincts, trois actes sont requis. Le premier est, la ratiocination, ou discours de l'entendement : le second, l'affection, qui est vn mouuement de la volonté : le troisiesme, la resolution, qui est l'entiere & absoluë determination de la volonté, portée à quelque bien.

Pareillement, la troisiesme partie qui s'appelle conclusion, a ses trois membres : le premier est, le remerciement, autrement action de graces: le second, l'oblation, ou offrande: le troisiesme, la petition ou demande.

A la fin de la Meditation, se fait vne briefue recapitulation, reueuë, & examen de l'exercice, pour considerer comment il est passé, & faire vne espreinte du suc qui s'en peut tirer.

La table compendiaire que ie vous presente, fera voir toute l'Oraison Mentale à vostre œil, d'vne seule prospectiue.

L'Oraison Mētale a trois principales parties,
- La 1. est la Preparation qui consiste en trois poincts.
  - Le 1. la Presentation ou Exercice de la presence de Dieu.
  - Le 2. la Representation, ou figure de la chose à mediter.
  - Le 3. l'inuocatiō de la grace de Dieu.
- La 2. est, la Consideratiō, qui est ordinairemēt de trois poincts, tirez de la lecture spirituelle. chacun desquels requiert trois actes, qui sont
  - Le 1. la Ratiocination.
  - Le 2. l'Affection.
  - Le 3. la Resolution.
- La 3. est la Conclusion, qui a trois poincts.
  - Le 1. le Remerciement.
  - Le 2. l'Oblation.
  - Le 3. la Petition.

A la fin la recapitulation.

Voila ce que ie vous vay expliquer, Angelique, és trois parties qui vōt suiure en ceste Directiō.

Fin du premier Liure.

LIVRE

LIVRE SECOND
QVI TRAITTE
DE LA
PREPARATION,

Premiere partie de l'Oraison Mentale.

Necessité de la Preparation.

CHAPITRE I.

LE Sage la declare ouuertement, quand il dit, *deuant ta priere prepare ton ame, de peur que tu ne ressembles à celuy qui tête Dieu.* Et n'est-ce pas tenter Dieu, & prouoquer plustost son ire, qu'attirer sa misericorde, de luy parler à la volée indiscrettement, & sans aucune introuersiõ. S'il est nostre Seigneur, comme il l'est, où est le respect & l'honneur qui luy est deu? Mais n'est-ce pas l'exciter à *indignation*, de le prier tant irreueremment que l'on fait pour l'ordinaire.

Si nous considerons, Angelique, les punitions seueres & exemplaires d'Oza, pour auoir ozé toucher l'arche en apparence charitablement, mais en effect illicitement. Et aussi des Betsamites, pour l'auoir regardee auec moins de respect qu'ils ne deuoient, que deurons-nous penser de ceux qui abbordent le Dieu viuant, auec peu de preparation, dont l'arche n'estoit que la figure morte?

Il est escrit, que les Israëlites *aigrirent & exaspererent Dieu au desert, luy demandans des viandes*, non que leur requeste ne fust necessaire, mais parce qu'elle estoit entremeslee de quelque sorte de murmure.

Voyez ie vous prie, comme fut rebutée la priere du Pharisien, & de la mere des enfans de Zebedee, pour n'auoir pas esté fondée en humilité.

L'oreille de Dieu, dit Dauid, *entend la preparation des cœurs*, & par consequent, il rebutte les prieres impreparées.

Par exemple, Angelique, imaginez-vous vn vindicatif, qui la hayne dans le cœur, & le mal-talent en l'ame, s'en va dire l'Oraison Dominicale, mais que fait-il, sinon comme vn'ie, porter le pacquet de sa condemnation, dans son sein, quand il profere ces mots, *& remettez-nous nos offences, comme nous les remettons à ceux qui nous ont offencé*: n'attire-il pas *des charbons ardans sur sa teste*, & les carreaux de la diuine vengeance, puis que ne voulant pardonner à l'autruy, il demande par consequent à Dieu, qu'il ne luy face aucune misericorde, tant il est vray *que l'iniquité ment à foy-mesme, & qu'elle s'oppile la bouche.* O si Dieu le prenoit au pied leué! seroit-il pas perdu, *tirant sa condemnation de sa propre parole.* Iugez de là combien il est dangereux de faire des prieres pour sainctes qu'elles soient, sans vne deuë reflexion & preparation.

Que si pour parler deuant les hommes, soit au barreau, comme les Aduocats, ou en l'escole, comme les Precepteurs, soit en la chaire comme les Predicateurs, on vse de si estudiees preparatiues, que deura-on faire pour orer deuant Dieu, *& le prier deuant ses Anges.*

Ie ne dy pas que nous luy preparions de grandes harangues: au contraire, l'Escriture nous aduise *de prier briefuement*, mais au moins, *preparons-luy nos cœurs*, pour luy pouuoir chanter auec le Salmiste, *Mon cœur est prest, Seigneur, mon cœur est prest.*

Souuenez-vous que les filles qui se presentoient à Assuerus, estoient vn an deuant à se polir & agencer : & quelle solicitude doit auoir de soy l'ame, qui veut paroistre deuant Dieu?

Ioseph auant qu'estre amené deuant Pharao, fut peigné & vestu pompeusement : auec quel soin estoient esleuez en Babylone, les ieunes enfans, qui deuoient seruir à la chambre du Roy?

Combien magnifiques estoient les preparatiues du grand Prestre, lors qu'il vouloit entrer au Sanctuaire?

Combien grands les apprests, & diuerses les ceremonies, quand il falloit r'allumer le feu sacré esteint par mesgarde?

De combien de compositions deuoit estre preparé le sacré Thimiame, parfum reserué à Dieu seul.

Moyse deschauſſa-il pas ſes ſouliers (preparation myſtique) pour se presenter humblement deuant Dieu?

Dittes tout cela, mon Angelique, de l'âme qui se doit preparer par l'Oraison, d'entrer *au Sanctuaire, & aux puiſſances du Seigneur, pour y chanter ſes miſericordes au temps & en l'Eternité.*

Varieté de Preparations.

Chap. II.

Iuers font leurs Preparations diuersement: aucuns commencent par vne Oraison Preparatoire generale, par laquelle ils prient Dieu, de dresser toutes leurs intentions & operations à sa gloire, & à leur salut, apres font la representation du lieu, qu'ils nomment Prelude, & pour second Prelude, font vne priere particuliere, pour faire reussir leur Meditation au but desiré: ce qui reuient à peu pres, à la forme que nous suiurons, sinon que nous subrogeans l'exercice de la presence de Dieu, à cette oraison premiere & preambulaire.

D'autres, apres auoir faict le

signe de la Croix (signal qui doit preceder toutes nos œuures) disent ces mots que chante l'Eglise, *Par le signe de la saincte Croix, deliurez-nous de nos ennemis, ô nostre bon Dieu*, afin de chasser les ennemis inuisibles, qui ne taschent qu'à nous faire perdre le fruict d'vne si bonne œuure, ou nous tromper par leurs illusions & *transfiguratiõs*, ou bien disent, *retirez-vous arriere de moy, malings, afin que ie pense apres les commandemens de mon Dieu*: ou bien, *que le Seigneur se leue, & que ses ennemis soient dissipez*, afin d'euiter les distractions. Ils prennent aussi de l'eau beniste, s'ils en ont la commodité, pour se purifier mesmes de leurs pechez veniels, *& leuer leurs mains plus pures*, & leurs cœurs plus nets vers le Ciel.

Autres disent l'Oraison Dominicale, la Salutation Angelique, le Symbole des Apostres, & adioustent la Confession, memoratifs de ce mot du Sage, *Le iuste au commencement de sa priere s'accuse soy-mesme*, ou bien font vn acte de cõtrition, ce qui reuient à mesme poinct.

Quelques vns disent ce verset, qui commence les heures canoniales, *Seigneur, entendez en mon ayde, &c. Gloire soit au Pere, &c.* ou bié le Pseaume, *Seigneur, ayez misericorde de moy, &c.* ou cet autre, *Dieu nous face misericorde, & nous benisse, qu'il illumine sa face sur nous, & nous prenne à mercy, &c.* ou bien ceux-cy. *I'ay leué mes yeux vers vous, qui habitez és Cieux, &c. I'ay leué mes yeux aux montagnes, &c.*

Aucuns disent l'hymne du saint Esprit, ou bien vsent des paroles d'Abraham, *Ie parleray au Seigneur mon Dieu, bien que ie sois poudre & cendre.*

Plusieurs premettent cette Oraisõ Ecclesiastique, *Preuenez, Seigneur, nos actions par vos inspirations, & les assistez de vostre ayde, afin que nos prie-*

res & operations commencent & finissent par vous, par Iesus-Christ nostre Seigneur, &c. Somme, chacun accorde son luth selon le ton qui luy est le plus agreable, suiuant en cela le mouuement du sainct Esprit, ou de sa particuliere ferueur, deuotiõ, & inclination.

Nostre Preparation, Angelique, sera de trois poincts. Le premier nous mettra en la preséce de Dieu, le second nous representera le suiect que nous aurons à mediter, le troisiesme inuoquera la diuine grace; c'est ce que nous allons traitter maintenant, & premierement,

De la presence de Dieu,

Premier poinct de la Preparation.

Chap. III.

Ommencez voftre Oraifon par la prefence de Dieu, & tenez cette reigle fans exception, & vous verrez dans peu de temps, combien elle vous fera profitable : c'eft, Angelique, le confeil que noftre maiftre donne à fa Philothee, ie ne vous en fçaurois bailler de meilleur. O qu'il comprend beaucoup en ce peu de mots, fur lefquels ie vous vay tracer ce commentaire.

Cet exercice de la prefence de Dieu nous eft fingulierement recommandé par les Efcritures facrees, & par les Peres de l'Eglife: oyez ces auctoritez auec refpect. Le Salmifte, *Cherchez le Seigneur,*

& soyez confortez, cherchez sa face tousiours : Ce qu'expliquant sainct Augustin en ses enarrations, sur les Pseaumes, entend par *cette face la presence de Dieu*, comme quand on lit la face du vent, ou du feu, en ces lieux de Daniel, comme la paille volle deuant la face du vent, & comme la cire se fond deuãt la face du feu : par cette façon de parler, l'Escriture entend la presence des choses qu'elle specifie : Belle interpretation, & digne de ce Docteur.

Le mesme Roy Prophete dit au grand Seaume de sa penitence, *I'ay peché contre vous seul, Seigneur, & faict mal deuant vous.* Ce qui me fait souuenir du prodigue Euangelique, qui disoit à son Pere, *en l'amertume de son ame, I'ay peché contre le Ciel,* recognoissant la grande presence de Dieu, *& contre vous.*

Salomon, *Pense au Seigneur en toutes tes voyes, & il dressera tes pas,* c'est la lumiere & la splendeur en laquelle il nous faut cheminer, & sans laquelle nous nous detraquõs & fouruoyõs: pource est il escrit des meschans: que leurs routes sont soüillees, parce qu'ils perdent Dieu de veuë, & ses iugemens ne sont deuant leurs yeux.

Le vieux Tobie donnãt des preceptes de bien viure à son fils, Ayes luy dit-il, Dieu en ta pensée tous les iours de ta vie.

Le Prophete Michée Ie te veux apprẽdre ô hõme, vn bon enseignement, & ce que Dieu requiert de toy, c'est de faire iustice, aymer la misericorde, & cheminer auec circonspection deuant ton Dieu.

Dieu disoit à Abraham, chemine deuant moy, & sois parfaict. Vous voyez comme il attache la perfection à cet exercice de sa diuine presence.

Pource lisons nous que nostre Seigneur enuoya ses Apostres, hõmes parfaicts, deux à deux, symbole de charité, *qui est le lien de perfection deuant sa face.*

Et Iob trouué *iuste & droict* deuant Dieu, par quel moyen sinon par ceste presence paruint-il à ceste droitture? Oyez cõme il parle, *Seigneur mettez vous proche de moy, & que toute main me combatte ie ne la redouteray point.* En tous les tempestueux orages des afflictions, il n'abandonna iamais le timõ de la patience, ny perdit de veuë la Tramontane de la presence de Dieu.

C'est vn des plus ardens souhaits de Dauid, *que la Meditation de son cœur soit tousiours deuant les yeux de Dieu.*

S. Gregoire de Nazianze desire qu'à chaque respiration nous nous souuenions de Dieu.

Et Sainct Basile en ses regles semble constituer la perfection de son Institut en ceste continuelle memoire.

S. Bernard y loge aussi la perfe-

&ctio;, en vne belle lettre qu'il escrit aux saincts Religieux de la Chartreuse du Mont-Dieu.

Voila de puissantes recommandations pour vous faire affectionner cet exercice, mon Angelique, & que sera-ce si nous vous en produisons la dignité, le profit & le plaisir?

La dignité en est grande, car à force de se presenter à Dieu *on se transforme en ce bel object, & on luy est faict aucunement semblable.* Souuenez-vous du transport de S. Pierre à la veuë de la transfiguration.

Quelle excellêce de ressembler à l'Aigle en la veuë fixe de ce Soleil? Et d'estre l'Heliotrope de ce bel astre? pource l'Espouse *brunie & hazannée de cet aspect*, disoit tres-bien, *Ie suis à mon aymé, & aussi il est tourné vers moy.*

Comme le Soleil parfume l'Arabie, bigarre l'Iris de diuerses couleurs, & rend la Lune pleine. Ainsi la presence de Dieu, embaume l'ame de la soüeueté des vertus, l'enrichit des ornemens de la perfection, & la comble de grace. Car côme dit S. Paul, *nous auons tous receu de sa plenitude.*

C'est l'influence du Soleil qui engendre l'or dans les entrailles de la terre, & la presence de Dieu transfond & transpire dans le cœur la saincte charité, *appellée or pur*, par Sainct Iean en son Apocalypse.

O Dieu, Angelique, n'est-ce pas vn grand soulas à vn soldat ou à vn Capitaine, de combattre à la veuë de son Prince? quel lasche cœur ne seroit bouffy de generosité à cet aspect, & quel courage doit auoir vne bonne ame, *qui est en ceste milice mondaine*, combattant deuant Dieu contre la chair, le siecle & l'enfer, auec les armes spirituelles de l'Oraison.

Fut-ce pas ce qui rendit S. Estiene inuincible? S. Susanne imployable? Iudas Machabée insurmontable? Dauid inebranlable quand il chantoit: *Ie regardois le Seigneur deuant moy estāt à ma dextre, qui m'esmouueroit auec luy ie perceois vne muraille, & si i'auois vn armée en teste mon cœur n'auroit aucune crainte.*

Si Dieu est pour nous qui sera contre? disoit l'Apostre: de là la cōstāce de tant de Martyrs glorieux de mourir à la vëuë de leur Roy, qui *a faict le Ciel & la terre.*

La mere des Machabées & celle de S. Symphorien, encourageoient leurs enfans à la mort pour ceste memoire.

Heureuse & excelléte l'ame qui peut dire auec le Chantre-Roy, *Seigneur, tout mon desir est deuāt vous, & mon gemissement ne vous est point caché.* Et encores, *I'espanche deuant la face de Dieu mon oraison, & ie manifeste mō angoisse à ses yeux, luy disāt: regardez moy, & me faittes misericorde.*

Si nous coulons aux vtilitez, ie diray en trois mots, que comme le Soleil purge, illumine & meurit les fruicts, ainsi cet exercice purifie, illustre & perfectionne l'ame, estant fort conuenable aux trois voyes des spirituels.

Cet astre nettoye l'air consommant & dissipant les broüillards, & quels tenebreux maux ne resoult en vne ame ceste presence diuine? ceste splédeur chasse-elle pas *l'ombre de la mort, qui est le peché?*

Le Soleil descouure les atomes, & ceste presence faict voir *les pechez plus occultes*, & qui est plus, les aneantit. Dauid dit *que les pecheurs* (& ie dis aussi les pechez) *perissent deuant la face de Dieu. Les malings* poursuit-il, *n'habitent point deuant luy. Bien-heureux les nets de cœur, car ils verront Dieu*, & Dieu les regardera, car il est escrit: *que les yeux du Seigneur sont sur les iustes.*

L'ORAISON MENTALE. 283
C'est vn precepte du Sage *de se souuenir de ses fins dernieres pour s'abstenir de peché*, & ie croy que la memoire de Dieu a pareil effect. *Souuien toy de Dieu*, dit le martyr S. Ignace, *& tu ne pecheras point*, parce que, dit S. Hierosme sur Ezechiel, *la memoire de la diuine presence chasse toute iniquité*.

La Lyonne qui s'est accostée du Leopard, se va purifier en la mer auant que d'accointer le Lyõ, ainsi l'ame qui veut par la priere abborder *le Lyon de la Tribu de Iuda*, redoute sa presence, si premier elle n'est purgée du peché dans l'amertume du repentir.

Les Prestres de la loy ancienne auant que sacrifier s'alloiét mirer, & lauer au cuuier des miroirs: auant qu'immoler nostre cœur à Dieu, passons l'œil sur le miroir de sa presence où nous lirons nos defauts, & les amenderons.

Quel criminel oseroit esperer vn bien-faict du Prince, si premier il n'a sa grace, & de quel front s'oseroit-il presenter deuant luy? Voyez comment Absalon mendie accortemét la grace de son pere Dauid, qu'il auoit griefuement outragé par l'étremise de la Thecuite auāt que l'abborder. Que ne faict Iacob premier que se presenter à Esau indigné? Dauid pour accoiser Saül? En quel miserable estat se cõstituë Semei pour obtenir pardon? Voyez la posture du Publicain en l'Euangile. Qui ne void que la presence de Dieu en cestuy cy, & des offencez en ceux-là excitent toutes ces purifiantes repentances.

Cet exercice illumine, *Approchez vous de Dieu, & vous serez illuminez*. Les Cymmeriens esloignez du Soleil souffrent de longues tenebres, & ceux qui ne prattiquét cet exercice, *tastonnent comme aueugles l'apparoy*, & sont comme Ægyptiens en des obscuritez palpables.

Seigneur, disoit Dauid, *vous estes mon illumination & mon salut. Illuminez mes yeux de peur que ie ne m'endorme en la mort du peché, esclairez-moy, & ie considereray vos merueilles. Mon Dieu illustrez mes tenebres, que vostre face luise sur vostre seruiteur.*

Tout ce qui est de lumiere aux estoilles prouiẽt du Soleil, & toute la clarté qui *se diffond dans les cœurs*, & les esprits en la Meditation procede de ceste diuine preséce. Toutes nos cognoissances s'allument à ce flambeau.

Nous y deuons dire à N. S. comme l'aueugle-nay, *Seigneur, faictes que i'y voye.*

Desuoilez mes yeux comme à Balaam, pour contempler l'Ange *du grand conseil.*

Soyez ma colomne de feu en la nuict de ce siecle, & me guidez, ô mon Phare, au port de salut, & dãs la terre Promise, qui coule le laict

& le miel de vos faueurs. *Que vostre feu me precede & embrase autour de moy tous vos ennemis* qui sont mes pechez. Conduisez moy *de clarté en clarté* comme vn autre Moyse, & faictes que la lumiere dont vous illustrerez mon entendement passe en eschaufaison en ma volonté, afin que ie vous ayme en vous cognoissant, & vous cognoisse en vous aymant, qui est le haut point de la parfaicte vnion.

A laquelle nous conduit aussi ce sainct Exercice, car qu'est-ce l'Amour selon les Philosophes, sinon vn desir d'vnion? & comment se pourroit faire cette vnion sans la presence?

L'aymant n'attire que le fer qui luy est presenté, le feu n'vnit que les metaux qu'il resout par sa presence, & ne lie que les cires qu'il a fonduës. L'herbe appellée Agneau-chaste ne communique la pureté qu'à ceux qui reposent

L'ORAISON MENTALE. 287
deſſus. L'obiect preſent dit l'Axiome Philoſophic, ou reellement ou imaginairement eſmeut ſeul la puiſſance.

La fieure de Demetrius, chez Plutarque, ne redoubloit ſes accez qu'à l'aſpect de Stratonice, pour laquelle il bruloit aſſez impuiſſamment.

Mais ne voyez-vous pas que cõme la ſeule reflexiõ des rays ſolaires engendre de la lumiere, la chaleur, ainſi la veuë d'vne choſe aymable donne de l'affection apres la cognoiſſance.

Celuy qui adhere à Dieu, dit l'Eſcriture, *eſt faict vn meſme eſprit auec luy. O qu'il m'eſt bon*, dit le Roy des Prophetes, *d'adherer à Dieu, & de mettre en luy mon eſperance!*

L'Eſpouſe ayant rencontré la preſence de ſon amant, proteſte *de ne le laſcher iamais plus*, & Iacob ne le laiſſe pas eſchapper ſans benediction.

Si tost que S. Pierre entend en sa nacelle, *que le Seigneur est au riuage, soudain il se retrousse, & se iette en l'eau.* La Magdelaine l'ayant rencontré au iardin, *bon iour Maistre,* dit elle toute esperduë.

Mais que cherchons nous, mon Angelique, en toutes nos Meditations, sinon de rencontrer *celuy que nostre ame cherit & desire auec tāt d'ardeur,* & comment le pouuons nous plus aisément trouuer que par cet exercice delicieux?

Car comme les oyseaux se resioüyssent au paroistre de la lampe du iour, ainsi toute belle ame est alaigre en la presence du *Soleil d'Orient. Ie me suis souuenu de Dieu,* dit le contemplatif Dauid, *& ie me suis delecté. Ie l'ay consideré à ma droicte, & pource mon cœur s'est resioüy, & ma langue a retenty ses loüanges.*

Quel malade n'est conforté à la venuë de son medecin? Venez ô medecin & medecine de nos langueurs

gueurs, consoler nos cœurs par vos douces visites.

Où sommes nous, ô mon ame, nostre centre c'est Dieu, *Il nous a creés de telle nature*, dit le grand S. Augustin, *que nostre cœur est inquiete iusques à ce qu'il se repose en luy*. L'Espouse du Cãtique ne respire, n'espere, n'aspire qu'à ceste chere presence de son bien-aymé pour le comble de ses contentemés. *Quãd viendray-ie & paroistray-ie deuant la face de Dieu?* dit le Salmiste.

Comme l'absence est le plus cruel bourreau des amans, aussi la presence est elle le sommet de leur ioye & felicité, s'ils sont esloignez, encores veulent-ils auoir des portraicts qui les consolent, priuez de la presence visible de nostre celeste Espoux, icy bas que pouuons nous, sinon *le voir en enigme dans le miroir des creatures, & remirer les choses inuisibles dans les visibles*. Ou biẽ nettoyans l'œil aceré de la foy penetrer par vne vifue apprehenſion ceſte ſaincte preſence, dequoy, Angelique, ie vous vay dire vn mot.

Viſue apprehenſion de ceſte diuine preſence.

CHAP. IV.

LA foy, dit S. Paul, *eſt vne ſubſtance des choſes à eſperer, vn argument des choſes inuiſibles*. Grandes choſes ſe diſent & ſe liſent de la foy, comme de tranſporter les montaignes, fendre les mers, arreſter le Soleil, marcher ſur les eaux. Mais la plus grande eſt de percer l'obſtacle des ſens, & de rédre viſible l'inuiſible. Ie dis que ce que nous voyõs des yeux de la foy, eſt ſolide comme vne ſubſtáce, & vray comme vne inuincible conuiction.

Ce que nous ne comprenons pas, ce que nous ne voyons point la courageuse foy le tient pour côstât contre la nature des choses, dit Sainct Thomas en la Prose du Sainct Sacrement. *La foy supplée au deffaut des sens*, chante l'Hymne.

I'aduance cecy, Angelique, afin de vous faire prendre les lunettes de la foy qui vous feront voir Dieu par tout, en tout, en toutes choses. C'est ce qui faisoit dire à Dauid, *où iray-ie loing de vous? Seigneur, où fuiray-ie de deuant vostre face? Si ie monte au Ciel vous y estes, si ie descends aux abysmes ie vous y trouue, si ie fay essor aux extremitez de la mer, là vostre dextre m'attrape.*

Adam & Cain auoient beau se cacher & fuyr, Dieu voit tout: pource chez le Prince des Poëtes Grecs, il est appellé *Tout-voyant*: Dieu atteint depuis vn bout iusques à l'autre du monde.

Il a des yeux de Linx qui percent

les murailles, voire & les entrailles, car il est Cardiognoste *& scrutateur des cœurs & des reins. Il voit clair dans l'abysme & dans l'humaine pensée*, N. S. voyant les peruerses cogitations des Pharisiens leur disoit : *pourquoy donnez vous accez en vos cœurs à tant de pernicieux desseings ?*

Tout est à nud & ouuert deuant les yeux de Dieu. A vostre aduis *celuy qui a planté l'oreille, entendra-il point? celuy qui a formé les yeux verra-il pas?* c'est aux impies de dire, *le Seigneur ne verra pas cecy, & le Dieu de Iacob ne l'entendra point.*

Rien n'est clos à Dieu, dit Seneque, *nous luy sommes ouuerts de toutes parts.* C'est vn Soleil auquel nul corps opaque faict ombre: Tout luy est diaphane & transparent. Diogene interrogé si rien n'eschappoit la veuë de Dieu, *non pas mesmes les pensées*, fit-il.

Nous auons beau fermer les

yeux, comme l'on dit des perdrix, ce Soleil ne laisse de nous voir, & d'esclairer autant l'aueugle que le clair-voyant, *le mauuais que le bon*, la boüe que la rose, les cabanes que les Palais. *Deuant son aspect sont tous les bornes de la terre, ses yeux s'estendent sur toutes gens, notamment sur les iustes, & ceux qui le craignent.*

C'est donc vne verité si trasparente que la toute-presence de Dieu, que la reuoquer en doute est se creuer ou fermer les yeux pour ne voir le iour. Neantmoins comme le Soleil pour son trop brillant esclat, ne peut estre apperceu de nos yeux sinon à trauers vn crespe ou dans vn bassin: aussi ne pouuons-nous voir Dieu, quoy que tres-present, sinon par le crespe de la foy, ou le miroir des œuures. Pource Elie voila sa face de son habit pour voir Dieu au milieu des pierres, & Dauid

N iij

parlant des ouurages de Dieu dit: *Vous m'auez delecté Seigneur, en vos factures, & ie me resiouyray voyant les œuures de vos mains, vos œuures sont admirables, & mon ame ne vous y cognoist que trop.* Car quel est le stupide qui ne recognoisse la trace de Dieu és creatures?

Antipheron à ce que raconte Pline voyoit son image par tout, & pourquoy ne verrós-nous pas celle du doigt de Dieu grauée en toutes choses?

Il nous faut donc bien *fonder & enraciner en vne foy viue*, qui nous fera apprehender Dieu par tout, & comblera tellement nostre esprit de son infinité, que comme ceux qui sont possedez de la manie des procez ne pensent & resuét qu'aux affaires, aussi nous n'ayans aucune cogitation tát emprainte que celle de la Presence, *ayans tousiours nos yeux vers luy,* comme l'esguille frottée d'aymant regarde tousiours son nort.

On faict des portraicts de telle prospectiue, que de quelque costé que l'on se tourne, ils regardent tousiours: ainsi quoy que nous facions ou que nous soyons, Dieu nous considere sans cesse.

Des moyens de se mettre en la presence de Dieu.

CHAP. V.

Ais vous voudrez sçauoir les moyens, Angelique, de vous constituer en ceste sacrée presence de Dieu, & c'est principalement ce que i'ay à vous enseigner. Outre ceste visue apprehension de la foy, qui est le fondement: voicy sept façons de vous presenter deuant Dieu pour les sept iours de la semaine. Il y en a trois qui regardent Dieu comme pur esprit, & ceste sorte de presence est intellectuelle, & quatre, Dieu comme homme, c'est à dire humanisé, & ceste façon de presence s'appelle imaginaire.

Le Dimanche, representez-vous Dieu comme l'Estre des Estres, & souuerain principe de tout. Dieu a vn estre independant de tout autre estre eternel, infiny, incomprehensible, & qui ne peut n'estre point, estre subsistant de soy mesme, & comme dit Platon, *suffisant de soy*.

Dieu ineffable & innominable ne tire son nom que de son estre, *Ie suis celuy qui suis*, disoit-il à Moyse, *Dis aux enfans d'Israël que celuy qui est t'a enuoyé à eux, c'est vous ô Seigneur qui seul estes*, disoit le Chantre-Roy.

Or côme le bien est de soy diffusif & communicatif, comme dit

S. Thomas apres S. Denys Areopagite, Dieu qui est la mesme bonté a voulu participer vn rayon de son estre à ses creatures, desquelles l'estre dependant entierement de ce premier, n'est qu'vn estre de participation; desorte que si Dieu retiroit tout son soustien, tout l'vniuers retourneroit au neant d'où il tire son origine; ceste consideration faisoit dire à Dauid *sans y penser, i'ay esté reduit à rien.*

Et de vray, comme le ray depend du Soleil, le ruisseau de la source, la brache du tronc, ainsi nostre estre deriue de celuy de Dieu, & n'a subsistance que par son soustenemét.

Nous sommes en l'ame faicts à *l'image & semblance de Dieu*, nostre interieur est donc comme vn miroir où Dieu voit sa figure, or s'il s'ostoit de deuant ce miroir, ceste image seroit elle pas destruitte? Pour vn petit destour voila Dauid tout esperdu. *Vous auez*, dit-il, de-

stourné vostre face de moy, & i'ay esté tout troublé.

La consideration de cet Estre incomprehensible, versera sans doute en vostre ame, mon Angelique, vne grãde cognoissance de vostre neant, vous vous abysmerez deuãt vne si haute Majesté, & conceurez mille respects, qui seront de grandes dispositions pour bien faire vostre meditation.

Le Lundy. Voyez comme Dieu est par tout par essence, presence, & puissance, *nous viuons, remuons & demeurons en luy*, dit S. Paul, cõme les oyseaux en l'air, & les poissons en l'eau, qui de toutes parts les enuironne. Ainsi Dieu est dessus, dessous, dehors, à costé, & tout autour de nous. Quoy qu'immuable il donne mouuement à tout ce qui meut. Il est vne Sphere, dit Trismegiste, dõt le centre est par tout, & la circonference nulle part.

Il remplit le Ciel & la terre, dit Hieremie, *voire & le Ciel des Cieux ne le peut contenir*, dit Salomon. *Tout est réply de Dieu* chäte vn Poëte. Nous sommes absorbez en luy, ne plus ne moins que seroit vne goutte d'eau en l'Ocean.

Ou bien comme l'enfant est dãs les flancs de sa mere, aussi Dieu dit par Isaye: *qu'il nous porte en son vêtre*. Puissãte & pressãte cõparaisõ, qui peut estre réforcée par la figure de Ionas reclus au vêtre de la Baleine.

Ou bien comme le Tabernacle estoit autrefois enuirõné de Dieu qui *le couuoit* & couuroit en forme de nuée, ainsi sommes nous entournez de Dieu.

Sans doute ce moyẽ est tres-present, & il versera en vostre ame vne merueilleuse reuerẽce de ceste diuine Majesté, qui enclost ainsi vostre rien dãs son tout. Que si on porte tant de respect à la presence d'vn grãd, quel l'aurez vous *pour le Dieu viuant, deuãt lequel vous ẽsistez?*

Le Mardy, Pésez que Dieu vous pénètre de part en part, & de corps & d'âme, estant tres-intimement dedans, & que sans cela vous ne subsisteriez pas vn seul petit moment, sans couler au non estre.

Nostre corps ne subsiste que par l'ame, & l'ame & le corps ne se soustiennent que de Dieu, il est plus l'ame de nostre ame, que nostre ame n'est l'ame de nostre corps. Il est l'Estre de nostre Estre, la vie de nostre vie, l'action de mon action. *O mon Dieu* disoit S. François, *& mon tout, qui suis-ie, & qui estes vous? Faictes que ie me cognoisse* disoit S. Augustin, *& que ie vous cognoisse. O Dieu de mon cœur*, disoit David, *& ma part eternelle*. O tout de mon tout, ouy, vous estes plus moy, que ie ne suis moy-mesme, car vous estes ce que ie suis independamment, & ie suis entierement vostre par vne absoluë dependance. Quand sera-ce que mes desirs seront tout à vous, comme sont mes puissances. Contraignez moy, Seigneur, d'entrer en vostre banquet, & rangez sous vostre suaue ioug, mes volontez rebelles, ostez cette repugnance & rebellion, qui m'empesche de faire le bien que ie veux.

Cette intime penetration est vn moyen tres-energique, pour nous tenir bien recueillis, & pratiquer cet enseignement de Pythagore, de se venerer soy-mesme, non par vaine gloire, où amour propre, mais à cause que Dieu est en nous, & le royaume des Cieux en nostre interieur.

L'ame du iuste est le siege de la Sapience, nos cœurs & nos corps sont les temples du sainct Esprit. Dieu y reside comme vn Roy en son trosne, vn Espoux en son lict. Celuy qui est en la charité, demeure en Dieu, & Dieu en luy: que pouuons-nous redouter, luy estant auec nous?

Où le voulons-nous aller chercher, puis qu'il est si proche, pourquoy courir tant loing, pour trouuer ce que nous auons si prez, & en main? *Escoutons ce que nostre Dieu parlera en nous*, mais escoutons en silence, sans bruit, & sans tumulte de passions.

Helas ! nous pourroit-on point bien faire ce reproche que sainct Iean faisoit aux Iuifs, parlāt de nostre Seigneur, *Celuy que vous mescognoissez, est au milieu de vous.*

Du fer rougy, on peut dire que le feu est dans le fer, & le fer dans le feu, ainsi sommes nous en Dieu, & Dieu en nous: ouy en nous plus interieurement que l'air que nous respirons; aussi nous a-il *soufflé le spiracle de vie*. Figurez-vous vne esponge dans l'eau, elle en est toute penetree & toute enuironnee: ainsi Dieu nous encerne, & nous penetre entierement.

Voila pas, Angelique, vne presence de Dieu tres-contiguë? *non il n'y a point de nation qui aye ses dieux si* voisins d'elle, comme nostre Dieu l'est de nous. Il est vrayemēt Emmanuel, c'est à dire, Dieu auec nous.

Le Mecredy, imaginez-vous nostre Seigneur Iesus-Christ en son humanité, *le plus beau & specieux de tous les enfans des hommes*, qui vous considere du haut des Cieux. Et n'est-il pas escrit, *que le Seigneur regarde du Ciel sur les enfans des hommes, & que ses paupieres les interrogēt*?

Il n'est pas seulement dans son temple sainct, c'est à dire, en nostre cœur sanctifié, mais son siege est au Ciel. Nous disons en nostre creance, qu'il est monté aux Cieux, & sied à la dextre de son pere tout-puissant. Dauid l'auoit prophetizé, chantant, qu'il s'estoit esleué au Ciel des Cieux, vers l'Oriēt, & qu'il auoit mis son tabernacle dans le Soleil, où il seroit cōme un Espoux bien paré dans son lit : Pource, luy dit-il, *I'ay leué mes yeux à vous, qui habitez és Cieux*.

Representez-vous donc, que le

celeste & inuisible Espoux de votre ame, Angelique, vous regarde à trauers les murailles transparentes & cristallines du monde, qui sont les cieux, *Fusez*, dit Iob, *comme vn airain tres-solide*: ou bien qu'il vous considere par les trous des estoilles (bien qu'il n'aye besoin de semblables ouuertures) mais ie dy cecy, parce que, comme l'on dit que les yeux sont les fenestres de l'ame: ainsi pouuons nous nous representer que les astres soient les fenestres des Cieux. L'Espouse sacree se semble entretenir de cette imagination, quand elle dit de son Amant, *Le voila pas derriere la muraille, qui regarde par les fentes*, & recluse en sa chambrette, dit-elle pas, que son Espoux la contemple *par les trous de la porte, & qu'elle en tressaut de ioye*.

Les pages qui sont en vn antichambre, s'amusent quelquefois à des jeux & folastreries, qu'ils n'a-

roient garde de pratiquer deuant
le maiſtre, qui eſt en ſa chambre,
lequel ſi toſt qu'il paroiſt, ou qu'il
appelle, les range tous à leur deuoir. Mais, Angelique, ſi vous pen-
ſez que le maiſtre que nous ſeruõs
en cet anti-chambre du monde,
nous void de ſon troſne, aucun obſtacle n'arreſtant ſa veuë, cela vous
obligera ſans doute, à ne rien pen-
ſer, dire, ny faire, qui ſoit indecent
deuant vne ſi ſublime Majeſté.

Le Ieudy, iour de l'inſtitution de
la tres-ſainéte Euchariſtie, preſen-
tez-vous en corps, ou en eſprit deuant noſtre Seigneur, eſtant reellement, ſubſtantiellement, & de
fait, au ſaint Sacrement de l'Autel.
Adorez-y l'eſcabeau de ſes pieds, & pro-
teſtez de choiſir *le pied de ſes autels,
pour voſtre demeure.*

Vous ſçauez que ie vous ay con-
ſeillé cy-deuant, de faire ſi vous
pouuiez, voſtre Meditation en
l'Egliſe, comme au lieu le plus ex-

cellent & conuenable de tous les lieux, c'est là que nostre Seigneur se tiēt auec nous, iusques à la consommation du siecle, c'est là le iardin clos, où se trouue cette fleur de son humanité diuinisee sous les fueilles des sainctes especes sacramētales. Là est le Propitiatoire, là l'Oracle, là l'Arche d'alliance, qui contient la manne sacree, là comme des pauures Cananees, demandons-luy les miettes de sa table.

Cette presence est si forte, & réelle à toute ame fidelle, qu'il n'y a tant immodeste, qui ne forme sa contenāce deuant ce precieux gage de nostre salut. Sainct Louys, conuié d'aller voir le petit IESVS, se monstrant visiblement entre les mains d'vn Prestre, celebrant la Messe, respondit qu'il le croioit aussi fermement, que s'il le voioit, & ayma mieux le merite de la foy, que le contentement de la curiosité.

Vn grand personnage de nostre temps, pressé du desir de quitter le monde, & ne pouuant se resoudre en quel ordre il entreroit, se va mettre en la presence de la saincte Eucharistie en vne Eglise, & voila qu'vne voix sort du tabernacle, qui luy dit, *Sois de la Compagnie de mon nom.* Certes, ceux qui peuuent se constituer en cette saincte presence, sentent vn merueilleux confort & ayde en leur Oraison, de cette proximité, comme ceux qui sont animez de douceur, par la suauité du Cinnamome.

Que si, mon Angelique, vous faittes vostre Oraison en quelque autre lieu particulier, enuoyez vostre ame sur les aisles de vostre zele, adorer vostre Dieu en quelque part qu'il soit en la saincte Eucharistie, *laquelle estant appuyee sur ce bié-aymé de son cœur, sur ce doux obiet de ses vœux,* asseurez-vous de trouuer vn grand soulas en vostre priere.

Le Vendredy, que l'Eglise consacre au souuenir de la mort & Passion *de son espoux de sang*, iour de penitence & de mortification, parmy les deuots, vous pourrez-vous figurer nostre Seigneur en Croix, & vous prosterner en cette douloureuse & lamentable presence: il seruit là de *blanc & de but aux fleches de ses ennemis* : qu'il soit la mire de vos plus ardentes affections, & l'attraict de vos traicts amoureux, & cordiaux eslancemens.

Cloüez-vous auec luy en ce bois, & que rien ne vous separe de sa charité, dressez-vous sur l'exēplaire qu'il vous presente là sur le Caluaire, & contemplez-le fixement flambant d'amour dans ce buisson espineux, qui enuironne son chef. O que vous *moissonnerez de raisins de ses espines, & de douces figues de ces ronces* ! ouy, le miel vous coulera de cette pierre, & l'huile, de ce roc de constance. Vous tirerez le rayon emmiellé de la bouche de ce Lyon mort.

Bon Dieu, combien de sainctes affections, Angelique, ce seul aspect versera-il en vostre ame! sans doute il la renuersera tout à faict, & la violentera d'vne volontaire contrainte, de se donner toute à celuy qui tout entier s'est ainsi prodigué pour elle.

Le Samedy, iournee affectee à la mere de Dieu, iettez-vous aux pieds de cette saincte Vierge, tenāt son petit enfant IESVS en ses bras. Ainsi le trouuerent les Mages d'Orient, *qui se prosternans, l'adorerent, & luy offrirent leurs presens, or, encens, & myrrhe.* Imitez-les, mon Angelique, & vous presentant à IESVS, entre les bras bien-heureux de sa beniste mere, nostre grande mere, offrons luy *cœur & chair*, corps & ame, interieur, & exterieur, nos pēsees, nos paroles, nos œuures, nostre memoire, nostre entendemēt, nostre volonté, tout nostre estre à son sainct seruice,

O la courte voye, pour trouuer IESVS, que recourir à Marie! *pren. l'enfant & la mere*, dit l'Ange à Ioseph, car où cette fleur, qu'en cette tige, où ce diamant qu'en cette enchasseure, où Marie sans *Iesus*, où *Iesus sans Marie*?

O eschelle de Iacob, sur laquelle Dieu s'appuye, ô porte du Soleil d'Orient, ô toison de Gedeon, ô tour de Dauid, ô Arche sacree, ô cité de refuge, ô canal de la fontaine de vie. *Ie vous salu*: *Mere de misericorde, ô benigne, ô pieuse, ô douce Vierge monstrez-nous le benit Iesus, fruict sacré de vostre ventre*, fruict de vostre racine, ô bel arbre de vie, planté dans le Paradis celeste & terrestre de l'Eglise triomphante & militante. Angelique, est-il quelque douceur plus douce, que la douceur de cette filiale & maternelle presence?

Voila bien les sept principales

façons de vous mettre en la presence de Dieu, que ie vous auois promises, mais ie vous veux encores ouurir & descouurir,

D'autres moyens.

CHAPITRE VI.

IE vous propose d'abondant, la voye des epithetes, qui est illimitee, & presqu'infinie, car on en peut trouuer & former tant que l'on veut. En voicy trois septenaires pour trois sepmaines que ie vous ay choisis, & dont le 1. est cõforme à la voye purgatiue, & pourra preceder les meditations qui y disposent, le 2. à l'illuminatiue, le 3. à l'vnitiue, non que ie vous veuille astreindre en aucune maniere, Angelique, ains vousvous en pourrez seruir indifferemment, selon le motif de vostre deuotion.

Quant au premier, vous vous pourrez mettre en la presence de Dieu, comme estant 1. nostre Iuge, 2. nostre tesmoin, 3. nostre Aduocat, 4. nostre Correcteur, 5. nostre Maistre, 6. nostre Conducteur, 7. nostre Conseruateur.

Au second, vous le considererez comme 1. Redempteur, 2. Createur, 3. Bien-faitteur, 4. Docteur, 5. Pere, 6. Frere, 7. Capitaine.

Au troisiesme septenaire, presentez vous à luy, premierement comme à vostre Espoux, 2. vostre Amant, 3. vostre Amy, 4. vostre Compagnon 5. vostre Consolateur, 6. vostre Pasteur, 7. vostre Remunerateur, & ainsi de semblables qualitez & tiltres.

Que si vous voulez vous côstituer en sa presence, & le contempler comme vostre ioye, vostre couronne, vostre gloire, vostre contentement, vostre esperance, vostre salut, vostre salaire, vostre voye, vostre

stre vie, voſtre douceur, voſtre ſanctification, voſtre amour, & quoy non? Iugez, mon Angelique, ſi cette routte ne vous meine pas dans vn millier de façõs de changer cette diuine preſence, & ſi ce n'eſt pas vne manne qui a toutes ſortes de gouſts.

Mais voicy la forme que plus le vous conſeille, ſi le ſuiet de voſtre meditation eſt ſur la Vie, Mort, Paſſion, Reſurrection, & Aſcenſiõ du Sauueur (& c'eſt autour de cela que s'employe principalement ce ſainct exercice, toute autre matiere me ſemblant pluſtoſt curieuſe qu'vtile) ne cherchez point de vous mettre en la preſence de Dieu, en autre forme que celle que N. S. a au myſtere que vous allez mediter: car outre qu'elle eſt facile, prõpte, & en main, ce ſera deſia à moitié aduancé dans le 2. poinct de la Preparation, qui eſt la repreſentatiõ, ou image de la choſe à mediter.

O

Par exemple, si vous meditez l'Oraison de nostre Seigneur au jardin des Oliuiers, mettez-vous deuant luy tel qu'il estoit en cette agonie, & au sortir de ce premier poinct, vous trouuerez au second la figure de ce mystere toute grauee en vostre imagination.

Quant à la presence de Dieu, par la voye des attributs, ou par vne simple application, & apprehésion de l'entendement, c'est vne route transcendante & supereminente, par laquelle ie ne pretends nullement vous conduire, mais par vne plus basse, plus humble, plus simple, aussi plus seure.

Essais de cet exercice de la Presence de Dieu.

Chap. VII.

N fin, Angelique, vous desirez apres tant d'instructions, que ie vous monstre par vn exemplaire formé, comment il faut faire pour se mettre en cette diuine Presence certes, il est bien vray ce que dit Seneca, *que le chemin est long & estiré, par les preceptes & documens, mais bref & efficace par les exemples,* & modeles.

Ce n'est pas assez de fournir le moule, il faut en outre enseigner comment il faut ietter en fonte: Iamais l'enfant n'apprendra à escrire, si l'escriuain ne luy tient la main, & ne luy fait voir comment les lettres se tracent.

Comment l'apprentif tirera-il vne coppie, sur l'original d'vn tableau, si le peintre ne luy enseigne l'industrie, & les particularitez du meslange des couleurs? Somme, nul art ou exercice se peut apprendre, si on n'en môstre actuellement les moyens & la façon.

Qu'vn maistre de Musique apprenne tant qu'il voudra, à cognoistre les clefs & les nottes, s'il ne fait entonner, iamais son disciple ne sera Musicien.

La tres-bône façon d'enseigner, est de joindre à la Theorie, la Pratique, ce sont les deux poles, les deux yeux, les deux bras de tout apprentissage.

Si ces deux cheuaux ne s'accordent à pareil ioug, nul attirail peut valoir.

Israël batailloit en bastissant, & bastissoit en bataillant, icy nous dresserons des documens d'vne main, & monstrerons la mode de les employer de l'autre. Plaise à Dieu espandre sur ces fueilles, le double esprit d'Elisee, Theoric & Pratic, & l'vn & l'autre à sa gloire.

Vrayement ce sera bien r'entrer en enfantillage: & comme Caton, balbutier, & faire la caluacade sur vn roseau, mais que ne feroit vn cœur sincere & paternel, pour le bien d'vne ame, qui remet son salut à sa conduitte.

Ie vous vay donc, Angelique, tracer quelques essais, à la façon desquels vous en pourrez former mille meilleurs, que le sainct Esprit vous suggerera sur les moyens de vous mettre en la presence de Dieu, que ie vous ay marquez aux precedens chapitres.

Sur le premier des sept principaux, qui regarde Dieu, comme estre des estres, vous pourriez, ce me semble, vous estendre en telle ou semblable maniere.

O mon vray estre, mais *qu'estoit ma substance, sinon vn pur neant deuant vous*, auant que vostre misericordieuse bonté me tirast des inuisibles cachots de l'inexistence? O estre de mon tout, ô le tout de mon estre, mais que suis-je sans vous, sinon vn rien, mais que ne suis-ie auec vous, que ne puis-je auec vous ? à quoy me resoudrois-je, *sinon en vapeur*, si vous retiriez vostre secours de ce que ie suis, en quel abysme de maux me precipiterois-je, si vous retiriez vostre concours, du cours de mes actions & operations ? *D'où vient quand ie tombe que ie ne me froisse, & perds entierement, sinon de ce que vous supposez vostre main paternelle pour me soustenir?* Toutes choses naturellement recourent à leur principe, & les fleuues qui deriuent de l'Ocean y roulent le tribut de leurs eaux, tousiours coulans & inquietes, iusques à ce qu'ils soient engouffrez en ce vaste sein. O! estre, souuerain, ô principe de tout estre, permettez que ie vous rende le tribut de tout ce que ie suis, souffrez que me presentant à vous ie m'escoule en vous, *que comme l'eau mon ame s'espanche deuant vous, que ie vous reuele ma cause, & que mon Oraison entre deuant vostre face:* comme l'humble Ester deuant son Assuere. Mais, ô mon bon Dieu, cõment osera mon rien paroistre deuant le tout, sinon afin que ce tout infiny & incomprehensible, comble le vuide de son inanité? Voyez-vous bien, Angelique, où nous irions, à suiure cette pointe.

Vous considerant vous-mesme, comme dans Dieu, vous pourriez penser ainsi. Où sommes-nous maintenant, ô mon ame, sinon en la vraye presence de

Dieu, puis que nous sommes en luy, *& dans les entrailles de sa misericorde.* Mais où pouuons-nous estre hors de luy, que nous ne soyons hors de nous-mesmes, puis que nous ne pouuons estre en nous, que nous ne soyons en luy? Roule les yeux de toutes parts, tout ce que tu vois, n'est point ton Dieu, comme t'apprend sainct Augustin, si est-ce que ton Dieu est en tout ce que tu vois : sçache que tout ce grand Vniuers que tu compasses auec les yeux de ton corps, n'est que son marche-pied, & que son immense grandeur n'est pas resserree en vne si petite boule, qui ne luy couste qu'vne parole à fabriquer, *Entre donc en son tabernacle, & adore le lieu où ses pieds touchent, entre en la ioye de ton Seigneur*, par vne saincte esleuation de cœur en sa presence. Mais que suis-je, ô mon Dieu! sinon l'inimaginable partie d'vn riẽ, qui se trouue dãs l'Eusoph de vostre infinité incõprehensible, mesme aux espaces inimaginables. A quoy tient-il donc, que ie ne compose mes pensees, mes paroles, mes actions, mes contenances, mes operations, mes intẽtions, puis que ie suis continuellement, non seulement deuant, mais mesme dedans cette diuine presence? Quelle plus haute Majesté voulons-nous respecter, quelle honte d'estre si curieux, de la bonne mine deuant les hommes, & si peu soigneux d'aller droict deuant Dieu? Pensez encor Angelique, où meneroit cette carriere, qui la voudroit enfiler.

Que si par vne saincte introuersion vous voulez vous presenter à Dieu, qui est en vous mesmes, & c'est le troisiesme moyen, helas! mon Angelique, trouuerez-vous rien de plus sensible, & energique? Luy pourrez-vous pas dire ainsi. *O mon bien-aymé, ie vous tien, & ne vous lascheray iamais, comme vn boucquet de myrrhe vous reposerez tousiours sur le sein de mon ame, entre les mammelles de mon entendement & de ma volonté : mais qui suis-ie, que vous me magnifiez tant, & que vous daigniez appliquer vostre cœur à m'aymer? Seigneur, ie ne suis pas digne que vous habitiez sous mon toict, retirez-vous de moy, car ie n'ay que des pechez. O sagesse eternelle, pouuez-vous heberger en vne ame soüillee ! vos delices sont d'estre auec les enfans des hommes, mais pourueu qu'ils soient nets & purs deuant vos yeux, & vous sçauez que ma conception est en iniquité, que i'ay apporté des flancs maternels. Mon Dieu, Dieu de mon cœur, & de mes entrailles, que ne vous vnisse-je autant mes affections, que vous vous vnissez à moy en effect. Benissez mon ame le Seigneur, & tout ce qui est en mon interieur, magnifie* son *sainct nom*. O tres-intime, & tres-present amy de mon ame, *creez en moy vn cœur net, & renouuelez vn esprit droict en mon interieur, ne me reiettez pas de vostre face, & ne me priuez pas de vostre sainct Esprit*: Ne permettez pas que la mort du peché me separe iamais de vostre saincte charité: O que vostre science s'est renduë admirable en moy, puis que vous vous estes vous-mesmes enté par essence, presence & puissance, en la fabrique de ma composition. Ie ne m'estonne plus si vous aymez tant les hommes, car outre qu'ils sont l'ouurage de vos mains, vous auez graué & empreint *vostre image & semblance* en leurs ames, image de laquelle vous ne pouuez qu'estre esperduëment amoureux, & puis que vous estes en cette image de mon ame, ie n'ay qu'à faire reflexion sur elle, pour tousiours me mettre en vostre presence : Sus donc, *mon ame, magnifie ton Seigneur, & que mon esprit s'esioüisse en Dieu son Sauueur.* Tels ou semblables eslancemens pourrez-vous tirer, mon Angelique, de cette presence intime.

Pour modelle de la quatriesme façon, qui est de contempler Iesus-Christ nostre Seigneur, nous regardant en son humanité du haut des Cieux, vous pourrez prendre ces paroles. Hausse tes yeux, ô mon ame, & considere ton Redempteur seant, comme vn autre Salomon, au throsne de la dextre de son Pere, l'Eternel Dauid, prest d'entendre & de receuoir tes cordialles requestes, & de les entheriner, si elles ont toutes leurs qualitez requises : ouy, & bien que comme vn autre Ammon tu luy demādes la belle Abisag sa gloire pour espouse : principalement si tu interposes Bersabee ou l'intercession de la Bië-heureuse Vierge sa mere

Pour t'encourager à ceste haute demande, voy qu'en la priere qu'il t'a luy-mesme apprise de sa beniste bouche, il veut que tu le regardes comme *Pere dans le Ciel*, & apres la *sanctification de son nõ*, que tu le pries *de te faire aduenir son royaume*. Dis moy mon ame, en regardant ces belles voutes des Cieux qui nous seruent de lambris, & qui ne sont que le sousbassemét de la Hierusalem eternelle, mais ne conçois-tu pas vn sainct desdaing de la boüe & fange de la terre? *O qui te donnera des aisles de Colombe, pour voler & te reposer!* mais où? *aux trous de la pierre qui est* Iesus percé aux pieds & aux mains, *& en la cauerne de la muraille*, qui est la playe precieuse de son sacré costé. Voy ses beaux yeux plus brillans mille fois que les estoilles, plus estincellants, voire qui communiquent la lumiere au Soleil, qui sont fixement arrestez sur ton cœur, comme leur cher soucy, ô miserable cœur, ou que ne te fōds-tu, ou que ne te refōds-tu, ou que ne te confonds-tu à de si doux attraicts? ô Dieu, *ou destournez vostre face de mes pechez, ou effacez-les par vostre regard.* Mais mon pauure cœur, pourquoy nostre Createur n'est-il le continuel obiect de nostre aspect, comme son soing perpetuel est de considerer sa creature? ô cœur de fer, mais que n'es-tu frotté de l'aymant du sainct amour pour viser incessamment à ce nord. De ceste façō vous pourrez, Angelique, vous establir fermement en ceste presence du celeste Espoux.

De la cinquiesme façon qui est la presence Eucharistique, voicy vn petit formulaire. *O pain vif descendu du Ciel, manne cachée, pain des Anges, pain vraye chair du Sauueur, & vraye viāde de nostre mortel pelerinage,* ie vo⁹ adore, & me prosterne deuant vous en toute humilité de cœur, bien que tous mes sens deffaillent & me contrarient à conceuoir ceste vostre sacramentelle & reelle presence, ie me contente neantmoins de la vigueur de la foy, pour confirmer ma foy en la creance de vostre toute puissante parolle. Ie desments volontiers mes yeux pour acquiescer à vostre verité, *& captiuant mon entendement sous l'obeyssance de la foy*, ie vous declare ô mon Dieu, *que ie croy, & vous supplie d'ayder mon imbecillité*. Que si iadis vous vouliez que l'on *fust saisi d'estonnement à l'abbord de vostre sanctuaire :* Donnez-moy la reuerence interieure & exterieure requise pour me presenter dignement deuant vostre saincte Majesté comprise en ce redoutable mystere. *O salutaire hostie qui ouurez les portes du Ciel, ie suis fort agité de tentations & distractions, donnez-moy confort & ayde.* De telle ou semblable façon, Angelique, vous pourrez vous recueillir en la presence du Sainct Sacremēt: que si vous meditiez en vostre chābre ou en lieu où il ne fust pas, vous pourriez dire ainsi : Va mon ame, trouuer ton doux Espoux, espandu comme vne rosée sur les feuilles des sainctes especes en quelque temple honoré de ce precieux depost, *leue toy pauure prodigue, & va à ton Pere debonnaire, dis luy qu'il te regarde, & aye pitié de toy. Va mon ame, en ton repos qui est en l'Arche de sanctification, sçais-tu pas que le Seigneur t'a pourueu d'vne table cōtre tous ceux qui te troublent ? nulles murailles te peuuent empescher, ô mon cœur de te sister en esprit deuant le throsne d'yuoire de ton Roy pacifique, là tu luy feras ton oraison en la presence des Anges, qui sont tousiours à grosses trouppes aupres ceste couchette de Salomō, la tressaincte Eucharistie, & tu l adoreras* en son sainct Temple. Non mon Sauueur, dans le thresor abyssal de vos inuentions, vous n'eussiez sceu en trouuer aucune plus tendre, plus soüefue, plus amiable, plus cordialle que celle pour vous communiquer à moy, & interieuremẽt & exterieurement. O que mon ame ne s'escoule-elle en vous, comme par ce tres-sainct Sacrement vous escoulez en moy! O ma plus aymée clarté! O mon feu plus desirable me voicy prosterné deuant vous, illuminez-moy, purgez-moy, enflambez-moy, dressez mes intentions & operations à vostre gloire. Ie suis icy comme vn affamé & alteré deuant vous, ô celeste viande & breuuage.

Le sixiesme moyen *est de Iesus crucifié.* Ceste presentation est tres-facile, vous la pourriez faire ainsi. *Sus, que ie monte en la palme, & que ie cueille de ses fruicts, o beau plane exalté pres des eaux* des angoisses, permettez que ie me mette soubs vos fueilles, afin que ie puisse dire auec l'Amante sacrée. *Ie me suis assise soubs l'ombre de celuy que ie desirois, & son fruict a esté tres-doux à mon palais*, qui me fera ce bien de me cloüer à mon Iesus en la Croix, afin que ie ne viue plus moy, mais que luy viue en moy, & que ie meure en luy? O estendart du sainct Amour, faictes que ie m'enroolle soubs vostre banniere, & que ie milite sous vous, & pour vous *en la milice de ceste vie. Serpent d'airain* en constance, *exalté au desert*, faictes qu'en vostre saincte presence ie guerisse des mortelles pointures du peché. *O bel Absalon* pendu en cet arbre funeste aux cheueux de vostre humanité, tournez vos yeux sur moy, regardez *mon humilité & ma misere, & pardonnez-moy toutes mes fautes*. Bon Dieu, Angelique, y a-il personne qui ne puisse former mille discours pour se colloquer en la presence de *Iesus crucifié*, vnique science que vouloit sçauoir S. Paul.

Quant à la septiesme & derniere des sept principales façons, qui est de se presenter à *Iesus* entre les bras de sa mere, vous la pourriez faire de ceste sorte. Allons mon ame, dans le iardin delicieux de la saincte Oraison, presentons-nous à la porte à celuy qui se presenta en Iardinier à la penitente Marie, lequel nous verrons maintenant entre les bras de l'innocente Marie, *elle est la mere de la belle dilection, & du sainct Amour, mere de recognoissance.* Non elle ne mescognoist pas vn, pour miserable qu'il soit de ceux qui ont recours à elle, les mammelles de sa charité coulent vn laict perenne de douceur & benignité, aussi *est-elle la terre de promissio & de benedictio*, elle est *mere de saincte esperance*. Ne voyez-vous pas tout noſtre eſpoir qui eſt Ieſus entre ſes bras maternels ? *elle eſt pleine & regorgeante de graces :* mettons-nous en ſa preſence, & nous receurons du ſurcroiſt *de ſa plenitude.* Les rays du Soleil ſont plus doux temperez de quelque fraiſche nuée. *Voyez-vous le Seigneur eſleué ſur vne legere nuée* qui eſt la ſaincte Vierge, y a-il rien de plus doux que de voir le petit Ieſus entre les bras de ſa mere ? ô Marie, eſchalier tres-propre pour aller à Ieſus. Mon ame que crains-tu ? voi-la le petit *Ieſus* non ia terrible, & en *cette grande puiſſance qui iugera les viuans & les morts*, mais en ceſte tendre enfance qui reſioüyt les Anges & delicie les hômes, en outre entre les mains d'vne Vierge plus douce, plus ſimple, plus amiable qu'vne Colombe, tout cela eſt bié doux, *Ne redoutes plus mon ame*, dit le deuot enfant de la Vierge. S.

L'ORAISON MENTALE. 333
Bernard, *il n'y peut auoir de rebut où sont tant d'enseignes d'amour, approche auec confiance du throsne de sa misericorde,* qui est Marie mere de misericorde: *si tu es miserable, Marie secourt les miserables, ayde les pusillanimes, protege les penitens,* elle sera ton toict *contre la pluye, ton ombre contre la chaleur.* Ne crains-point les iustes courroux de Dauid, tant que ceste Abigail intercédera pour toy. O que ceste presence est aysée & gracieuse! mon Angelique, pleine de ioye & de confort.

Quant à la voye des Epithetes, côme elle est infinie, les essais aussi en seroient infinis, & tireroient ce discours en vne extreme longueur, vne monstre suffira pour chaque Septenaire. Si vous vous mettez en la presence de Dieu côme Iuge, dites ainsi : *Seigneur ayant peché deuant vous, sans doute vous vaincrez quand vous me iugerez, mais si vous obseruez ainsi rigoureusemēt les iniquitez, qui vous pourra supporter, qui pourra descendre auec vous en iugement ? Quand vous interrogerez qui vous respondra.* O iuste Iuge, permettez-moy de preuenir vostre face en confession, car vous estes bien contraire aux iuges humains qui condamnent ceux qui confessent, & absoluent ceux qui nient fortement leurs mesfaicts, vous absoluez les confessans, & condamnez les nians, *si nous nous disons sans peché nous mentons, & nous seduisons, nous mettons nostre bouche contre le Ciel, & nous vous prouoquons à nous arguer en vostre fureur, & nous corriger en vostre ire, mais quand nous confessons nos fautes vous estes patient, puissant, & tres-bon pour nous les remettre.* O Iuge debonnaire, ie viens icy deuant vostre Tribunal pour repenser *à mes ans passez en l'amertume de mon ame*, & pour vous esmouuoir à pitié &

compassion, plustost qu'à indignation : *Aydez-moy mon Dieu, mon salutaire, & pour la gloire de vostre nom, deliurez-moy de mes imperfections, & soyez propice à mes pechez, ne me traittez pas selon mes offences, & ne me retribuez pas selon mes demerites, mais magnifiez vostre misericorde sur moy autant que le Ciel est surhaussé de la terre.*

Si vous vous presentez à Dieu comme vostre frere, dittes luy. *O mon petit frere, qui me donra que ie vous trouue à l'escart de ce sombre recoing, & que ie vous embrasse de toutes les affections de mon cœur? O mon frere, ô mon autre moy-mesme, ô mon frere aisné, c'est vous qui m'auez auec vostre sang acquis l'heritage celeste,* auquel vostre grace nous appelle comme coheritiers, permettez que d'vne fraternelle côfiance ie vous approche, & rendez-moy vrayemêt vostre frere par adoption, me rendant de ceux qui font la volonté de vostre celeste pere. Vous estes vrayement ô mystique Ioseph, nostre frere selon la chair, & de mesme sang humain : vous estes *le fils de l'homme*. Et que crains-tu mon ame, de redouter ce cher frere, bien que tu l'ayes mille fois vendu, comme firent les freres de Ioseph par tes pechez, neantmoins il te receura humainement, te dõnera du froment en ton Oraison, *& bien que dominant* dans les cieux il ne te mesprisera point, ny te chastiera, car il est indulgent sur l'humaine malice.

Si vous vous mettez en la presence de Dieu comme Espoux, dites luy. Ie viens à vous, ô cher espoux de mon cœur, *bien que i'aye forniqué auec mille adulteres, & logé des mauuaises affectiõs en la couchette de mon cœur destinée pour vous seul, ie reuiens à vous comme vne Sulamite esgarée, ie vous appelle Pere & le gardien de ma virginité.* Ne me reiettez

iettez pas ô chaste Espoux de mon ame, *en vostre iuste courroux, souuenez vous de vos misericordes*, regardez les Magdelaines, les prodigues, les Dauids, & tant d'autres exemples illustres de vos miserations *qui sont l'huille de vos œuures*, voicy mon cœur prosterné à vos pieds, qui vous crie mille fois mercy, & proteste de detester le passé pour se *renouueller en vn esprit tout autre*, & faire retentir l'air de ceste saincte acclamation, *Viue Iesus, Viue Iesus.*

Si vous voulez vous mettre en la presence de Dieu, par la voye de ces autres denominatiõs que nous vous auons specifiées par exemple cõme vostre courõne, ainsi pourrez-vous dire en vostre interieur. *O ma ioye & ma couronne* ie renonce volontiers & de bon cœur à la compagnie des mõdains, *qui se couronnent des couronnes des roses passageres du siecle* qui flestrissent incontinent ie vous choisis pour ma part eternelle, *ô couronne infleſtriſſable de gloire*, & pour ma temporelle ceſte precieuſe, mais poignante couronne d'eſpines qui perce voſtre chef, ô mon Ieſus, à l'imitation de voſtre ſaincte amante la B. Catherine de Siene. Vous eſtes ma couronne, puis que vous couronnez vos œuures en moy: ſus mon ame, eſcoute ton Eſpoux *qui t'appelle du Liban pour te couronner*. Ainſi pourrez-vous faire, mon Angelique, des autres denominations, qualitez, titres & epithetes. Car ce peu de formulaires peuuent ſeruir de patron à mille autres que le Sainct Eſprit vous ſçaura trop mieux inſpirer.

Quant à la plus vniuerſelle & ordinaire façon que ie vous ay cóſeillée, qui eſt de vous mettre en la preſence de Ieſus-Chriſt, en la forme qu'il eſt au myſtere que vous voulez mediter, nous en ferons vn petit essay sur celuy de Iesus, agonisant au iardin des oliuiers. Vous pourriez dõc faire ainsi: Allõs mõ ame, *à la mõtagne de la myrrhe amere, & à la colline de l'encens,* allons nous presenter en esprit de compunction & d'amertume deuant nostre Espoux, pantelant comme vn pauure cerf aux abois, & agonisant ce sang qu'il ruissele, & voirement vne myrrhe premiere, purement distillante de l'arbre de son corps & c'est sur vne colline d'encens, car il y faict son Oraison, *qui s'exhale vers le Ciel en odeur de suauité.* Oseray-ie bien me presenter à ceste bonté qui gemit & suë, accablée du poids de mes iniquitez? Cher Amant, c'est maintenant donc que *vous portez nos douleurs, & supportez nos langueurs.* Maintenant *que vous estes foulé au pressoir tout seul*, & que vous rendez l'amere goutte de vostre sang, & que la pressure de vostre cœur

P ij

rend iufques à la prefure de l'eau qu'il a pour ceruffe. O mon Sauueur, ie vous voy nõ à genoux feulemẽt : mais mefmes profterné cõtre terre, & de quelle façon me mettray-ie pour vous honnorer, puifque vous eftes en la plus baffe de toutes les marches & defmarches? diray-ie *aux montagnes qu'elles tombent fur moy*, ou à la terre qu'elle s'entr'ouure pour m'abyfmer en voftre prefence? ô grandeur aneãtiq pour aggrandir mon neant! ô hauteur raualée pour releuer mon rauallement! ô parfaict exemplaire d'humilité & d'abiection, ie n'ay pas le cœur de vous abborder en cefte baffeffe, & cefte baffeffe neantmoins me conuie à vous abborder. Ainfi pourrez-vous faire, Angelique, variant ainfi par les autres myfteres de la vie, mort, paffion & refurrection du Sauueur. Le S. Efprit eft vn grand ouurier, c'eft luy qui fournit les inuentions à Beseléel: si vous vous addonnez tant soit peu à ce sainct exercice de l'Oraison Mentale, il vous suggerera tant & tant de moyés de vous mettre en la presence de la diuine Majesté, *qui iamais ne monterent en cœur d'homme.* Ie le prie qu'il vous conduise & inspire.

De la representation.

Second poinct de la Preparation.

CHAP. VIII.

Este piece est diuersemēt nommée par ceux qui escriuent de l'Oraison, les aucuns l'appellent composition du lieu, cōme le B. Ignace en ses exercices spirituels, autres lecture interieure quand on represente à son imaginatiō, ce que l'on a choisi pour mediter en la leçon spirituelle: quelques vns, comme noſtre Maiſtre, mon Angelique, la nomment propoſition du myſtere ou ſubiet à mediter. Pour moy il me ſemble que le mot de Repreſentation emporte tout cela, ſignifiant la figure ou image de la choſe que l'on veut mediter.

Voicy quelques Canons ou reigles que ie vous propoſe pour vous bien diriger en la prattique de cet exercice.

Le ſubiect que vous mediterez ſera ſans doute ou corporel ou ſpirituel.

S'il eſt corporel, l'image en eſt facile à former, ains elle ſera toute formée en voſtre imagination, auant que vous vous en apperceuiez. Comme ſeroit de la Vie, Mort, Paſſion, Reſurrectiō du Sauueur, & autres pareils myſteres ou hiſtoires.

S'il eſt ſpirituel, ce ſera ou comme vne ſentence, & en ce cas vous la pourrez grauer en lettres d'or en voſtre imagination, comme en vn tableau. Par exemple, ſi vous meditiez celle-cy du Sage, *le commencement de ſageſſe eſt la crainte de Dieu.*

Ou peut-eſtre ce ſera de quelque choſe intellectuelle, comme le Paradis, l'enfer, les Anges, & ſemblables : en ce cas vous pourrez vous ſeruir de l'vſage de l'Egliſe en pareilles Repreſentations.

S'il eſtoit de la bonté de Dieu, de ſa miſericorde, iuſtice ou autres attributs, appliquez-les à quelque choſe de moins abſtraict, comme en quelques actions où il les aye faict paroiſtre. Il eſt vray que ces ſubiets ſont pour les plus aduancez, voire pour ceux qui cheminent en la voye vnitiue. Contentons nous, Angelique, de ſubiects moins ſubtils & ſublimes, mais plus humbles, faciles & ſeurs.

Si vous meditiez quelque vertu ou quelque vice pour extirper celuy-cy ou acquerir celle là, vous pourriez vous seruir de quelques symboles ou inuentions pour y lier vostre imagination: comme par exemple, vous pourriez vous representer l'humilité sous l'embleme d'vne belle vallée fertile, verdoyâtre, abondante, ruisselante de claires eaux, & l'orgueil soubs celuy d'vne môtagne sourcilleuse pleine de precipices & de rochers, steriles & infructueux, foudroyée de tonnerres, enuironnée de nuages & de broüillards. C'est ce qu'entendoit S. Iean, quand il disoit *que les vallées seroient rehaussées, & les montagnes humiliées.* Car Dieu *exalte les humbles, & deprime les superbes.*

En tout cas, vous ne sçauriez máquer de representer fermemét à vostre imagination les poincts que vous aurez esleus pour vostre meditation, à l'instar des Predicateurs & Orateurs, qui reduisent leurs discours à certains chefs ausquels ils s'attachent. Par exemple, si vous meditez l'humilité, vous pourrez vous representer sa definition pour le premier poinct, la beauté de ceste vertu pour le second, & pour le troisiesme, les moyens d'acquerir ceste perle Euangelique. Si vous prenez l'orgueil pour subiet de meditation, representez-vous premierement sa folie, secondement sa laideur, tiercement ses remedes.

Comment il en soit, si faut-il tousiours grauer son subiet ou ses points en l'imaginatiue, & c'est ce que i'appelle Representation.

De la necessité de cet exercice.

CHAP. IX.

Ous respondrons tantost, Angelique, aux objections que quelques sureminens veulent faire contre cet exercice imaginatif qui soulage grandement au progrez de la meditation, & que pour moy ie tiens entierement necessaire en ceste sorte d'Oraison basse, humble, & actiue que ie vous enseigne.

Ie tiens fermement & inflexiblement à ceste tres-asseurée maxime du Philosophe, *qu'il faut que celuy qui specule* naturellement, *contemple interieurement des images.* I'ay tout exprés interseré ce mot naturellement, parce que ie sçay qu'il est vne certaine sorte d'Oraison & contemplation surnaturelle & purement passiue qui est entierement spoliee & desnuée d'Images, mais ce n'est pas vn poinct où chacun arriue, sinon *ceux que Dieu attire par les liens de charité*, & ausquels il agit, *leur faisant souffrir les choses diuines*, comme parlent les Theologiens mystiques.

Pour Dieu, Angelique admirez ces degrez, mais n'y tendez pas sur vos iambes, car elles vous manqueroient à my chemin, cet essor est trop haut pour la foiblesse de nos aisles, si Dieu vous participe ce secret, receuez-le en crainte & en humilité, sinon tenez-vous en la royalle voye des Images plus aysés & plus asseurés.

Dittes-moy ie vous prie, n'est-il pas en bonne Philosophie tout constant, *que rien n'entre en l'intellect qui n'aye premierement passé par le sens*, & par consequent que nous ne conceuons rien, sinon par la voye des Idées ou Images.

La memoire naturelle ne peut riẽ retenir que par ce moyẽ, car quãt à l'artificielle à ce que disent ceux qui la sçauent, elle en est toute composée.

Par images l'esprit rend present le passé. dit le grand Poëte. Comme le corps ne respire que par l'air, ainsi l'ame ne pense que par images.

Nous voyons combien vtilemẽt l'Eglise s'en sert, & quels grands effects ont les tableaux pieux pour exciter à la deuotion.

Car ce qui touche l'œil esmeut plus fort le cœur
Que ne faict le discours qui nous frappe l'oreille.

Ne iugez vous pas qu'vne veuë bornée, & iustemẽt proportiõnée à la portée de nostre sens, est bien plus agreable qu'vne vague & illimitee?

A vray dire, il m'est aduis que tirer en l'air sans but, peindre sur le courant d'vne eau, escrire sur vn sable mouuant, & mediter sans representation, sont choses fort semblables.

N'est-il pas & plus aysé, & plus gracieux, de considerer le Soleil espandu sur des fleurs, ou sur vn païsage, ou en l'Iris, qu'en luy-mesme? car le regarder fixemét, voire mesme le Ciel esblouït la veuë. Tous ne sont pas des aigles, pour contempler simplement les mysteres diuins, despouillez de toutes images.

Il est tousiours dangereux de s'escarter des principes naturels, & asseuré de s'y tenir. Il est autant mal-aisé de considerer nuëmét les diuines perfections, que de conceuoir des couleurs sans suiect. Comme les ours s'aueuglent par la trop grande splendeur des rais solaires, reflechis en vn bassin, & comme le papillon se brusle au flambeau, ainsi est-il perilleux d'esgarer vn esprit en ce despoüillement d'images, l'exposant nuëment à vne haute, sublime, & passiue speculation.

De sa commodité.
CHAP. X.

ET comme cet exercice est plus conforme à la nature, & moins dangereux, estant moins abstraict, aussi est-il beaucoup plus aisé & commode.

Car n'est-ce pas pour se communiquer plus facilement à nous, que nostre Seigneur a reuestu nostre chair, pour nous faire monter à sa diuinité, par le mystique escalier de son humanité?

On dit que Socrates, le premier d'entre les anciens Philosophes, tira la philosophie des Cieux, & n'est-ce pas faire Chrestiennement le semblable, que de contempler Dieu au *fils de l'homme*, disant auec sainct Thomas, *Mon Dieu, mon maistre*, reduisant l'Ocean dans vne coquille, i'entens le tout de la diuinité, dans le neant de nostre mortalité. Il est bien plus facile de voguer sur cette petite eau, que de cingler dans la vaste mer de l'autre.

Pource les plus sublimes & esleuez contemplatifs, conseillent d'vne commune voix, de n'abandonner iamais en faict d'Oraison Mentale, l'humanité sacree de nostre Seigneur, comme nostre timon & tramontane. *Que iamais l'image du Crucifix ne s'escarte de vostre pensee*, disoit le bien-heureux Sainct Bernard, c'est la table de la loy d'Amour, sur laquelle Dieu veut que *nous meditions iour & nuict*.

La pensee de ceux-là ne peut estre sans vne expresse vanité, suiette à beaucoup d'illusions & tromperies, qui abstrayans cette image corporelle de nostre Seigneur, de leurs esprits, ne se veulent attacher qu'à la seule diuinité, obiet à la verité tres-excellent, mais inimaginable & incomprehensible.

Remettons cette speculation en l'autre vie, Angelique, quand Dieu nous aura felicitez de sa visiõ beatifiante, *& que nous le verrons comme il est*, nostre ame estant destrapee de la prison du corps, maintenant contemplons-le *par miroir & par enigme*, c'est à dire, à l'ayde des images.

Ne nous separons iamais de IESVS, viuant & mourant.

Plustost paistront les cerfs dans le vague des airs,

On verra les poissons abandonner les mers,

Que i'oublie iamais les traicts de son visage.

De quel plus bel obiet sçauriõs-nous repaistre nostre imaginatiõ, que *de cette belle face* de nostre celeste Espoux, *que les Anges bruslent de voir?*

Meditons, meditons *selon l'exemplaire qui nous est donné sur la montagne* de Caluaire, c'est là le *mõt de la myrrhe, & la colline de l'encens* de la parfaitte Oraison & contemplation.

Laisserons nous *cette arche sacree* de l'humanité, *sous les tentes & pauillons*, comme abar donnee *pour nous reposer* au seul aspect de la diuinité?

C'est l'vnique porte du Ciel, on ne peut aller au Pere, que par *ce Fils bien-aymé.*

Descens en la maison du Potier, disoit Dieu à Hieremie, *& là tu en-*

tendras mes paroles. Quel est ce séjour, sinon la saincte humanité de nostre Seigneur, qui est ce troisiesme Ciel, où S. Paul *entendit des secrets indicibles*?

Bien-heureux ceux qui sont appellez au banquet des nopces de l'Agneau, qui n'est autre en cette vie, que la parfaitte contemplatiõ, où l'Espouse inuitoit les ames quãt elle disoit, *Venez mes amis, & vous enyurez* : Et que Dauid nomme *torrent de volupté*. Or pour y paruenir au haut bout, il se faut *asseoir en la derniere place*, qui est la consideration de la saincte Humanité du Sauueur.

C'est ce poisson euentré, qui illumine, c'est ce Lyon de Samson, qui esgorgé, escorché, deschiré en sa Passion, produict des rayons de douceur & de suauité.

L'ame, qui comme vne humble Ruth, se couche aux pieds de ce grand Boos humanisé, deuient en peu de temps son Espouse.

Ce sont *les cauernes de la masure, & les boulins*, où le sainct Amant appelle *les Colombes*, les ames adonnees à l'Oraison.

Cette humanité est ce ruban rouge, que nostre Seigneur nous commande (comme jadis Iosué à Raab) de tenir en la fenestre de nostre maison interieure, qui est nostre imagination, pour la contempler continuellement.

Ce sont ces pieds de nostre Seigneur, où Magdeleine *espanchoit son ame*, & l'esleuoit en ses plus hautes contemplations.

Sainct Paul renonce à toute autre *science & speculation*, qu'à *celle de Iesus crucifié*.

C'est le vray serpent d'airain, duquel en contemplant l'humanité, nous voyons aussi la diuinité, & en ressentons les graces & consolations.

C'est cette pierre *qui nous fluë les eaux* de benediction.

C'est ce buisson espineux & ardant, où se cache la diuinité.

C'est ce liure d'Ezechiel, *escrit dedans & dehors*, & dont l'exterieur fait conceuoir l'interieur.

Nostre Seigneur reprenant la curiosité de sainct Philippe, qui le prioit de luy *monstrer son Pere*, luy dit, *Philippe, qui me void, void aussi mon Pere*; comme luy disant qu'il se deuoit contenter en cette vie, de voir sa diuinité en son humanité.

Aussi l'Espoux sacré coniure sa bien-aymee, de bannir cette speculation curieuse de soy, autremét qu'il s'escartera d'elle, *Retirez*, fait-il, *vos yeux de moy, ou ie m'enuoleray*: c'est ce trait d'œil curieux, qui *blesse son cœur & l'offence*.

Il cherit au contraire les yeux simples, *& de Colombe*. Cet oyseau ayant pris sa bechee en terre, leue aussi tost les yeux au Ciel, telle est vne ame fidelle, qui considerant l'humanité, s'esleue à la diuinité.

Iacob ayant luitté toute la nuict auec l'Ange, en fin il luy dit, *Laisse moy, l'Aurore commence à poindre* : iamais ce saint Patriarche ne le voulut lascher *qu'il n'eust receu sa benediction.*

Il y a plusieurs personnes, qui s'estans adonnees longuement és penibles exercices de la voye purgatiue, & autour des mysteres de la Vie & Passion du Sauueur, le laschent soudain que quelque rayon de l'aube de l'illuminatiue commence à paroistre, laissans là l'humanité, pour courre apres la diuinité, qui leur a, comme sur le Thabor, fait voir quelque eschantillon de sa splendeur, mais souuent elles perdent & l'vne & l'autre, cõme l'Espouse qui ayant laissé eschapper son Amant, eut par apres beaucoup de peine à le rencõtrer.

Noſtre Seigneur ſe plaiſt ſi tres-fort à reçognoiſtre en cela la fidelité de l'ame qui l'ayme plus icy bas ſur le Caluaire, que ſur le Thabor, *voulant compatir & cõmmourir* auec ſon humanité, *afin de conregner* auec ſa diuinité, que vaincu de cette conſtance, il luy donne ſa benediction, & comme à la Perſeuerance de la Cananee, il luy octroye grace.

Ce ſont ces cornes de l'Autel, que Ioab ne voulut iamais laſcher, quoy que Salomon le luy commandaſt, *Rendons-nous conformes à l'image de* IESVS crucifié, ne quittans point de priſe ſa ſaincte Croix : la deuiſe de l'ame loyale eſt celle-cy, *Ie le tiens le bien-aymé de mon cœur, non ie ne l'abandonneray iamais.*

Certes, i'ay eſté fort conſolé, quand i'ay leu en la vie du Seraphique Pere ſainct François, eſcritte par le grand docteur ſainct

Bonauenture, & en celle de la bië-heureuse mere Terese, escritte par elle-mesme, & en sa mesme vie, tracee par le Pere Ribera, de la Compagnie de IESVS, que ce deux sainctes ames, tant versees aux abstractions, & desnuëment de l'Oraison passiue, ont neantmoins tres-expressement recommandé à leurs enfans spirituels, de n'abandonner iamais de veuë en leurs plus hautes contemplations, l'image de l'humanité sacree de IESVS crucifié, comme estant la voye plus asseuree & profitable.

Pource ne peux-je me dissuader, que beaucoup de spirituels ne s'abusent, qui aspirans d'eux-mesmes à ce desnuëment d'especes, & à la pure contemplation de la seule diuinité, par vne applicatiō essentielle de l'entendement, se font croire estre vne vraye abstraction, ce qui n'est qu'vn assoupissement, se reposant par vne imaginaire Oraison de quietude, pluſtoſt en eux-meſmes qu'en Dieu.

Laiſſons volontiers ces ſubtilitez deſliees, mon Angelique, & nous contentons de nos ſolides groſſieretez : ſeruons-nous de cette forte & puiſſante imagination, dont nous liſons de ſi prodigieux effets dans les hiſtoires.

Si elle a tant de force, que d'imprimer des marques au port corporel des femmes enceintes, comme l'hiſtoire Ethiopique d'Heliodore nous fait voir en Cariclee, & l'experience nous demonſtre tous les iours, combien feront plus vehementes les impreſſions qu'elle pourra faire en nos eſprits, les traſformant en leur ſainct objet de IEsvs crucifié?

Voire, & en nos corps encores, car de quelle origine prouenoient à ſainct Paul, à ſainct François, à ſainct

saincte Catherine de Siene, les sacrees stigmates, sinon d'vne tenduë contemplation de Iesvs en
Croix, qui aussi par ce moyen, gra-
ua les enseignes de sa Passion sur
le cœur de la bien-heureuse Claire de Montfalcon, & son nom sur
celuy du glorieux martyr sainct
Ignace.

Responce à quelques ob-
iections.

Chap. XI.

Il nous faut maintenant respondre, Angelique, à quelques obiections qui se font par aucuns, contre cette commune façon de mediter par la voye des images, & quãd ie dy images, ie n'entens pas qu'il faille auoir des tableaux ou portraicts deuant les yeux des mysteres que l'on veut mediter, bien que cela ayde encores les commençans & apprentifs en l'Oraison Mentale, mais ie veux dire des representations qui se fabriquent en l'imagination, memoire, ou entendement, des subjects que l'on veut contempler.

Ils objectent donc que cela offence le cerueau, & l'embrouïlle à façonner tant de diuerses especes. Au rebours ie tiens que le mettre dans le vague de l'abstraction, est ioüer à le perdre. Qui a iamais entendu que la multiplicité des tableaux troublast l'esprit d'vn Peintre ? au contraire cela l'exerce, l'affine, le subtilise, l'adresse.

Ils adioustent l'impossibilité de fabriquer des images ou idées sur toutes les choses sur lesquelles on peut mediter, ou du moins vne grande difficulté à composer tant d'inuentions. A cela ie responds que c'est la mesme facilité : car, comme nous auons ja remarqué, si la chose est corporelle, l'image est toute faite en l'interieur : car on se la represente telle qu'elle est. Si spirituelle, ce sera vne parole, vne sentence, vne vertu, vn vice, ou en somme quelque chose d'intellectuel, pour les paroles & sentences, leur escriture est chose materielle, quant aux autres sortes de choses spirituelles, on se les peut en tout cas, sinon par emblemes, au moins se les representer comme les chefs ou poincts d'vn discours, ce qui est vn acte de simple memoire.

Or le subject fondamental & ordinaire de toute bonne meditation estant la Vie, Mort & Passion du Sauueur, en l'imitation duquel consiste nostre perfection,

DIRECTION A
qui ne voit, que l'on a pour continuel obiet, son humanité œuurante en cette vie? Or de mediter ses actions & perfections, en abstrayāt son image, est vne chose autant difficile, comme de penser à luy, & n'y penser pas tout ensemble, & ne sçay pas quelle esponge (sinon celle de Dieu, quand il nous faict *souffrir les choses diuines*) peut ainsi effacer de nos esprits, la douce figure de IESVS, viuant & mourant.

Certes, si nous estions des purs Anges, & exempts entierement de matiere & terrestreité, ie penserois bien que nous peussions à l'instar des Anges, mediter ainsi par abstractiō de nous-mesmes, mais puisque nous sōmes des hōmes, n'estimons *de nous rien de surhumain*, sinō que Dieu *nous veuille faire comme ses Anges*, nous participant par pure souffrance quelque Angelique abstraction.

L'on obiecte encores que cette voye de mediter par images, est basse, puerile, & abiecte. Et c'est en quoy nous la deuons estimer, mon Angelique, prians Dieu *qu'il voye en cela nostre humilité, & que nostre cœur n'est point esleué, ny nos yeux releuez, que nous ne cheminons point par haut, n'aspirans point à des merueilles par dessus nostre portee.* C'est voirement l'humilité, qui introduit Esther deuant Assuere : & le Publicain, & la Magdeleine deuant Dieu. L'oraison *des humbles luy plaist, il parfaict sa loüange par la bouche des enfans à la mamelle.* Celuy qui *chemine simplement, chemine asseurement,* dit le Sage : tenons-nous en la valee auec le peuple, & Dieu nous sçaura bien tirer, & tirer de là pour nous mener sur la montagne auec les Apostres, *le seruiteur qui est fidelle sur peu, est constitué sur beaucoup.*

Q iij

Ie ne nie pas toutesfois qu'il n'y aye vn certain degré d'Oraison : mais paſſiue, où Dieu ſe communique à l'ame ſans aucune image & figure, ſelon la doctrine de ſainct Thomas, tirée de ſainct Denis & de ſainct Auguſtin, & ceſte contemplation auoiſine celle des Anges & eſprits bien-heureux : mais ce n'eſt pas choſe qui depende de noſtre puiſſance : mais purement de la diuine diſpenſation *& de l'eſprit de Dieu, qui ſouffle où il veut.* C'eſt vne lumiere ſurnaturelle inexprimable, par laquelle l'ame eſt renduë tellement capable des veritez celeſtes, qu'elle les poſſede ſans enigme & miroir d'aucune choſe creée. Telles eſtoient les conferences de Moyſe, les rauiſſemens de ſainct Paul, & quelques viſions des Prophetes. *C'eſt là ceſte ſcience admirable de Dieu* *en nous*, de laquelle Dauid se *disoit conforté*: mais *incapable de la conceuoir*.

Ie sçay qu'estre arriué là est vne grande grace: mais qu'y aspirer par les forces naturelles est vne grande presomption. Ceste faueur extraordinaire ne se communique pas volontiers sinon à ceux qui se sont fort fidelement exercez en la voye ordinaire.

Quand vne piece est fonduë on casse les moules, quand vne ame est escoulée en Dieu, souuent il rompt & oste les moules des images pour se communiquer nuëment à elle en vne parfaicte contemplation.

Ce que l'on sçait par memoire on ne le lit plus, ainsi l'ame qui est montée à Dieu par l'eschelle des choses creées, quand *elle est entrée en ceste ioye diuine, & aux nopces de la celeste conuersation de son Espoux*, son souuerain bien, elle se repose *en son sein diuin*, sans aucun signe sensible.

Or cet estat ne dure pas tousiours, mais se soustraict ou communique, selon le bon plaisir de Dieu, voire ces traicts *du doigt de Dieu*, sont ordinairemét passagers, & momentanees, comme il est facile à remarquer aux Cantiques: car certes, l'humaine infirmité ne pourroit pas longuement supporter de telles speculations extatiques, suspensions, & transports, qui faisoient quelquefois dire au bien-heureux François Xauier, de la Compagnie de Iesvs, *Seigneur c'est assez, c'est assez Seigneur.*

Apres quoy, il faut reuenir tout bellement à la voye simple, naturelle & iournaliere, comme faisoient ces Saincts renommez en contemplation, qui reuenus de leurs *souffrances diuines*, se mettoiét doucement aux actions communes, sans aucune tumeur d'esprit.

L'Anachorete Serapion, au rapport de Cassien, exercité en cette voye simple & imaginaire, & ayant senty vn de ces desnuëmens passifs & abstractions, pensa auoir perdu Dieu, & s'en courut à son superieur, pour luy raconter son desastre, qui lui remonstra gratieusement cette faueur celeste, luy faisant voir vn degré de contemplation où Dieu l'auoit guidé, & guindé, que sa simplesse & humilité l'empeschoit de cognoistre.

Mon Angelique, si vous m'en croyez, vous admirerez cette route, mais vous ne la desirerez pas; si Dieu vous y appelle, son nom soit beny, *suiuez suauement*, vous ne sçauriez perir en si bonne escorte, autrement volez bas, & rampez pluftoft contre terre, car vouloir pour le commencement mediter sans images, c'est vouloir apprendre à lire sans cognoistre les lettres.

Comment il faut pratiquer ceste representation.

CHAP. XII.

IE vous ay tracé, Angelique, tout à l'entrée de ce second point des reigles qui me semblent vous en marquer clairement la pratique. Mais i'ay icy de plus vn aduis particulier à vous donner.

Sans doute le principal subject de nostre meditation doit estre autour la vie & mort de nostre Sauueur, & quand nous ne contemplerions jamais autre chose, ce seroit bien assez d'employ pour mille vies : la Croix doit estre comme la ruche mystique, où les Abeilles spirituelles doiuent composer le miel de leur oraison.

Mais la question est de sçauoir, si nous deuons considerer ces mysteres comme faicts en la Palestine où N. S. a fait son ordinaire residence, ou comme faicts ou se faisans au lieu où nous meditons, ou bien comme estans accomplis en nostre propre cœur & interieur. Toutes ces trois façons sont bonnes; la premiere est la plus conforme au sens historique, la seconde plus voysine, la troisiesme plus affectueuse & sensible, toutes trois tres-faciles.

C'est vne gentille question en la Philosophie, si la veuë se faict par emission de rays, ou par reception d'especes : sans l'enfoncer dauantage, ie dis que la veuë spirituelle de nostre representation, se faict auec esgale facilité, considerant IESVS loin que pres, dehors que dedans nous: mais, certes, non auec tant d'energie, car la representation interieure estant plus cordiale, est par consequent plus efficace à nous exciter aux sainctes affections, qui est le grand fruict que nous pretendons en l'oraison.

Le bien-heureux Alcantara dit tout court, qu'il vaux mieux mediter nostre Seigneur ou crucifié, ou operāt en nous-mesmes, que d'enuoyer sa pensee en Hierusalem, faisant comme l'abeille, qui s'occupe en son rayon, & le ver à soye qui s'enclost en son ouurage; l'ame se resserrant, & repliant par ce moyé, & ainsi se renforçant de tant plus.

Et ne faut pas estimer que nostre cœur soit trop petit, pour enclorre ces choses, car il comprend bien les villes, les pays, voire le monde tout entier, combien donc plus aisément des actions du Sauueur?

Seroit-ce point de ceste contemplation intime que se deuroit entendre ce mot de l'Espouse aux Cantiques, *mon bien-aymé reposera entre mes mammelles comme vn bouquet de myrrhe.*

Et tât d'autres passages de l'Escriture Saincte, qui disent que Dieu est en nous; côme seroiét ceux-cy. *Glorifiez & portez Dieu en vostre corps. Ie suis crucifié auec Iesus en la Croix. Nos membres sont le temple du S. Esprit qui habite en nous. Nous sommes le Temple de Dieu, Dieu demeure en nous & nous en luy si nous sommes en charité. Ie ne vis pas moy, mais Iesus en moy. Portons la mortification de Iesus en nostre corps. Sentez en vous les douleurs de Iesus. Tant que vous estes baptisez, auez reuestu Iesus, vous estes le corps de*

Iesus, & membres de ses membres. Taschons que Iesus se forme en nous, & séblables. Or comment tout cela se peut-il mieux faire qu'en considerant N. S. en nous mesmes?

O l'excellente Representation qui nous transforme entierement en nostre object bien-aymé, & qui nous faict ressentir ses douleurs en nous mesmes par vne compassion de tres-haute vnion!

Que si vous voulez par fois, Angelique, vous representer les mysteres comme presens au lieu où vous meditez, ou bien d'vne promenade facile (car en vn clin d'œil nostre esprit va de l'vn iusques à l'autre pole) les aller voir en la terre saincte, vous le pourrez faire selon le mouuemét de vostre deuotion, mais ie vous recommáde l'interieure & cordiale Representation, comme la meilleure & plus excellente.

Essais de cet Exercice.

Chap. XIII.

POur descendre à la pratique : Si le subiet de vostre meditation est corporel, comme par exemple, de l'agonie de nostre Seigneur au iardin des Oliuiers. Apres auoir faict la Presentation comme nous auons enseigné icy dessus, vous pourrez faire ainsi la Representation.

Regarde, mon ame, comme le brun manteau de la nuict enueloppe le monde & le remplit de tenebres, considere les astres, yeux des cieux qui regardent les agonies de ton sainct Espoux, dans ce iardin de douleurs doublemēt sombre, & pour l'espesseur de ses arbres, & pour l'horreur du voile nocturne, ce silence, ceste obscurité, ceste solitude, ce repos redoublent ses terreurs & son effroy. Le vois-tu escarté de ses bien-aymez Disciples, enuiron d'vn iect de pierre, agenoüillé, prosterné côtre terre, suant à gros randons le sang & l'eau de toutes les parts de son corps, iusques à en arrouser les plates & les herbes, iusques à en ruisseler de notables decoulemés? Voy ses Apostres qui dorment au lieu de le garder vigilamment, tandis que le traistre veille au milieu d'vne troupe de loups qui viennent heurlans à la proye de cet Agneau. Voy cette cohorte infernale & enragée, qui ne porte que feux & que fers à la main & au cœur, & qui ne respire que sang & carnage. Spectacle horrible en l'horreur d'vne nuict, qui mere du repos aux autres, est celle qui commence à engendrer les indicibles trauaux du Sauueur. Attache toy à ceste tragique penitence, ô mon ame : Voy que le corps de ton Sauueur *est vn rayon de miel distilant*, ouure la bouche de ton cœur & le succe.

Par semblable façon, mon Angelique, vous pourrez grauer en voſtre imaginatiõ la figure du myſtere que vous aurez à mediter : à force de pourtraire on deuient peintre, & par la continuation de cet exercice, vous trouuerez mille gentilles inuentions, pour vous remettre en l'eſprit les ſubiects que vous aurez à cõtempler. Le Sainct Eſprit ſçaura buriner en voſtre cœur pluſieurs ſainctes Idées, & l'amolliſſant comme la cire au feu de ſa chaleur, il le rendra ſuſceptible de maintes ſacrées impreſſions.

Si le ſubiect de voſtre meditatiõ eſt ſpirituel, comme ſeroient des parolles ou vne ſentence, grauez ces caracteres en voſtre imagination que vous voudrez par apres esplucher en meditant.

Si vous voulez mediter les commandemens de Dieu, representez vous Moyse les receuant sur Sina, auec feux, esclairs & tonnerres.

Si en particulier vous meditez, par exemple celuy du blaspheme, representez-vous ce blasphemateur qui fut lapidé par le peuple selon la loy, comme il se lit en l'Exode, ainsi des autres.

Si vous meditez le peché, representez vous (selon le conseil du B. Ignace en ses exercices spirituels) l'ame resserrée dans la prison tenebreuse du corps, foulée par vn cruel Dragon.

Si vous meditez les quatre dernieres fins, les Images en sont communes & faciles.

Si vous meditez les benefices diuins, comme celuy de la Creation, representez vous Dieu, creant nos premiers parens au Paradis Terrestre.

Si vous meditez vne vertu, comme seroit la patience, representez vous Iob sur vn fumier.

Si vous meditez les attributs de Dieu, ou les perfections diuines attachez-les à quelque chose de materiel : comme si vous prenez pour subject la iustice de Dieu, representez-vous l'execution du deluge. Si la misericorde, representez-vous le pardon que Dieu fit à Dauid par la bouche du Prophete Nathan.

Si le subject estoit si tres-spirituel qu'il ne peust tomber soubs aucune Image, au moins pourrez-vous, Angelique, grauer profondement en vostre imagination les trois poincts que vous aurez pris pour matiere, ce qui vous seruira de Representation, par vne simple Proposition de la matiere à mediter.

De l'Inuocation,

Troisiesme poinct de la Preparation.

CHAP. XIIII.

Vec la grace de Dieu nous pouuōs toutes choses, sans elle rien. *Ie peux tout,* dit S. Paul *en celuy qui me fortifie. Par la grace de Dieu ie suis ce que ie suis, & sa grace n'a point esté vuide en moy: toute nostre suffisance vient de Dieu, car nous sommes incapables de penser rien de nous comme de nous.*

Or si ceste grace est requise en toutes nos actions, principalement en cet œuure de l'Oraison où nous parlōs à Dieu, & Dieu parle à nous: Ie vay donc vous monstrer deux choses, Angelique, combien l'inuocation de ceste diuine grace est necessaire, & combien Dieu en est liberal donateur à qui la luy demande auec humilité.

Le moyen d'apprendre à nager si l'on n'a qui au commencement soustienne le menton? Sainct Pierre eust-il pas enfoncé dans l'eau, si Nostre Seigneur ne l'eust soustenu?

Cõmẽt s'accoustumeroit à marcher vn enfãt, si on n'auoit le soin de le faire trotiner le tenant par ses longes? Que si la nourrice l'abandonne vn pas pour l'affermir, n'a-elle pas les bras ouuerts pour le retenir au moindre chancellement?

Comment luit la Lune, sinon d'vne lumiere empruntée. Comment va la nef sinon à l'ayde du vent, & dirigée par le Timon?

Comment se gouuernent icy bas les choses inferieures, sinon par les influences des corps superieurs?

Disons tout cela de la grace de Dieu, car c'est elle qui nous soustient, qui nous ayde, qui nous supporte, qui nous illustre, qui nous dirige, qui nous influë, qui nous gouuerne.

C'est à la clairté *de cette lumiere que nous voyons la lumiere diuine.* C'est la medecine auec quoy le celeste Medecin guerit nos infirmitez & imbecillitez.

Et comme le Soleil mollifie la cire, c'est elle qui liquefie nostre interieur, & le dispose aux impressions spirituelles.

Les sources qui boüillonnent viennent du sein de la mer par des conduits sousterrains, & toutes les bonnes pensées qui sourdent en nos ames prouiennent des inspirations du Ciel.

C'est le puits des eaux viues, & la fontaine des iardins, qui deriuant d'vn seul reseruoir arriue à mille tuyaux & canaux : car nous *ne rece-*

uons rien qui ne vienne de cette plenitude : car tout don parfaict & tout bien vient d'enhaut du Pere des lumieres, ce n'est rien de planter ny d'arroser, si Dieu ne donne l'accroissance.

Prions donc ce bien-aymé de nos cœurs, qu'il descende en son iardin, (qui est nostre interieur lieu de ses delices) & qu'il y mange les fruicts de ses mains : car c'est luy qui opere en nous tout ce qu'il y a de bon. Disons luy comme la fille Caleb qu'il arrose nostre terrein. Si le Seigneur ne fabrique nostre maison interieure, en vain trauaillons-nous à l'edifier, s'il ne coopere auec nous en cette action, nos pensers ne peuuent estre que vagabonds & distraicts.

Or Nostre Seigneur est si riche en misericorde enuers ceux qui l'inuoquent, qu'il ne faut que tendre le voyle de la demande, pour le remplir du vent fauorable de sa grace.

Et comme l'abeille opere secrettement son miel en la ruche, ainsi opere-il sensiblement & imperceptiblement en nos cœurs.

Le Seigneur, dit Dauid, *est auprès de ceux que l'inuoquent, de tous ceux qui implorent sa grace en verité.* Ainsi fit la Cananée, & elle obtient ce qu'elle demande. Ainsi fit Salomon, & il eut la sagesse. Ainsi Israël au desert, & il obtint la mâne, des chairs, & de l'eau. Nostre ame est pareille à la terre de Chanaam, *qui attend les pluyes du Ciel, car sans le secours de Dieu, elle est vne terre sans eau.*

Prions donc ce liberal donateur qu'il descende *en nos cœurs comme la pluye sur les toisons, & comme la rosée de Hermon sur le mont de Syon*, *& qu'il nous embaume de ce parfum d'Aaron.*

A cela, il sera fort inuité si nous nous humilions profondemét *soubs sa main puissante*, car comme la meche fumâte attire le feu d'enhaut, ainsi

ainsi l'ame humble *vergette de fumée*, appelle la grace du Ciel : car il est escrit *que Dieu n'esteindra point la meche fumante.* La Cananée s'humilie demandant des miettes, & elle a le pain *des enfans.* La veufue de Sarepte s'abaisse deuant le Prophete, & ses vases sont remplis de l'abondance de l'huille multiplié : car c'est en ce cas où *les affamez sont remplis, & les pleins renuoiez vuides.* Sans cette grace nous sommes *des nuées sans eau balottées au gré des vents.*

Auant que passer à la Pratique de cet exercice, iay icy vn mot d'aduis à vous donner mon Angelique : c'est qu'en ce poinct de l'inuocation de la diuine grace, il est à propos que vous priez Dieu qu'il vous concede la fin principale où vise la meditation que vous pretendez faire : & c'est icy où gist le nœud, & comme le piuot de toute l'affaire.

Car côme l'archer pour attaindre le blanc conioinct de l'œil le bout de sa fleche auec le but où il vise, ainsi faut-il dez ce commencement d'Oraison preuoir la fin où l'on tend & pretend, laquelle selon la Philosophie, bien que *derniere en l'execution, est la premiere en l'intention.*

Tout ce qui opere, dict l'axiome *opere pour certaine fin*, & l'Idee qui est en l'esprit de l'ouurier n'est que pour conduire l'œuure à sa fin.

Esau estourdy, sortit des flancs maternels le bras deuant la teste, figure de ceux dont les actions preuiennent les pensees, & qui se mettent inconsiderement à l'Oraison sans dessein & sans sçauoir ce qu'ils veulent : mais Iacob comme prudent sortit, tenant l'autre par le pied, marque du sage qui auant qu'agir prenoit la fin de son action designée par le pied, fin & extremité du corps.

Cet aduis de conjoindre l'inuocation de la grace auec le project de la fin est du B. Ignace en ses exercices spirituels, conseil de grand sens, & tres-profond iugement, sans quoy toute l'Oraison ne peut estre que tenebreuse, vague, & infructueuse: car où peut viser celuy qui ne prend vn blanc? où va celuy qui n'a autre desseing en cheminant que d'aller?

Il faut auoir vn but où nostre esprit se fonde,
Sans tirer aux corbeaux en l'air à coups de fonde.

Par exemple, si vous prenez pour poincts de meditation en l'Agonie du iardin, au 1. l'humilité de N. S. en sa prostration, au 2. sa grande resignation de volonté en sa priere, au 3. son extreme crainte de la mort en sa sanglante sueur. Vous pourrez inuocquer la grace de Dieu à ce que vous puissiez tirer de ces considerations, 1. l'humilité, 2. la resignation, & 3. la crainte de Dieu.

Si voſtre Meditation eſt de la Reſurrection, ſelon les points que vous prendrez, vous pouuez colliger la fin que vous en pretendez tirer, comme d'admirer ce myſtere, de vous reſioüir en Dieu, *en ce iour qu'il a faict pour reſiouiſſance*, de reſuſciter ſpirituellement.

Si c'eſt de quelque myſtere de la Paſſion, vous demanderez la grace d'acquerir vne cordiale compaſſion, triſteſſe, deſplaiſir. Si des pechez, vne vraye douleur & contrition des voſtres: ainſi pour la diuerſité des meditations ſont differentes les fins & les inuocations.

Formulaires d'Inuocations.

CHAP. XV.

Ovs n'auez point tant de cheueux en la teste, Angelique, comme vous pouuez en plusieurs manieres diuersifier vos inuocations au gré de vos desirs.

Les Pseaumes de Dauid, vous en fourniront à miliers. *Mon Dieu entendez à mon ayde, Seigneur hastez vous de me secourir. Seigneur mon Dieu vous estes mon illumination, mon salut & mon ayde: I'ay leué mon ame vers vous, ô mon Dieu, i'ay confiance en vous, que ie ne rougisse pas. I'ay estendu mes mains vers vous, exaucez moy promptement,* ces eschantillons suffisent.

Si vous exercez tant soit peu

R iij

aux Oraisons appellees iaculatoires, desquelles nous parlerons cy apres : c'est le grand moyen de faire des inuocations à foison : vostre ferueur vous en suggerera plus qu'abondamment, si vous la voulez suiure : mais aduisez de les faire viser principalement au sujet que vous entrepreniez de mediter.

Voicy par exemple quelques moiens : premierement vous pouuez faire cette inuocation generalle, si vous voulez, disant ainsi. *Mais qui suis-je moy Seigneur ? qui entreprends icy de parler deuant vous, n'estant que poudre & cendre :* neantmoins quand ie pense que vostre grace *peut eleuer le pauure deuant la face des plus grands Roys, le tirant de la poussiere & du fumier, pour le colloquer auec les Princes :* est-il rien que ie n'ose me promettre, esperant sous l'aisle de cette assistance? donnez moy donc cette grace gratuite qui me rende agreable à vos yeux, deſſillez mes yeux, eſclairez mes tenebres, & nul ſecret me ſera impenetrable. Mon Redempteur, ſans vous ie ne peux rien, tout en vous par vous, & pour vous, auec vous ie perceray la muraille de toute difficulté. Seigneur enſeignez moy à prier, & montrez moy voſtre volonté: illuminez mes yeux, & i'examineray voſtre loy: enuoyez moy voſtre S. Eſprit, & renouuellez la face de mon interieur: mõ ayde eſt en vous, ô Seigneur qui auez fait le ciel & la terre. Cieux arroſez moy d'en haut: la terre de mõ cœur s'ouure, germez y le Sauueur, ô Ieſus formés vous en moy par voſtre grace & me transformez en vous.

Secondement, Angelique, vous pourrez faire vos inuocations particulieres, demandant à Dieu qu'il dreſſe vos intentiõs & operations à ſon honneur & gloire, & à voſtre ſalut, qui eſtoit l'Oraiſon preparatoire du B. Ignace.

Ou biẽ vous le prierez qu'il *dirige*

vos pas en des droittes voyes, affin que voſtre eſprit ne ſoit emporté par les diſtractions. & pour ce, qu'il luy plaiſe rectifier noſtre imaginatiõ, noſtre memoire, noſtre entendement, noſtre volonté.

Ou biẽ vous le prierez qu'il purifie voſtre ame en ſorte qu'elle ſoit ſuſceptible *de ce feu diuin que Ieſus eſt venu apporter en terre, pour embraſer les cœurs.*

Ou bien qu'il fortifie tellemẽt les puiſſances de voſtre ame, qu'elle ſoit conſtãte & perſeuerãte en cét Exercice auec ferueur & allegreſſe bãniſſãt toute laſcheté & tiedeur.

Ou bien qu'il vous aſſiſte contre les embuſches du malin qui ne demande qu'à nous arracher des mains ce ſalutaire Exercice, faire proye & curee de nos reſolutions, nous interrompant & trompãt par illuſions, triſteſſes & inquietudes.

Ou bien vous le ſupplierez que par ſa S. grace, il purifie voſtre intention: car c'eſt le traict qui faict penetrer nostre Oraison dans le Ciel, voire dans le cœur du Roy de gloire, cette pointe emoussée elle reste inutile. Car la priere n'a prix que par la vigueur de son intention. C'est l'encens fumant qui s'esleue au ciel, & le cinnamome qui pousse toute sa force & bonne odeur en sa sommité.

Mais principalement, Angelique, en cet exercice spirituel, implorez feruément l'ayde du sainct Esprit par quelque verset de ce bel hymne, ou de cette prose affectueuse que l'Eglise luy chante, ou par son oraison propre.

Priez ce Zephir, & le conuiez d'espandre ses halenées sur les parterres de vostre ame, afin que vos aromates poussent leur odeur de suauité.

Venez ô sainct Esprit, remplissez les cœurs de vos fideles & allumez en eux le feu de vostre Amour. Tres bon Consolateur, doux hoste de l'ame, suaue refrigere, ô lumiere bien-heureuse, comblez noſtre interieur de vos ſacrées ſplendeurs.

Tantoſt vous pourrez invocquer les trois perſonnes de la ſaincte Trinité, diſtinctement, tantoſt conjoinctement.

Ores vous invoquerez la ſaincte Vierge, comme vous voyez que practiquent les Predicateurs, pour attirer la grace du S. Eſprit par ſon entremiſe.

Ores les Anges en general, ores voſtre Ange gardien en particulier: car c'eſt vn de leurs offices (comme diſoit Raphaël à Tobie) que de veiller ſur nos oraiſons.

Ores les ſaincts en general, ores ceux auſquels vous aurez devotion particuliere, celuy du moys, celuy du iour : *Car c'eſt là le temps opportun, auquel les ſaincts prient pour nous*, joignans leurs prieres aux noſtres, en faveur de la communion des Egliſes Triomphante & Militante.

C'est en ce point le vray siege des oraisons iaculatoires : car cette inuocation doit estre faicte briefuement, & varier iournellement, en voicy quelques traicts.

O IESVS, ie viens icy pour vostre gloire, assistez moy de vostre grace.

Seigneur donnez moy *vostre sagesse* comme à Salomon, qui *me conduise & dirige* au progrez de cette meditation.

O Dieu, ie suis comme une terre beante sans l'eau de vostre grace.

Seigneur, ie suis icy deuant vous comme un pauure chien deuant son maistre, donnez moy quelques miettes de vostre abondante table.

Ne me reiettez pas de vostre face, & ne retirez pas de moy vostre S. Esprit.

Mon Sauueur, donnez moy cette eau, Inuocation & aspiration, frequente à S. Catherine de Siene, & à la B. M. Terese, & tirée du mot de la Samaritaine.

Seigneur, faictes moy cognoistre ma vraye fin, afin *que ie fcache ce qui me defaut* pour y paruenir.

Parlez Seigneur, mon ame vous efcoute en filence, que voftre voix fonne aux oreilles de mon interieur : car elle m'eft plus douce que le miel en ma bouche.

Ainfi en cent & mille manieres pourrez-vous, Angelique, varier vos inuocations. A tant de cette premiere Partie de l'Oraifon Mentale, qui eft la Preparation, venons à la feconde appellée Confideration.

Fin du fecond liure.

LIVRE TROISIESME
COMPRENANT LA CONSIDERATION seconde partie de l'Oraison.

Ce que c'est que Consideration.

CHAPITRE I.

J'APPELLE Consideration mon Angelique, vn point de meditatiō sur lequel on ratiocine par la voye de l'entendement, pour en esmouuoir de sainctes affections & resolutions en la volonté.

Aussi voyez vous qu'en tous ces liures qui suggerent de la matiere pour mediter, ils partagent tous leurs points par Confiderations, comme Capiglia, Brune, Bellintani, du Pont. Confiderer eſt vne action meſlée des deux puiſſances de l'intellect & de la volōté, pource ce mot de Confideration embraſſe en ſoy plus que la Meditation, car il comprend encores la contemplation, c'eſt vn regard de l'ame, ſoit diſcurſif, ce qui s'appelle mediter, ſoit fixe, ce qui ſe nomme contempler, qui bande tous les reſſorts & facultez de l'eſprit, tant l'imagination que les trois principales, car l'on confidere en imaginant, en ſe ſouuenant, en entendant, en voulant; ſomme rien n'eſt bien faict, ny raiſonnablement, qui eſt priué de Confideration. Ie n'appelle dōc point ceſte ſeconde partie de l'Oraiſon mentale, comme aucuns, Meditation; ce mot eſtant borné au ſeul diſcours de l'entendement, ſelon ſa commune acception: mais de ce mot general de Cōſideration qui est plus estendu.

Ie le preds particulieremēt en ce subiect pour vne veuë spirituelle engendrant l'Amour du souuerain Bien Eternel, qui est Dieu, sainct Obiect de toute bonne Oraison Mentale.

De cette façon la consideration embrasse trois actes principaux : qui sont la Ratiocination, Action de l'Entendement, & l'Affection & Resolution, actions de la Volonté : ce que nous exposerons diffusement tantost.

Quant au nombre des points ou Considerations qui se doiuent tirer de la lecture de quelque liure Spirituel (& par la misericorde de Dieu, il y en a grand nombre disposez à ce dessein) il n'est point limité, car cela despend de la fertilité ou aridité de l'esprit qui medite: prendre cinq ou six points, c'est trop, trois doiuent suffire aux plus rudes, deux aux plus aduancez, vn baste à ceux qui sont consommez en cet exercice. Communement on dispose trois points, affin que si le premier n'occupe le temps destiné apres sa Ratiocination, Affection, & Resolution, on puisse passer aux autres.

Comme par exemple en la Meditatiõ de l'Agonie du Iardin, vous prendrez trois points ou Considerations; la 1. de l'humilité de N. S. en sa prostration, la 2. de sa resignation en sa priere, la 3. de son horreur de la mort, & sur chacune de ces considerations, vous ferez ces trois actes, Ratiocinant, vous Affectionnant & vous Resoluant.

Et en cette partie de la Consideration consiste le corps de l'Oraison Mentale.

De la Ratiocination.

Premier acte de la Consideration.

CHAP. II.

L'Homme n'est proprement homme que par la raison, & cette faculté ne s'exerce qu'en raisonnát, c'est ce que nous appellons Ratiocination.

Comme le vuide ne peut estre en la nature, ainsi qu'il appert aux bouteilles gelees qui se cassent, & aux terre-trembles, ainsi l'esprit ne peut estre sans penser & ratiociner. C'est vn agent perpetuel tousiours mouuant, *duquel la vie est le penser*, dict Seneca.

Le secret est de le bien reigler, & d'adiuster ses pensees à vn droict niueau, allignant ses vagabondes cogitations à quelque subiect auquel il s'arreste, & autour duquel il face ses discours.

Si cet horologe est desuoyé il le faut remonter, & mettre ses rouages en bon ordre, pour en tirer vn seruice raisonnable.

La preparation des points à mediter est comme le poing clos qui a les doigts serrez, mais la Ratiocination suiuie des Affections, & Resolutions, met cette main au large. Elle donne les couleurs au crayon, informe & decoupe en detail ce que l'on s'est proposé en gros. La Representation est comme voir vn tableau, la Ratiocination c'est le descrire.

Quand nous voulons nourrir nostre corps, nous mettons les morceaux en nostre bouche, puis nous les maschons pour les aualer, aualez nous les digerons, digerez nous les passons en nostre substance. La Meditation est sans doute la vraye pasture de l'ame, *C'est le pain de vie & d'intelligence*, disposer des points, & les recueillir des liures spirituels, c'est mettre des morceaux en nostre imagination, ou memoire, ratiociner dessus, c'est mascher, affectionner, c'est aualer, resoudre c'est digerer, & les passer en bonne habitude.

Et, c'est icy la premiere difficulté qui rebutte les plus grossiers ou simples esprits, se persuadans qu'ils n'ont assez de capacité, pour discourir sur vn subiect, pouuans à peine dire trois mots de suitte, tant & tant quittent tout-là à la premiere ou seconde secousse, que c'est pitié de voir, comme par apres ils logent à l'impossible ce qui n'est qu'vne bien legere difficulté. Helas! le moindre mestier du monde requiert plusieurs annees d'exercice auant que d'y estre receu à faire chef d'œuure, & estre maistre passé : quant aux sciences vous voyez, Angelique, combien de luſtres il faut auãt que d'atteindre à la cognoiſſance de la plus petite, capable d'employer toute la vie; & *en la ſcience des ſaincts*, & du ciel, dez le ſecond Eſſay, ſi on n'eſt eleué au troiſieſme ciel, ſi on n'arriue au comble de la Perfection, ſi on ne reçoit des faueurs & faueurs extraordinaires, on quitte tout là, par vne legereté & laſcheté inſupportable. *O colombes ſeduittes qui n'auez point de cœur*, ô puſillanimes, ne ſcauez vous pas que l'on ne paruient point aux grandes choſes par de petits trauaux?

Par vn puiſſant trauail vient la vraye vertu, toutes les choſes belles ſont de difficile conqueſte, dict le prouerbe : au demeurant l'exercice facilite tout, nulle œuure eſt ayſee à operer dez le commencement, on n'eſt iamais parfaict en vn inſtant, ſinon que ce ſoit d'vne perfection infuſe, car *les œuures de Dieu ſont*

L'ORAISON MENTALE. 405
toutes parfaittes, & se font en vn moment.

En fabriquant on deuient architecte , en se baignant on apprend à nager , d'apprentif on se faict maistre.

Le Diable ennemy iuré de nostre bien redoutant extremement de nous voir adonner à ce sainct exercice , qui destruict entierement son empire en nous, par ses illusions, rend ainsi les choses ayseés difficilles , & les malaisees il les masque d'impossibilité , pour nous descourager d'vne si genereuse entreprise.

C'est nier que l'on soit animal raisonnable, de dire que l'on soit incapable de ratiociner: *l'homme qui ne veut entendre, est comparé aux bestes & leur est faict semblable*: c'est trop se deffier de ses forces naturelles, & *s'ignorer soy-mesme*: Ignorance si desplaisante au sainct Espoux, que la voyant crasse & supine en vne ame, *il l'enuoye paistre aprez les animaux.*

Voire c'est se deffier de Dieu mesme, *à qui nulle parolle est impossible, & qui donne aux petits parolle & sagesse: qui leur enseigne la bonté, la discipline & la science*, que de dire que l'on ne peut ratiociner: car pourquoy premettons nous en l'inuocation tant de protestations de nostre insuffisance, & tant d'implorations de l'aide du ciel, sinon pour recognoistre que nous voulons tenir de Dieu, tout ce que nous penserons de bon en l'Oraison mentale, & de croire que Dieu n'inspire que les sçauans, n'est ce pas contre sa declaration, le rendre *acceptateur des personnes? luy qui plustost regarde le pauure & l'enrichit, & dont l'esprit repose sur l'humble, lequel entre en ses secretz d'autant plustost, que moins il cognoist la litterature.*

Consolez vous pusillanimes, courage petits: car le Seigneur vient Euangeli-

zer, & *visiter plus volontiers les pauures d'esprit que les scientifiques*, enflez de vanité & bouffis de l'opinion de leur propre science. Ne doutez point qu'il *ne vous donne des discours* interieurs de *grande vertu*, si vous vous resignez entierement dans le sein paternel de sa prouidence.

Il vous donnera *de ses mandragores* qui feconderont vos rudes esprits, il sçait *faire enfanter les steriles*.

On dict qu'il y a vne source en Armenie qui rend fertiles les femmes brehaignes, & *cette viue source de la grace reiallissante iusques au Ciel*, c'est celle la qui sçait faire produire des releuées ratiocinations aux plus infeconds cerueaux.

Les mammelles de l'Espoux, qui sont les diuines inspirations *sont meilleures que le vin* fumeux des sciēces humaines qui ne font que *boursouffler* si elles ne sont temperées, & trempées de plusieurs doses *de l'eau de la Charité*, mere de la saincte Humilité.

Dieu suggere tant & tant à ceux qui *inuoquent son nom* à bon escient, *que leurs pressoirs redondent de celeste liqueur, quand il parle* en l'interieur *l'ame se liquefie.*

Sa grace est vne source intarissable, vne mamelle qui se remplit plus elle est tettee : vne semence qui pousse à l'infiny : c'est *le grain de moustarde, & le leuain Euangelique,* c'est *l'onction du S. Esprit* diffusiue comme l'huille, c'est vn or qui se dilatte plus il est battu.

Quand il luy plaist de remplir nos vases vuides, nous auons plus d'huille que nous ne voulons, nos pensees se multiplient à mesure qu'elles roullent.

Acquerant en allant de nouuelles vigueurs. Quoy ? disoit sainct Paul, *voulez vous de l'experience de celuy qui parle en moy, qui est Iesus ?*

Quand il plaist à Dieu nous visiter par intractions *nous tirons lors du miel de la pierre, & de l'huile du caillou.*

Rien

L'ORAISON MENTALE. 409

Rien ne nous est difficile, nous courons en la *lice de la meditation, quand il luy plaist de dilater nostre cœur.*

Quand sainct Iean, c'est à dire sa grace naist en nous, le bien de nostre langue interieure, qui est nostre Ratiocination se resoult comme à Zacharie : mais si nous nous deffions de son ayde, il n'est pas de merueille, si nous demeurons arides & muets.

Que si sa volonté est, pour esprouuer nostre fidelité, de nous laisser en nostre simple naturel, pourtant ne se faut-il pas descourager : mais *faire ce qui est en nous,* creusans iusques à l'argille de nostre terrein, comme conseille Platon en sa République, & sans doute nous y trouuerons quelque petite source, où au moins nous aurons tousiours le profit d'auoir trauaillé à la recherche de nostre neant, *& negocié attendant que l'Espoux vint.*

S

Qu'il se faut plus seruir de la Volonté que de l'Entendement en l'Oraison.

Chap. III.

CEtte proposition doit bié cōsoler ceux qui ne peuuent discourir en leur Meditation, car pour dire le vray chacun n'a pas la capacité de science, mais tous ont celle de l'Amour, plusieurs disent, ie ne sçay pas le vray, mais nul peut dire sās vne expresse malice, ie ne veux pas le bien: Or le bien est l'object de la Volonté, comme le vray celuy de l'Entendement: Nous meditons donc en Dieu par l'Entendement & la Volonté, le recognoissant vray & bon, ains la mesme Verité & Bonté: quand nous discourons sur les veritez, nous ratiocinons, mais quand nous les apprehendons, desirons, aymons, nous les affectionnons.

L'Entendement & la Volonté sont les deux coursiers qui roulent le char de nostre ame, ce sont ses deux yeux, ses deux bras, ses deux pieds, ses deux poles.

Si vous me demandez, Angelique, de ces deux parties quelle a la premiere, tous les spirituels d'vne commune voix la donnent à la Volonté; car c'est principalement pour esmouuoir ses affections que se pratique cet exercice de l'Oraison Mentale : *Quand vous prierez n'en dictes pas beaucoup*, dict nostre Seigneur, parlant de l'Oraison Vocale : i'en dis autant de la Mentale, quand vous la ferez ne ratiocinez pas beaucoup.

Imaginez vous, Angelique, de traitter deux differens conuiues, l'vn qu'il faille nourrir escharsement, l'autre abondamment, il faut éuiter les longues, & sur tout curieuses speculations de l'Entendement, car il est escrit, *Que le scrutateur de la Maiesté diuine sera opprimé de la gloire* : Et encores, *Qu'il ne faut point estre sage trop hautement, mais sobrement.* Autrement on se delectera en ses imaginations sans profit ny vtilité.

Ce n'est pas le tout de faire des estincelles auec le fusil de nostre ratiocination, si nous n'auons preste la meiche de nostre affection.

L'Entendement à la verité doit porter le flambeau deuant la Volonté, mais il ne faut pas tant s'arrester à la lumiere de celuy-la, que l'on ne vienne à eschauffer celle-cy. Il doit proposer à celle-cy ce qu'elle doit eslire, mais aussi luy donner loisir d'aymer. En quoy faillent grandement les plus beaux esprits, qui féconds en cōceptions intellectuelles, employent tout le temps de leur Meditation apres ces speculations, sans descendre aux affections & resolutions, exercice vain, inutile, & qui les laisse apres soy autant imparfaicts que auparauant.

Ce sont les Atalantes qui s'amusent tāt apres le lustre de ces pommes d'or, qu'elles oublient leur but, qui est de s'abonnir en l'Oraison, non d'acquerir du sçauoir.

Ce n'est pas à qui fera les plus belles courses, mais à qui emportera la bague de la pieté & deuotion.

Ces gens ressemblent à ces enfans qui regardent le brillement du Soleil en vn miroir, non leur propre visage, ou s'ils le voyent, ce n'est auec intention de le lauer & nettoyer.

Ou à ceux qui faisans voyage s'arrestent à voir les belles maisons qui sont sur les chemins, ne se souuenans point d'auancer pays, &

gaigner le lieu où ils tendent, *ils apprennent tousiours, & ne paruiennent iamais à la science de l'esprit.*

On met du serpent en la Theriaque, mais en petite quantité, car le trop la rédroit mauuaise ; ainsi peu de ratiocinatiõ est bõne en la Meditation, pour acheminer aux affections, & leur faire la place plus large, que si elle occupe trop de temps, elle gaste tout.

Si l'on allegue qu'il faut cognoistre auant que d'aymer, ie l'aduouë en l'amour humain, mais nõ au diuin, qui est le chef-d'œuure de toute bõne Meditation; car *ceux-la sõt bien-heureux qui ne voyent pas, & qui croyent & ayment, Croyez & vous entendrez,* dit vn Prophete.

Ne voyez vous pas qu'vne fõtaine partagée en deux canaux, se descharge de tant moins par l'vn que plus elle fluë par l'autre ? ainsi plus l'ame s'espanche en l'Oraison par l'Entendement, plus est elle aride en la Volonté.

Ce sont les deux bassinets d'vne balance, & les deux sceaux d'vn puits, le releuemẽt de l'vn est le raualement de l'autre, l'accroissemẽt de l'vn est le descroissement de l'autre, tel est le flux & reflux de la mer de nostre esprit.

Iacob luittãt auec l'Ange deuint boitteux, nous auõs ja dict que cette luitte est le symbole de l'Oraisõ, qui force Dieu de nous benir, mais ce clochement nous enseigne que pour allonger le pied de la Volonté, il faut r'acourcir & eneruer celuy de l'Entendement.

Il faut à l'vn de ces deux cheuaux de nostre attellage mystique donner vn frein, & à l'autre vn esperõ, poussant l'vn, qui est le vouloir, retenant l'autre, qui est l'intellect.

Ce qui fait veoir cõbien est friuole l'excuse de ceux qui se dispẽsent de ce sainct exercice de l'Oraison, pour ne sçauoir discourir, disent-ils, puisque ceux qui le peuuent doiuent auoir vn soing principal de retenir l'abondance de leurs ratiocinations.

Et faict encores cognoistre cōbien ceux-la sont esloignez de la vraye Oraison, qui meditent les mysteres cōme s'ils formoient vne estude pour prescher, car ces gens sont autant escartez de la droite route, que le Nort l'est du Midy: ils parlent, speculent, & ruminent assez, mais ne prient nullement, ils sont pluſtoſt hors d'eux, que receuillis leur fin, regardans l'autruy, non eux mesmes.

Faictes estat, Angelique, d'entreprendre ce S. exercice, pluſtoſt pour escouter *ce que Dieu parlera en vous*, que pour vous ouyr vous mesmes, parlant *de cœur en vostre cœur*.

Faictes que vostre entendement imite la poule qui cherche du grain, mais pour ses poussins, car si elle le māgeoit, ses petits resteroiēt affamez, ainsi qu'il espluche les véritez, mais pour les ingerer en la Volonté, afin qu'elles passent en saines affections, en sainctes resolutions.

Considerez la chasse de l'oiseau, si tost que le braque a fait leuer le gibier, l'espreuier le prend, l'intellect est comme le chien qui furette çà & là, pour descouurir des veritez en discourant, puis les laisse aualer à la volonté, qui s'en nourrit & ameliore.

Que s'il n'y a point d'oiseau, qui ne voit que la chasse du chien reste inutile, qui fera leuer assez de perdrix, & n'en prendra aucune? telle est la speculation de l'intellect, si elle n'est suiuie de la volonté.

Que si l'intellect (comme le chien qui fait leuer plusieurs oiseaux à la fois) fait descouuerte en mesme temps de plusieurs veritez, la Volonté doit voler à celle qui luy sera le plus vtile.

Que si le leuron qui a pris vn lieure (pour continuer en ceste similitude de la chasse) a cette retenuë de garder la proye pour sõ maistre, ainsi l'intellect doit reseruer ce qu'il atteint pour la Volonté, afin *que l'ame en soit engraissée.*

Certes, cõme on donne de la prise quelque curée aux chiens, aussi est-il raisonnable que l'intellect aye quelque part en cet exercice, mais non ja telle que la Volonté.

Il est la porte par où entrent les viures en la volonté, suffit pour son peage que l'õ luy paye le tribut de quelque ratiocination, mais s'il cõuertissoit toute la matiere en ses speculations, qui ne voit que la Volonté resteroit creuse & vuide, & que par ce moyen on ne feroit iamais aucun progrez en vertu, qui fait sa residence en la Volõté.

Heureux donc pour le vray, Angelique, ces pauures & simples esprits, à qui la grossiere coupe tous ces inutiles discours de la surabondante ratiocination, ayans les coudées de leur Volonté de tant plus franches, que moins leur Entendement peut faire d'essor.

Comment on peut dilater la Ratiocination.

CHAPITRE IIII.

Vous desirerez à l'aduenture, Angelique, sçauoir quelques moyés pour dilater vostre Ratiocinatiō, certes, bien que ie vous vienne de monstrer cette Rhetorique spirituelle n'estre pas beaucoup necessaire, si est-ce que pour vostre entiere satisfaction, ie condescends à vous descouurir des ouuertures qui estendent fort vostre discours. Pour le cōmencemét cōtétez vo⁹ d'vne simple pésée arrestée, & d'vn regard ferme sur le poinct que vo⁹ auez pour object, & peu à peu sans violēter vôtre cerueau, ny vo⁹ mettre en peine de chercher des mots,

& des inuêtions, vous verrez croistre voſtre raiſonnemét. Cette ſorte d'amplification & dilatation ſpirituelle, groſſit petit à petit par l'exercice; l'abondance des raiſonnemés eſt autãt incómode à la fin, que difficile au cómencer, vn téps viédra qu'il faudra iouër de la ſerpe, pour retrãcher ce qu'aurez planté.

Comme le ſoucy eſpanoüyt ſes fueilles au Soleil, ainſi l'ame s'eſtéd par les lumieres de l'intellect.

En toute Meditation vous pourrez premierement cóſiderer la choſe en ſoy que vous aurez pour ſubject. 2. les perſonnes qui interuiennent au myſtere. 3. les paroles. 4. des actions 5. les cauſes 6. les effects. 7. Vous pourrez faire ſouuent des reflexiós ſur vous, & des apoſtrophes à Dieu, aux Anges aux Sainčts, aux perſonnes interuenantes au myſtere, & à toutes les creatures, cóme auſſi pluſieurs exclamations, mode familiere à la B. mere Tereſe. 8. examincz bié toutes les circonstances des choses, personnes, paroles, actions, & cette route vous menera bien loing.

Souuenez vous qu'il est escrit, qu'vn *iota, non pas mesme vn accēt ou vn poinct, n'est sans cause en l'Escriture.* Toute *action de nostre Seigneur est nostre instruction*, dict S. Augustin.

Toutes choses furent employées pour la cōstruction du tabernacle, iusques à des poils de cheure, pour former vne ratiocination les plus petites minuties seruent.

En la manducation de l'Agneau Paschal, il falloit beaucoup de circonspections, & le disposer exactement: és sacrifices apres que l'Hostie estoit taillée, il la falloit bien rāger sur l'Autel, auāt que le feu la deuorast: ainsi deuōs nous biē examiner les matieres par l'intellect, auāt que les ingerer en la volonté.

Et comme en l'ancienne Loy les especes aromatiques desquelles

estoit composé le Thymiame, deuoient estre broyées & puluerisées
en vn mortier, ainsi doiuët estre les
matieres meditées diligemmët es-
pluchées par l'intellect, pesāt & cō-
siderāt les moindres particularitez.

C'est vn furet qui ne laisse coing
ny recoing sans s'y fourrer, & le penetrer. Pource S. Bernard appelle
la Meditation *vne tenduë action de
l'esprit, cherchant la cognoissance d'vne
occulte verité.* Et Richard de S. Victor, *Vn regard exact de l'ame, diligē-
ment occupé en la recherche du vray.*

En quoy elle est bien figurée par
cette Royne du Midy, qui remar-
qua si soigneusemët toutes les singularitez de la Cour de Salomon.

L'Ecclesiastique exprime cela ex-
cellémment bië. *Le sage, dit-il, enquer-
ra la sapience de tous les anciës, & em-
ployera son tëps en l'intelligēce des Prophetes, il obseruera les paroles des hōmes
fameux, & penetrera les subtilitez des
paraboles, & cherchera les secrets des prouerbes, & sōdera les choses abstruses.* L'es-

prit de l'homme, dit S. Paul, sõde toutes choses, voire & les profondeurs de Dieu.

Si la Meditation se fait sur des paroles, il les faut bien peser, virer, & remascher l'vne apres l'autre, cõme il se lit de S. François, qui en toute vne iournée qu'il fit de Peruse à Assise, se trouua auoir tousiours medité, & n'auoir dit qu'vne seule fois l'Oraison Dominicale. Le B. Ignace passoit quelquefois les semaines entieres à sauourer les sés admirables & delicieux, cachez soubs les sept petitiõs de cette priere. Et nostre B. Mere Terese n'a-elle pas tracé tout sõ liure du chemin de Perfection sur la Patenostre ? Ce qui nous fait veoir combien longuement elle l'auoit meditée.

Il y a encores vne autre façon d'estẽdre fort l'Entendement, qui est, quand on medite par l'application des sens, forme trouuée & enseignée par le B. Ignace, en ses exercices spirituels. Le P. Louys du Pont en son Introduction à la

Meditation, la monſtre fort clairement, cóme auſſi le Pere Ricci en ſon Inſtruction pour mediter.

Ceſte application des ſens interieurs n'eſt pas ſelō la Philoſophie, qui n'en fait que trois, ſçauoir le ſés cómun, la phātaiſie, & la memoire ſenſitiue, mais ſelon la Theologie myſtique, qui à l'ayde de l'imagination, nous fait interieuremēt voir, odorer, gouſter, ouyr, & toucher les choſes qui ſe trouuent ſenſibles és myſteres, comme viſibles, odorantes, ſauoureuſes, intelligibles, & palpables.

Par exemple, en l'agonie de noſtre Seigneur au iardin, nous pouuons le veoir agoniſant, odorer ſon ſang decoulant, voire le toucher, & le gouſter, l'eſcouter priāt ſon Pere *d'accomplir ſa volonté en luy.*

Ce ſont la quelques Topicques ſpirituelles qui vous ayderont, Angelique, à dilater vos ratiocinatiōs, pour enfanter le poids de vos cō-

L'ORAISON MENTALE. 425
ceptions intellectuelles. Croyez
moy, si vous vous exercez tant soit
peu à mediter, vous ne verrez croistre que trop vos ratiocinations, &
arriuera, peut estre, que vous aurez
autãt de peine à les resserrer, pour
faire place à l'affection que vous en
auez maintenant de les estendre.

―――――――――――

Modelle de Ratiocination.
CHAP. V.

Ovs auõs pris pour ma-
tiere cõtinuë l'agonie du
iardin. Voicy donc, An-
gelique, comment vous
pourriez ratiociner sur le premier
poinct, qui est de l'humilité du
Sauueur en sa prostration.

Quelle chose vois-tu, mon ame?
c'est ton Seigneur & tõ Dieu, prosterné contre terre, qui prie son
Pere, *Que ce calice d'amertume passe de
luy* : n'estoit-ce pas assez, qu'il se fust

DIRECTION A

ancanty iufques là, de fe reueftir de la forme d'vn efclaue, & de s'humilier iufques à quitter le Throfne de fa grãdeur, pour venir icy bas en fon Incarnation, efpuifer nos miferes, *inclinant les Cieux, & defcendant,* fans encores fe mettre en vn degré d'abjection fi bas, qu'il eft impoffible de creufer plus auant, tant il eft vray *que la fuperbe monte toufiours, mais efleuée elle fe rompt le col, & fe diffipe*, & l'humilité defcend toufiours, mais pour fe guinder plus haut : *Ie me fuis humilié*, dit Dauid, *& Dieu m'a exalté*. Ce peu foit dict quant à la chofe.

Si vous confiderez la perfonne, dictes. *O Roy des fiecles, O fils du Dieu viuant, O Roy de gloire*, eft-ce pour dompter mon orgueil que vous deuez eftre ainfi deprimé : ô vous que les Anges adorent, ie vous voy profterné deuant voftre Pere, & pres d'vn Ange qui vous confole. *Ie croy Seigneur, & ie profeffe ma creance, mais permettez que ie vous die en l'excez de mon cœur, que vous vous humiliez trop*, croulez colomnes du Firmament, voicy vostre souftien qui s'abaisse : Cedres du Liban ployez: vous montagnes applanissez vous à l'aspect d'vne si prodigieuse humilité : O prodigue enfant ! que vous voila humilié ! ô Achab, ô Manassez, ô Publicain, ô Magdeleine, ô ames humiliées, iusques à quel centre reduirez vous vostre neant, si le tout descend cy bas ? O second Adam, qui retournez en la terre d'où le premier auoit esté tiré.

Si vous contemplez cette action, vous pourrez dire ainsi. Pourquoy, mon bening Sauueur, imprimez vous ce beau visage, pour qui les Anges bruslent d'amour dans la fange de la terre, sinon pour la reconcilier auec vostre Pere par ce baiser de paix ? ô que semblable bien n'arriue-il à la terre de mon cœur ! que n'est-elle sigillee d'vne si belle impression!

On dict que le Cerf auec son haleine attire les serpens des trous de la terre. O mon Iesus, pauure Cerf aux abois de la mort, vous prosternez vo² pas côtre terre, pour en arracher toutes les maledictiõs que le peché du vieux serpent y auoit attirées, que vostre souffle *vray spiracle de vie*, s'espande sur la terre de mõ interieur, affin que tous les pechez en vipereaux qui me rõgent, bondissent de leurs cachots, & n'y retournent iamais plus.

Le 2. point que vous pourrez prendre en cette Meditation, sera de la parfaitte resignation de N. S. priant ainsi ; *Pere, que vostre volonté soit faite, & non la mienne*.

Ratiocinant sur ces parolles, pesez-les l'vne apres l'autre, *Pere*, non d'amour, de confiance, de reuerence, d'honneur & de dilectiõ, c'est en cet esprit, *non plus seruile: mais filial*, que nous crions *Abba*

Pere, dict S. Paul. *Pere*, ô que ce nom est doux! combien doit-il percer les entrailles de cet Eternel Pere consubstanciel à ce fils, *Que si les architraues & les gonds des portes du ciel croulerent à la parolle du fils de l'homme*, en l'Apocalypse, combien deuoit estre esmeüe la misericorde de l'Eternel, à cette parolle, *ô Iustice, ô Courroux, ô Cholere iuste*: mais cōment n'as tu peu estre cōtenuë en cette misericorde. *Que vostre volonté soit faite*, ô parfait niueau, ô reigle infaillible de perfectiō, Ouy Seigneur, ie vous prie tous les iours que *vostre volonté soit faite en la terre comme au ciel*: mais quand fut-elle iamais mieux faite, qu'en ce mystere où *le verbe faict chair*, accomplit entierement en terre vostre celeste volonté, pour remplir par sa copieuse *redemption*, les sieges vuides de ces *Anges rebelles*, releguez au centre de la terre, pour s'estre dans le ciel reuoltez contre vostre volonté.

Et non la mienne. Admire mon ame cette merueilleuſe reſignatiō de tō Sauueur qui ne veut pas que la volonté de ſa partie inferieure, bien qu'exempte de peché, mais ſeulemēt parce qu'elle fremit aux horreurs de la mort voyſine ſoit faite : mais l'vniſſant entieremēt de la diuine, il fait de ſoy vn parfaict holocauſte à ſon Pere, comme iadis Iſaac ploiant le col ſous le couſteau d'Abraham, que doy-ie dire de ma volonté propre, vnique ſource de mes pechez, ſeul tiſon qui flambe dans les enfers, & principalement de ma volōté inferieure, qui eſt *cette loy des membres repugnante à celle de l'eſprit, & ce combat continuel qui nous agite ſur terre : cet eſguillon de Sathan qui nous va buffetant.* O Seigneur ! ne me donnez pas en proye à ma propre volonté, mais *deliurez moy de l'homme mauuais & inique*, qui eſt mon propre vouloir.

Quất au 3. point, qui eſt de l'horreur de la mort eſpreignất à N. S. cette ſueur ſanglante, vous pourrez raiſonner ainſi.

Si la mort eſt vn effect, dont le peché eſt la cauſe, (car comme dit l'Eſcriture : *par le peché la mort s'eſt introduitte au mỗde*) pourquoy ô mõ Redempteur, redoutez-vous cette peine, puiſque vous n'auez iamais eu de coulpe? Que craignez-vous en cette diſſolution de voſtre ame touſiours bien-heureuſe, d'auec voſtre corps angoiſſeux ? La gloire qui eſt voſtre, vous eſt indubitablement aſſeurée, vous deuriez deſirer ce que nous autres deuons craindre, chargez d'iniquitez, *& qui au partir de cette vie, ne ſçauons où nous allons, ny ſi nous ſommes dignes d'amour ou de haine*. Laiſſez-nous ces iuſtes apprehenſions, ô mon Ieſus! & qu'elles ne troublent point voſtre cœur genereux, & de Lyon de Iuda, que iamais la peur ne saisit, que si vous tremblez, ô colomne du ciel, que feront les arbrisseaux & les ioncs agitez des moindres vents? ô maudicts pechez des hommes, c'est vous qui imprimez cet horreur à cet innocent, que ne saisissez-vous pluftost les coulpables d'vne crainte salutaire, *qui les face reuenir de leur preuarication à leur cœur?* ô mort! que tu es terrible, puisque tu as peu espouuanter celuy qui te deuoit faire mourir, combien te deuons-nous craindre nous que les pechez accablét. O poids insuportable du peché, puisque *Iesus ce grand geant gemit sous la pesanteur de tes eaux*: ô fardeau, ains pressoir oppressant qui exprimes non la sueur seulement: mais le pur sang de tous les pores de ce sacré corps, combien a esté vehemente la fieure de son amour & de sa terreur! Iugez-le, ô mon ame à l'excez de ces accez.

Que si vous voulez, Angelique,

que, esplucher les circonstances comme le lieu, le temps, l'heure, les antecedentes, les subsequences, les causes, les mouuemens, & mille autres, ie vous asseure qu'il faudroit des volumes pour examiner les tenans & aboutissans de ces mysteres, encores ne pourroit-on iamais acheuer de tracer les ratiocinations qui se pourroient former dessus: bon Dieu mais *quelle ame si grossiere ne s'espancheroit & diffondroit* sur cette sanglante sueur, cette resignation si absoluë, cette profonde humilité!

T

Passage de la Ratiocination à l'Affection, second acte de la Consideration.

CHAP. VI.

Oute Ratiocination ou speculation d'Entedemét doit aboutir & se terminer aux Affections de la Volonté, autrement la Meditation sera vaine & inutile, or en ce destroict il y a vn peu, non pas de difficulté, mais d'industrie & d'addresse.

L'Affection est cela mesme en la Volonté raisonnable, que la Passion en l'appetit Sensitif, ainsi que vous pourrez amplement apprendre, Angelique, au traicté des Passions de l'Ame, qui est au neufuiesme Tome de nos Diuersitez.

J'appelle Affection vn certain mouuement de la Volonté superieure, pour lequel elle se porte à quelque bien que l'intellect luy a descouuert en la Ratiocination: expliquons cette deffinition. I'ay dict mouuement, parce que l'Oraison estant vn eslancement de l'ame vers Dieu, son aisle c'est le vouloir, pour ce disoit S. Augustin; *mon amour c'est mon poids, il me porte par tout où ie vay.* I'adiouste de la Volonté superieure, pour la distinguer de ces affections de la partie inferieure, qui sont sensibles, & cette sensibilité n'est aucunement necessaire, suffit que l'ame s'affectionne en son plus haut estage, & ces impressions en sont d'autant plus pures & nettes qu'elles ont moins de commerce auec le sentiment; *car la chair & le sang ne reuelent pas les choses diuines.* Il y a de plus par lequel elle se porte à quelque bien, ce qui marque l'essentiel obiect de la Volonté, & partant de l'Affection qu'elle produit, sçauoir ce qui est bon : ie dis en fin que ce bien luy est descouuert par l'entendement: en quoy ie suy la voye ordinaire, car extraordinairement, ie ne doute point que Dieu ne puisse esmouuoir en l'ame de sainctes Affections, sans vn preallable discours, mais cela regarde l'Oraison Passiue, de laquelle ie ne parle point icy.

Cette deffinition exposée, voions maintenant l'adresse pour passer du raisonnement à l'Affection, & de venir de l'acte de l'Entendement à celuy de la Volonté : car c'est icy vn nœud artificieux, & comme vn faict de maistrise.

C'est vne spirituelle alchimie qui change le cuiure en or, & le vray but & nerf de toute l'Oraisõ: sur ce piuot tourne tout son jeu, c'est le maistre & plus secret ressort de tout cet Exercice, la Ratiocination *va, tournoye, cherche,* comme l'espouse du Cantique: mais la seule Affection *rencontre l'espoux, l'embrasse, le serre, le tient sans le lascher, & en iouit.*

Ratiociner, c'est aller, mais affectionner, c'est arriuer, celuy la queste, cetuy-cy prend.

De la lumiere du feu prouient l'ardeur, & de la clairté du Soleil, sa chaleur par la reflexion, telle est la splendeur de l'Entendement, telle l'ardeur de la Volonté.

Comme la cire se liquefie deuant le feu, ainsi de la splendeur de l'intellect prouient la liquefaction de la Volonté, *si tost que mon bien aymé a parlé,* dict l'espouse, *mon ame s'est liquefiee:* & Dauid, *mon cœur s'est fondu comme la cire au milieu de mon estomac,* & encores, *le feu s'embrasera en ma Meditation.*

De la collision de l'acier, & du

caillou naiſſent des eſtincelles qui venant à tomber en de la matiere diſpoſee font du feu, & des flammes, ces eſtincelles ſont les lumieres de l'Intellect, ces feux ce ſont les inflammations de la Volonté.

On dict que les os de Lyon & des racines de Laurier excitent du feu par leur entrechoc, ie ne ſçay pas ce qui en eſt, Angelique, mais cela ſçay-je par experience, que le concours des actes de l'Entendement & de la Volonté cauſent de ſainctes ardeurs en nos ames.

Ratiociner ſans s'affectionner, eſt comme qui chargeroit vn canon ſans le tirer.

C'eſt vne choſe vaine de luire, dict S. Bernard, *inutile de bruler ſeulement, mais luire & bruler, c'eſt la perfection.* I'en dis autant en ce ſubject icy, raiſonner ſimplement eſt aſſez inutile, pouſſer des affections ſans aucuns diſcours eſt pareil à ces perles creuſes qui croiſſent au bruit des tônerres: mais ratiociner, affectionner & se resoudre, est le comble de la perfection de cet Exercice.

Pousser vne feruente affection en suitte d'vne iudicieuse Ratiocination, c'est mettre le feu à vne fusée, qui soudain s'esleue en l'air: *cette Oraison ne peut manquer de penetrer les nuës:* les Affections non esmeuës sont des charbons amortis qui s'allument au feu des speculations, *quand le feu sort de la face* de l'Entendement, *les charbons* des actes de la Volonté, *s'en enflamment.*

Il y a des matieres comme le plomb qui se fondent tout à coup, d'autres comme le bronze qui lentement, ainsi y a-il des esprits qui s'esmeuuent promptement, les autres tardiuement, il faut *vne vehemente commotion* de Ratiocination pour les porter à l'Affection, d'autres plus tendres & susceptibles des sainctes flammes comme le naphthe, le souphre & le boys sec qui aussi tost *qu'ils voyent depérissent*; au moindre rayon de cognoissãce sont embrasez d'amour.

Le meilleure est d'aller la bride de Nemesis, ou du iugement en main, & selon le prouerbe, de se *haster tout bellement*, il se faut comme aupres du feu, non chauffer tout à coup: mais s'eschauffer peu à peu comme faict l'eau froide qui se tiedit auant que de bouillir.

Il se faut esbranler doucement & suauemét comme l'on faict les cloches, & comme vont les Horologes par mesure & cadances, autrement l'aueuglée hastiueté porteroit à des precipices.

Il ne faut pas cheminer en trop de ferueur, c'est à dire auec inconsideration. (I'excepte quãd Dieu opere en nous, aussi ne traittons-nous pas de l'Oraison Passiue.) Aucuns,

Pour lascher trop le frein à leur ame eschauffée, tombent en des inconueniens & debilitations de cerueau.

Angelique, vous esmouuerez tout doucemēt vostre cœur du discours à l'Affectiō, par des agitatiōs gratieuses & des semōces non violentes, car ces mouuemés ne s'acquierent pas à force de bras, battez doucemēt le laict pour en espraindre la créme & le beurre, attirez vostre cœur par alleichement: car il est pestry d'vne argille qui ne veut pas estre pressée: il n'est riē de si naturel à la Volōté que la liberté.

Conuertissez les Ratiocinations en Affections par vn alambic gratieux, par vn découlement insensible, que la raison se change en Affection imperceptiblement, cōme la fleur se faict en fruict, & comme nous voions en la nature, les elemens se conuertir l'vn en l'autre par des pentes molles & douces.

T vj

Le meilleur cartillage & ligament, pour emboitter l'os de l'affection à celuy de la Ratiocination est à mon aduis de faire le discours affectif, ou pour le moins le dresser pour esmouuoir la Volonté; car par apres la Volonté venant à se reflechir & replier sur le raisonnement, & ramassant tous les rays des veritez en soy en excitera du feu comme vn miroir ardant.

Il y a vn autre moyen commun, aysé & commode, & qui faict admirablement bien cette transition, c'est l'Oraison appellée Iaculatoire, c'est à la verité la pierre philosophale de cette Conuersion.

Par exemple, la Ratiocination du premier point estenduë au precedent chapitre, versera sans doute, Angelique, vne Affection d'Imitation en vostre ame, voyant la profonde Humilité du Sauueur: donc cette transition se pourroit faciliter par telle Oraison Iaculatoire. *O mon Iesus !* exemplaire d'humilité, à quoy tient-il que ie ne vous imite? Si le tout se fait rien, pourquoy ne me tiendray-ie à mon rien ?

Par cette industrie vous esmouuerez, Angelique, tout doucement voftre cœur sans aucun effort, à guise de l'Ange qui mouuoit l'eau de la piscine probatique.

Croyez-moy, le Prophete Elie ne veit pas Dieu au tourbillon, *renuersant les montaignes & fracassant les pierres, ny en la commotion vehemente, ny au feu deuorant, mais dans le souffle agreable d'vn petit ventolin.*

Quelles sont les Affections de l'Ame.

CHAP. VII.

IL y en a onze principales, autant que de Passiõs, ausquelles vn nombre infiny d'autres se rapportent.

La 1. & comme la Royne de toutes, est l'Amour, à laquelle par vne concatenation necessaire, plusieurs autres font la Cour & forment sa suitte, comme celles-cy, d'Admiration, d'Adhesion, de Zele, de Ferueur, d'Action de graces.

La 2. est la hayne, qui tire apres soy le renoncement de soy mesme: la Resignation, l'Abnegation interieure.

La 3. est le desir, qui traine quant & soy l'imitation.

La 4. est l'Abominatiō, qui a pour escorte la detestation du peché.

La 5. est la Ioye, qui a quant & soy la louange, la Iubilation.

La 6. est la Tristesse, qui a pour compagnes la Contrition, la Compassion, la Misericorde.

La 7. est le bon Courroux, qui est suiuy de l'Indignation.

La 8. s'appelle Esperance, qui a auec soy l'Aspiration.

La 9. Desespoir, non ce qui oste, mais donne le Courage.

La 10. est la Crainte qui a pour adjointes l'Apprehension des Iugemés diuins, l'horreur de la mort.

La derniere & l'onziesme, est la Hardiesse, qui est suiuie de la Mortification.

Somme, Angelique, sondez tous les ressorts & mouuemens de vostre interieur, vous n'en trouuerez aucun qui ne se puisse ráger à quelqu'vne de ces onze Categories ou classes, & toutes nos ratiocinations doiuent viser à resueiller en nous ces affections: car ce sont les esprits vitaux de l'ame, & qui la poussent à son vray bien.

Moyens pour dilater les affections.

CHAPITRE VIII.

LEs PP. Ricci, & Arias en leurs traittez de l'Oraison sont fort estendus en ce point: celuy la monstre la dilatation des affections en general, cettuy cy en particulier: ie vous y renuoye, Angelique, pour vous en instruire à plein fonds, & aussi à la preface des Meditatiõs de Capiglia, cependant vous aurez icy quelques ouuertures.

1. La 1. est que par la multiplication

des Oraisons iaculatoires vous pouuez eſtédre vos affections tant qu'il vous plaira.

Le 2. moyen eſt celuy des Colloques, deſquels aucuns font la 3. partie de l'Oraiſon Mentale, y logeans ſans ordre & peſle-meſle les Affections, les Reſolutions, les Actions de grace, les Oblations, & les Petitions, choſes neantmoins dont la diſtinctiõ apporte vne grãde clairté.

Et ces Colloques ſe peuuent faire, ores à la treſſainte Trinité, or aux trois perſonnes en particulier, or à l'humanité de N. S. or à ſon corps, or à ſon ame, or à ſa benite Mere, or aux Anges, or aux Saincts, or à ſoy-meſme, or à toutes les creatures: ces pourparlers doiuent naiſtre du ſubject, & ſur le champ *par l'abondance du cœur.*

La 3. façon ſera en ſauourãt longuement quelqu'vn de ces colloques, apoſtrophes ou traicts enflammez, car l'affectiõ ne procede pas tãt en parlant qu'en gouſtant, *Il faut gouſter*, Voila l'affection, *Et veoir*, Voila la ratiocination, *Combien Dieu eſt doux!* ô Angelique, *combien ſon eſprit eſt ſuaue! ô qu'il eſt bon d'adherer à vn Dieu ſi doux, & de colloquer en luy ſon eſperance!* Beuuez ces ſentimens affectueux, côme des traits de vin delicieux, car c'eſt voiremét la le *Calice enyurant de la ſaincte Oraiſon*.

Le 4. moyen ſera en perſeuerant longuement à couuer vne bonne affection, la laiſſant penetrer bien auant dans le cœur, iuſques à ce qu'il en ſoit tout imbu, & cela ſans contention & violence d'eſprit, mais comme conſeruant vne precieuſe liqueur ou chaleur en voſtre ſeing.

L'Affection c'eſt la creme & la fine fleur de la charité à meſure que le ſainct Amour croiſtra en voſtre ame, ſon feu eſtant attizé par voſtre Meditation, croiſtront auſſi en vous les moyens d'estendre vos affections, car comme dit S. Bernard, *Nul peut sçauoir le langage de l'Amour, que celuy qui ayme.* O que ne sommes nous comme Daniel, g̃s de desirs, & que l'amour de Dieu n'est-il l'vnique desir de nostre ame!

Exemplaire d'Affections estenduës.

Chap. IX.

SI i'en voulois tracer sur tous les desseings & preceptes que ie vous viens de proposer, Angelique, nous n'aurions meshuy filé cette fusée.

Cõtentons nous de former des Affectiõs en suitte des trois poincts de la Ratiocination precedente. S'il vo⁹ en souuiét, ou si vo⁹ la relisez vo⁹ trouuerez qu'elle vo⁹ meine comme par la main à l'Affectiõ.

Celle du premier poinct à celle d'Imitation, considerant la tresprofonde humilité de N. S. vous pourriez donc passer de la Ratiocination à l'Affection, ou immediatement y venant, ou mediatemēt par quelque Oraison iaculatoire, comme si vous disiez ainsi. *O origine & original de toute vertu ! O Dieu des vertus*, à quoy tient il que ie ne prenne copie sur cette tref-rare humilité que vous me proposez deuant les yeux? Vertu qui me sera tref-facile à acquerir par la consideration de ma deneantisé, & qui vous estoit d'autant plus difficile que l'abjection est comme incompatible auec cette gloire souueraine qui vo' est deuë. Apprends ô mon ame, de ton *Iesus à estre douce & humble de cœur.* O sainte, ô precieuse, ô necessaire vertu, fondement de tout l'edifice spirituel de la perfection, qui ne bastit sur toy destruict plustost que de cõstruire, se ruine au lieu de s'aduancer, sans toy il n'y a point d'entrées au ciel: *car les seuls humbles ont la grace, & les seuls humbles* d'esprit sont sauuez., *qui ne collige & amasse auec toy dissipe*, c'est mettre des richesses dans vn sac percé, que de faire amas de vertus sans toy. Peux tu auoir ô vray neāt *cōceu en iniquité & produit en pechez*, vn plus beau modelle pour te façonner à ceste salutaire vertu que *cet exēplaire qui t'est maintenant monstré sur le mont des Oliuiers*, où ton Sauueur se prosterne pour te faire voir en quel degré d'abaissement il s'est raualé pour ton amour?

Remarquez-vous pas bien que cōme la fin de la ratiocinatiō d'icy dessus a esté le principe de ceste affection, aussi que ce terme d'affection est le commencement de la resolution? mais reseruons la pour son lieu.

Apres la ratiocinatiō du 2. point qui est de la resignation de N. S. en sa priere, vous pourrez faire suiure ainsi l'affection d'abnegatiō de vostre propre volōté. O mon Iesus, si vous renoncez ainsi à vous mesmes pour endurer pour mon amour, pourquoy ne renoncerois-je pas à moy mesme pour l'amour de vous? Mon ie ne suis plus moy, mon moy c'est d'estre vostre : ô quand seray-je du tout à vous ? ce sera quand ie ne seray plus à moy ; quand donc cesseray-je d'estre à moy, pour estre entierement à vous ? quand pourray-je dire auec l'Apostre; *Non ie ne vis plus moy, mais c'est Iesus qui vit en moy*. Effacez, ô le bien-aymé de mon ame, toute volonté propre de mon interieur, afin que ie ne vüeille plus rien que par vous, en vous, & pour vous, *En qui, par qui, & pour qui sont toutes choses*. O qu'il est biē vray, *que les ennemis de l'homme sont ses domestiques*! Et qu'auons nous de plus domestique que nostre propre volonté? tranchez-la, mon bon *Iesus*, pour y enter la vostre, & qu'en moy non ma volonté, mais la vostre soit faicte : heureuse l'ame qui est perduë en Dieu, & dōt

L'ORAISON MENTALE. 453
la volonté eſt tellement vnie à la diuine, que *rien ne la peut ſeparer de la charité de ſon Sauueur.*

Sentez vous pas, Angelique, que cette affection vous prouoque à vous reſoudre à l'entier renoncement de vous meſme par vne attraction & inuitation preſſante, mais ſuaue?

Apres la Ratiocination du troiſieſme poinct, qui eſt de l'horreur de la mort, teſmoignée par la ſueur de ſang, vous pourrez faire ſuiure vne ſemblable affectiõ de crainte.

A quoy penſe-tu, ame criminelle, voyant l'Innocence pallir? elle tremble, elle fremit, & tu reſtes ſans eſmotion! ô ſtupide, ô inſenſible, ô aueuglée, ne vois-tu pas la mort qui te pend ſur la teſte, comme le glaiue de ce Tyran, & ne tiẽt qu'à vn petit filet? à chaque pas, à chaque moment, tu roules à la tõbe, *Il eſt ordonné par vn decret immuable, à tous les humains de mourir;*

mais qui est bien le plus horrible: apres cela il faut estre iugez ; ô l'horrible chose que de tomber entre les mains du Dieu viuant, deuant l'exacte iustice duquel nos œuures ressemblent au drap d'vne femme soüillée. N.S. agonise au seul penser du destachemēt de son ame d'auec son corps, que feras-tu mon ame à ce pas angoisseux ! si d'abondant tu adioustes à ces douleurs de mort, les terreurs de l'Enfer, il en suë le sang & l'eau, aggraué du poids de tes pechez, & tes yeux ne deuiendront point des fontaines, des torrens, des mers pour y submerger & lauer toutes tes fautes ! ô cœur plus dur que le roc, qui autrefois touché d'vne verge au vouloir de Dieu, donna des eaux, & c'est la volōté de Dieu que tu plores tes offences, & que ta paupiere ne se taise point, & tu demeures plus sec & aride qu'vne pierre ponce ! crains-tu point le lieu du grincement des dents, & des larmes ameres ? O

L'ORAISON MENTALE. 455
crainte salutaire, *faictes moy operer iugement & iustice par l'apprehension des iugemens de Dieu.*

Vous voila pas à la porte de la resolution de craindre Dieu, & de preuenir la mort par penitence? sursoyons cela iusques à tantost que nous reprendrons ceste brisée.

De la Resolution,

Troisiesme acte de la Cōsideratiō.

CHAP. X.

'Est icy où ie demande vostre attention, mon Angelique, autant qu'en aucun autre endroit de ceste Direction, car nous voicy au cōble, au faiste, à la sommité de toute l'Oraison Mentale, qui en tous les actes precedens, ne faict

que comme preparer, conceuoir & couuer, mais icy elle escloſt, & pouſſe ſon effect, qui eſt la ſaincte Reſolution, acte pur de la volonté.

C'eſt vne determination ferme, par laquelle l'ame embraſſe de toute ſa force vn vray bien qu'elle recognoiſt par la Ratiocination, & ayme par l'Affection, ou ſe delibere de fuir vn mal, tel recogneu par ſon entendement, & abhorré par la volonté.

Voila le ſuc, la quint'eſſence, & le conſommé de tout l'ouurage de la Meditation, & le miel de tant de fleurs qu'elle ramaſſe & digere, c'eſt le nerf auquel conſiſte toute ſa force, & comme les cheueux de Samſon.

En vain le cœur eſt-il mollifié comme cire par l'affection, ſi deſſus ne s'imprime le ſceau de la reſolution; celle-la prepare, celle-cy parfait; celle-la crayonne, celle-cy donne la derniere main.

Quand

Quand l'ame est fluctuante & esmeuë par l'affection c'est la resolution qui mouille l'ancre, & qui la met en arrest: *mon Dieu* disoit David *ie l'ay voulu ainsi que vostre Loy fust au milieu de mon cœur.*

Les fleuues serpentent sur la terre, mais pour s'emboucher en la mer: ce que l'ame tournoye & roule en sa ratiocination & affection, n'est que pour terminer en la resolution.

En vain la viande est-elle maschée, & aualée si elle ne passe en nourriture & substance; reuomie elle ne sert de rien : c'est inutilemēt raisonner, & affectionner, si l'on ne se resoult; & reietter vne bonne resolution, estant vne fois prise, c'est vn signe infaillible de cacochimie spirituelle.

Il est tant de ces beaux esprits, qui pareils au Soleil de Mars qui attire assez de vapeurs sans les resoudre, aussi forment assez de conce-

V

ptions en leur Entendemét, & roulent d'aſſez belles Affections en leur Volonté : mais de mordre à ſon eſcient aux Reſolutions point de nouuelles.

Ils reſſemblent, ſelon le dire du Sage, *à cet inconſideré qui regarde ſon viſage dans vn miroir, & ſoudain oublie comme il eſt faict*, peu ſoucieux de ſe nettoyer, & bien dreſſer.

Mon, Angelique, la vertu, qui eſt l'eſtude de la Meditation, n'eſt pas vne choſe intellectuelle, qui ne conſiſte qu'en raiſonnemens, & beaux deſirs : ceux qui ſçauent le mieux ſa nature, comme ſont quelques ſubtils Philoſophes, ſont ceux ordinairement qui la pratiquent le moins, riches d'elle en paroles, pauures en effects. Tous les maiſtres tiennent, *que la vertu conſiſte en l'action, celuy qui fera ſera appellé grand au Royaume des Cieux, malheur à ceux qui ſçauent, & diſent beau-*

coup de bien, & ne font rien qui vale, ce font des arains fonnans, des cymbales tintantes. Vous diriez à les ouyr, que la vertu foit quelque atour antique, qui n'eſt plus en vſage, propre ſeulement à pendre en vn cabinet: mais ceux qui ſont mieux inſtruicts *prennent des aiſles d'Aigle, volent, & ne defaillent point, ils vont de vertu en vertu pour monter au Dieu des Dieux en Syon.*

La Reſolution naiſt de l'Affection, comme la fleur de ſa tige, le tronc de la racine, le ray du Soleil, le ruiſſeau de ſa ſource. La conſequence de ſon principe, l'Affection naiſt de la Ratiocination, car on ne s'affectionne pas, ſinon vers ce que l'on cognoiſt, & on ne reſoult pas ſinon à ce que premierement on affectionne.

Qui veut le bon de la noix, dit l'ancienne paremie, ſi la caſſe: il y a la coquille, voila la ratiocination, puis l'enuelope voila l'affection : le blanc c'est la resolution qui se doit manger & digerer.

Vous diriez que ce sont les roües du chariot d'Ezechiel enclauées les vnes dans les autres, tant ces trois actes ont d'affinité, & contiguité. Le raisonner est l'enchasseure, la pierrerie c'est l'affection, l'esclat & la vigueur, c'est la resolution.

Vne ratiocination sans affection & vne affection sans resolution, c'est vn os sans moëlle : mais l'Oraison affectueuse, c'est *vn holocauste moëlleux, vn encens tressoüef* deuant Dieu.

Nos affections & sur tout nos resolutions, sont les mets, *& les viandes desquelles se paist plus volontiers* nostre pere le Dieu Isaac, & qui attirent plustost sur nous ses benedictions.

C'est la myrrhe, l'aloës, & le storax,

qui fluant de nos vestemens, & de la maison d'Yuoire de nostre volonté, qui delecte, & honore le plus le Roy de gloire, & qui nous faict paroistre, & flairer deuant luy, comme Iacob deuant Isaac qu'il compare *à la senteur d'vn champ flory, plein de benedictions.*

C'est le feu sacré caché soubs la cendre des ratiocinations, & affections.

Ces resolutions sont appellées actes par excellence & preeminence, par quelques spirituels, qui en font la troisiéme partie de l'Oraison Mentale, comme estant le resultat, le fruict, & comme la moisson de tout le labourage de l'Oraison, c'est la source viue boüillonnante iusques au Ciel, que l'on rencōtre apres auoir beaucoup piqué & creusé.

Sainct Pierre rauy en extase eut en vision vn grand linceul remply de bestiaux, & il ouyt vne voix qui luy cria *tuë & mange*. Ce drap, & ces viandes me representent l'amas des Raisonnemens & Affections : mais en fin, c'est la Resolution qui consomme & couronne l'œuure.

La derniere fin du chasseur principalement s'il est pauure, n'est pas tant de voir voler vn Oyseau & courir les Chiens, comme de prendre le gibier, & s'en repaistre, ainsi ne suffit-il pas à celuy qui medite, de bien discourir, & pousser des paroles affectueuses, si la Resolution ne porte à l'execution du bien descouuert, & desiré.

Et comme le chasseur n'est iamais asseuré, & n'a accomply sa chasse sinon quand il tient la proye en sa main, ainsi vne Meditation ne peut estre appellée vraye sinon quand on reduict en acte les bonnes Resolutions que l'on y a prises, car la bonne preuue de la charité dit Sainct Gregoire, est l'exhibition de l'œuure, tous ceux qui disent Seigneur Seigneur ne seront pas sauuez: mais ceux qui feront bien.

Que sert de sortir d'aupres d'vn feu si on n'est eschauffé, & d'vn baing, si l'on n'est decrassé: vaine la Meditation si on n'en sort disposé à bien operer.

Ceux qui ont mangé de l'anith ou de l'ambre ont l'haleine suaue, & ceux dont les saintes Affections ont touché, & penetré le cœur le font recognoistre à l'execution de leurs bonnes resolutions: *les bons arbres se cognoissent à leurs fruicts.*

*Comment il faut passer de l'Af-
fection à la Resolution.*

CHAP. XI.

C'EST presque *diuiser l'esprit de l'ame, les ligatures, &
les moëlles*, les tendons &
les nerfs, les iointures, &
les cartillages, que de descouurir
l'imperceptible transition de l'Affection à la Resolution, tant ces
deux actes sont vniformes. Celle-
la comprend, celle-cy conuie vn
grand cercle, le moindre comme
la semence contient en puissance
l'arbre qu'elle produit.

Si la Ratiocination ouure la main,
l'Affection resserre les doigts, & la
Resolution est le poing clos en sa vigueur & en sa force.

Ces deux actes d'affectionner

& se resoudre sont bien tellement contigus, que souuent ils se confondent, & meslent l'vn en l'autre, & se font ordinairement en vn cling d'œil & en mesme instant, comme le feu luit, & eschauffe en mesme temps, & le Soleil esclaire tout à coup, & l'œil faict sa fonction en vn moment.

Ce passage est si delié qu'à peine s'apperçoit-il, sinon que l'on y prenne bien garde, pareil aux nuances, & ombrages de la peinture; qui passent d'vne couleur à autre, par vn milieu si industrieusement meslangé & mesnagé, qu'il est presque imperceptible.

Ce sont deux actes bessons & iumeaux, qui s'entr'embrassent sortans d'vne ventrée comme Phares & Zara des flancs de Thamar, & tellement semblables, que sans le cordon rouge de l'Execution qui est attaché au bras de la Resolution, à peine la discerneroit-on de l'Affection, car à vray dire l'Affection est vne Resolution fluctuante, indeterminée, & qui se va formant: mais la Resolution est vne Affection ferme, determinée, & formée : l'Affection induit à se resoudre, la Resolution clost, & serre le pas. L'Affection a la voix de Iacob: mais la Resolution a les mains fortes & masles d'Esau.

L'Affection attire comme l'aymant le fer, mais la Resolution *destruict, arrache* le mal puissamment, & le desracine, puis *plante & edifie le bien*, elle enleue nostre cœur à viue force, des conuoitises terrestres pour le faire aspirer au Ciel, *& rechercher les choses eternelles*, c'est le point desiré d'Archimede, qui souleue la terre en haut.

Vous distinguerez ces deux actes procedans du mesme tronc de la volonté, comme Elie distingua la venuë de Dieu, *non en la comme-*

tion, voyla l'Affection: mais *au sifflement d'vn doux air*, voila la Resolution.

Comme les Apostres distinguerent la venuë du Sainct Esprit, ses aproches furent, *ce vent impetueux & le croulement de la maison*: Voila l'Affection qui esbranle l'ame, mais il estoit dans les langues de feu qui apparurent, voila la Resolution qui embrase l'esprit, & le porte aux actions genereuses & heroiques.

Comme l'esclair, voila l'Affection, se distingue du foudre, voila la Resolution.

En fin, comme l'huille de baume se distingue des autres huilles, car celle la va au fonds de toutes les liqueurs, & celles-cy au dessus: l'Affection s'esleue assez & pousse de beaux eslancemens en nos cœurs, mais ce n'est qu'en la superficie de l'ame ; au lieu que la

Resolution la penetre au plus intime, *& comme vn baume odorant la parfume* de vertus, la pressant à les pratiquer.

Exemplaire de cet Exercice.

CHAPITRE XII.

REprenons icy les erres des trois points des Affections precedentes. Le 1. ayant esmeu l'ame à l'Affection d'Imitation de N. S. en son Humilité, on pourra se resoudre à pratiquer des actes de cette vertu en cette sorte. Sus donc mõ doux & humble Iesus, donnez moy que suiuant vos humbles vestiges les adorant, & les odorant *ie courre apres les parfums du nard* de vostre humilité. I'ay entierement resolu de vous imiter selon la foiblesse de mon pouuoir, qui se pourra fortifier assisté de vostre saincte grace en ceste vertu fondamentale dont vous me donnez, ô mon beau miroir, vn si rare exemple. Quand sera-ce *que l'abysme* de la recognoissance de mõ riē *appellera l'abysme* de vostre tout, pour m'engloutir & absorber entieremẽt en vous par vne amoureuse transformation?

Icy vous pourrez protester (sans vous lier neātmoins d'aucun vœu, conseil dóné par tous les spirituels) & vous proposer fermement, Angelique, de faire ce iour la que vous mediterez quelques actes de ceste vertu, comme par exemple, de baiser la terre quand on leuera la saincte Hostie en la Messe, de faire quelque office vil & abiect en la maison, d'abbaisser vos yeux contre terre le plus que vous pourrez, de faire vostre examen du soir, le corps & le visage prosterné contre terre, de quitter quelque vanité, de recognoistre vostre neant, & semblables.

Le 2. point fournissant vne affection d'abnegation interieure tirée de l'Oraison de nostre Seigneur: vous pouuez ainsi former la Resolution de renoncer à vous mesmes. Mon doux & amiable Sauueur, voila *mon cœur prest, ouy mon cœur est prest* de bondir hors de moy pour voler à vous.

Prenez mon cœur doux Iesus
Et ne me le rendez plus.

Prenez-le mon Espoux, & en faictes selon vostre bon plaisir, froissez-le, brisez-le, naurez-le, ployez-le, ostez luy toute propre volonté, grauez-y la vostre, & y insculpez ceste belle Resolution: *viue la volonté de Iesus.* Volonté qui est *nostre sanctification, nostre vie, nostre perfection.* Renouuellez *l'esprit de mon ame, créez en moy vn cœur net, & innouez en moy vn esprit de droiture.* Faictes que ie dresse ma volonté ondoyante & volage à la regle de la voſtre: que dis-ie, mais deſtruiſez entierement toute volonté mienne, *& apprenez-moy à faire la voſtre, car vous eſtes mon Dieu* & mon Createur, & y a-il rien de plus iuſte que de faire ployer la creature ſous l'ordonnance de ſon facteur? Ie me reſous donc auec l'aſſiſtance de voſtre grace, de me ſouſmettre abſolument à la direction de mon Superieur, puiſque c'eſt l'organe par lequel m'eſt manifeſté l'oracle de voſtre volonté, ouy ie renonce à moy-meſme pour eſtre irreuocablement à vous.

Le 3. point de la meditation de l'Agonie au iardin, par la ratiocination de l'horreur de la mort qui eſpreint à noſtre Seigneur vne ſueur ſanglante, & non iamais oüye. Ayant verſé en l'ame l'Affection de la crainte, on pourra ſe resoudre de l'appliquer ainsi.

Seigneur, voftre crainte fera l'efcorte de mon pelerinage mortel, iamais elle ne partira de mes coftez, *ie veux craindre*, comme Iob, *en toutes mes œuures, fçachant que vous ne pardonnez point au delinquant, ie vous veux feruir auec crainte, & quand ie me refioüyray en vous ce fera auec tremeur.* Helas! combien ay-ie fujet de planter en mon ame cefte crainte falutaire, puifque de toutes parts, *par terre, par mer, par les chemins, en la maifon, en compagnie, en folitude,* ie ne voy que *perils & dangers,* ie n'apperçoy qu'efcueils en cefte mer du monde. Puifque mon Sauueur innocent a eu crainte de la mort, ie me refous moy criminel & coulpable, de l'auoir pour vn continuel objet d'apprehenfion, puis qu'elle m'eft ineuitable & infallible. Ce fouuenir me preffera à faire penitēce des pechez paffez, & à preoccuper la face du iuge eternel par la Confefsion & la Penitence, car c'est elle qui sçait desarmer de ces traicts ce grand Dieu *des vengeances. O memoire de la mort que tu es amere!* mais aussi que tu es salutaire: mais pourquoy n'auallerons nous pas ce breuuage, pour vne eternelle vie, santé & saincteté?

Voila Angelique, comment vous formerez les resolutions en suitte des affections, comme les affectiōs en consequence des ratiocinations.

Cet ordre est fort aisé & naturel, car par exēple, pour reduire la consideration de ce dernier point au petit pied, vous voyez qu'elle procede ainsi. Mō Sauueur est en agonie au iardin pour les apprehensiōs de la mort, & ceste crainte luy espreint le sang & l'eau par vne sueur vniuerselle non iamais oüye, voila la ratiocination. O combien doy-ie plus redouter ce passage suiuy d'vn iugement definitif, d'vn bien ou mal eternel, voila l'Affection: donques ie brideray desormais mes mauuaises mœurs, & me contiendray dans les termes de mon deuoir par ceste salutaire crainte de Dieu, voila la Resolution. Cette concatenation est fort vniforme, vous diriez presque que c'est vn syllogisme ou argument, dont la premiere proposition est le Raisonner, la seconde l'Affectionner, & la conclusion & closture se Resoudre.

Sur tout, Angelique, cherissez precieusement vos Resolutions: car c'est la prunelle de l'œil de l'ame, le grand profit, & comme le total de l'Oraison.

Soit qu'elles soient generales ou particulieres, & vous les particulariserez tant que vous pourrez (selon mon aduis) souuenez-vous-en apres l'Oraison pour les mettre soudain en œuure, battez le fer tandis qu'il est chaud, ne laissez pas tiedir & refroidir vne si saincte ardeur, la terre arrosée ou abbreuuée de la pluye, *& qui ne produit rien*, dit Sainct Paul, *est proche de la malediction*. C'est faire vne Oraison non seulement vaine & frustratoire, mais qui pis est, qui se tourne en peché, car c'est se rendre coulpable & digne de peine, de voir & sçauoir la volonté du maistre, & ne la faire pas.

Quand se doiuent faire ces actes d'Affection & Resolution.

CHAP. XIII.

ILs se peuuent faire ou au cōmencement de la Ratiocination, s'entend en conioignant l'action de la Volonté à celle de l'Entendement, en poussant ou roulāt vn discours affectif, c'est leur faire tirer pas à pas mesme ioug, comme par exemple, qui diroit au premier point: helas! Seigneur, vous vous humiliez profondement, & ie ne m'abbaisseray pas! non mon Sauueur il ne sera pas ainsi, si vous vous couchez contre terre, ie me veux cacher sous la terre, & abysmer dans le centre de mon rien. Apperceuez vous pas en ce peu de lignes, que l'affectiō & la resolution sont meslées auec la ratiocination? Ceste façon n'est point trop mauuaise, elle est libre & de grande esmotion, car elle serre le cœur de prés.

Le meilleur temps est, si on peut garder l'ordre, & se tenir iuste dans les arçōs de la methode proposée, à chaque point de Consideration, de faire de suitte ces trois actes de Ratiociner, Affectionner & Resoudre.

Car pour dire le vray, ie n'ay iamais peu condescendre à l'opinion de ceux qui veulent que les Affections & Resolutiõs se facent apres les trois poincts de Ratiocination, parce que ce seroit s'abstreindre à prendre tousiours trois poincts de Consideration, bien que quelquefois vn seul suffise pour parfournir l'heure entiere de la Meditation, comme sçauent trop mieux les experts.

Ioint que cela broüille la memoire apres auoir discouru sur trois poincts differens, de venir à reprendre les brisées du premier pour y coudre des Affections & Resolutions, & ainsi des deux autres.

D'abondant, si vous raisonnez pour esmouuoir vostre Affection, pourquoy passerez vous à vn autre subject quand vous estes proche de l'esclorre ? à quoy faire sautiller ainsi de branche en branche ; & quitter vn poinct auãt qu'en auoir espreint le suc & la quint'essence.

Si vous m'en croyez, Angelique, vous ne ferez pas ces incartades, si vous ne voulez embroüiller merueilleusement voſtre esprit. Quãd vous aurez empoigné vn point de Consideration, discourez, affectionnez, & resoluez vous dessus, filez-le iusques au bout, de là vous passerez au second, où vous ferez les mesmes trois actes, & au troisiesme s'il est besoing. Ie tiens celle la pour la meilleure forme.

Fin du troisiesme Liure.

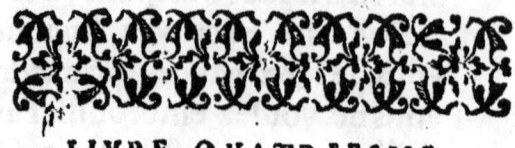

LIVRE QVATRIESME,

QVI EST DE LA CONCLVSION,

Troisiesme Partie de l'Oraison.

Importance de ceste Partie.

CHAPITRE I.

LE commencemét, dit on, est la moitié de l'œuure, mais la fin en est le couronnement: c'est vn grand aduantage de bien commencer, mais le tout de bien finir, si le commencement est la base & le plinthe, la fin est le chapiteau ou la corniche de la structure.

Côme l'arbre tombe, il demeure: selon que l'Oraison finit bien elle profite.

Policlete excellent statuaire, disoit que le plus mal-aisé de sa besongne estoit, quand il en estoit venu aux ongles. Et Appelles reprenoit en Protogenes, qu'il ne pouuoit tirer son pinceau de dessus sa toile, ny donner la derniere main, lisseure & polisseure à ses portraicts.

Il est aisé d'entrer en la Meditation, mais de la finir comme il faut, & l'arrondir dans les termes de l'honneste, & de l'vtile pour la fermer auec decence & profit, c'est où gist le point de la difficulté.

Plusieurs ne s'y sçauent pas bien conduire au progrez, & c'est faute de la sçauoir bien entreprendre & commencer; d'autres qui s'y comportent droittement, n'en tirent pas tant de fruict qu'ils esperent, &
souuent

souuent, c'est pour les manquemens de la fin.

Et pourtant n'est-ce pas sans grande raison, que le Sage en l'Ecclesiastique a dit, *que la fin de l'Oraison est meilleure que le commencement.* Car elle est vn miel qui a toute sa bonté au fonds, & en sa fin: celuy qui n'en sort nettoyé, comme d'vn bain, & eschauffé comme d'aupres d'vn feu, & esclairé comme d'aupres vne lumiere, mais qu'a-il faict, *sinon battu l'air, & dormy vn sommeil spirituel, apres lequel il ne trouue rien en ses mains?* L'Entendement assez remply de cruditez, mais la Volonté entierement creuse & vuide.

La forme d'vn discours comme d'vn iauelot, consiste en la pointe de sa conclusion: ce qui vous doit faire recognoistre, Angelique, l'importance de ceste troisiesme partie de l'Oraison Mentale que i'appelle Conclusion.

X

Laquelle embrasse en soy trois actes principaux. Le premier est l'Action de grace ou le Remerciement. Le 2. l'Oblation ou Offrande. Le 3. la Petition ou Demande, que ie me prepare de vous declarer.

De l'Action de graces,

Premier point de la Conclusion.

CHAP. II.

Omme ce seroit vne faute de se mettre brutement & brusquement à table sans benir la viande, & vne manifeste inciuilité de s'y asseoir sans lauer la main, aussi est-ce, comme nous auons dit, *vne façon de tenter Dieu, que de se mettre en l'Oraison sans preparer son ame.*

De mesme seroit-ce vne crasse

& supine obmission de se leuer du repas sans recognoistre Dieu de ses biens, & vn manquement notable de sortir de la spirituelle refection de la Meditation, vraye pasture de l'ame, sans rendre action de graces à la diuine Majesté, qui nous a daigné donner audience, nous admettre à son familier pourparlé, nous consoler de ses inspirations & visites, & nous donner dequoy penser.

Car autrement que pourrions-nous penser de nous comme de nous? Certes rien, d'autant que nous n'auons rien (non pas mesmes vne simple pensée) que nous ne l'ayons receu, & si nous l'auions receu, il on faut recognoistre l'autheur, & en gratier la diuine bonté qui nous l'a participée: *** *** *** *** *** *** *** recevés peignoés de vos Charites, l'vne tournée comme donnant, doux retournées comme recognoissantes, pour apprendre à rendre les dou-

X ij

bles graces pour vn bien-faict. C'est *le triple lien* du Sage, qui enlasse les ames, & Seneca qui a dit que l'inuenteur des bien-faicts auoit trouué les chaisnes pour captiuer les cœurs, deuoit à ces premieres cordes, adiouster les secondes qui sont les affectueux remerciemens, lesquels s'ils sont de franc-alloy, semblent vne monnoye bastante pour surpayer les plus insignes beneficences, *c'est presque rendre le biē faict*, dit le mesme Seneque, *de le deuoir librement*, & le recognoistre ingenuëment de toute l'estenduë de son ame, c'est le reciproquer.

Dieu à qui on ne peut iamais rendre le change, dit Aristote, pour tant & tant de biens que sa main liberale verse continuellement sur nous, ne demande autre chose qu'vne humble recognoissance & action de graces.

Encores tourne-elle à nostre grand aduantage: car c'est la vraye clef pour *nous introduire dans les celiers de l'Espoux*, voire dans ses plus riches tresors. C'est descouurir en luy *la veine d'eau vifue & intarissable*, c'est l'imiter, voire le presser à nous redonner de plus beau. Car il se plaist à semer le grain de ses faueurs en des terres fertiles: i'entéds en des cœurs pleins de recognoissance & d'amour. *Courage*, dit-il, *bon seruiteur & loyal, parce que tu as esté fidelle sur peu, ie te constitueray sur beaucoup.*

Souuét vne petite medecine guetit vn grand mal, & rendre graces à Dieu des moindres choses nous attire de grands biens de sa part, dit S. Iean Damascene.

Bien qu'à proprement parler, le moindre bien qui nous soit donné de Dieu, ne puisse estre appellé petit, à raison de celuy qui donne *dont la grandeur est infinie.*

Vn soldat Romain ayma mieux vn bracelet d'argent de la main de

X iij

Scipion General de l'armée, qu'vne lame d'or de celle de Labienus Capitaine particulier, ainsi la moindre inspiration & consolation du ciel vaut mieux que tous les biens de la terre. Pource Dauid disoit qu'il aymoit mieux *vne parole de Dieu en l'oreille, que du miel en la bouche*, & *qu'il la tenoit plus precieuse que l'or ny le topase*. Et de plus qu'il estimoit *vn iour meilleur en la maison de Dieu, que mille dans les tabernacles des pecheurs*.

Nous deuons donc accueillir tout ce qui nous vient de la parole Dieu auec grande recognoissance: comme Saincte Elizabet reputa à signalée faueur la visite de la glorieuse Vierge sa cousine.

L'Espoux touche seulement la porte de la chambre de son Espouse, & *elle tressaut d'aise* à ceste menuë faueur. Auec combien plus de ressentiment doit vn cœur vrayement bien né receuoir vne visite interieure en l'Oraison ? auec quel accueil l'embrasser, auec quelle action de graces la sauourer?

O que ces mammelles du sainct Espoux, qui sont ses diuines faueurs, *sont beaucoup meilleures que le vin* des mondaines douceurs! le vin ne coule pas tousiours sous le pressoir, il ne vient qu'à force & par espreintes: mais plus vne mammelle est succée, plus elle se remplit & deuient feconde, telle est la grace de Dieu, telle la pauureté du monde qui n'a que des plaisirs momentanés, encores qui se tirent auec empressement. *Soyons donc memoratifs* (par vne saincte recognoissance) *de ces mammelles, plus que du vin.*

L'enfant qui remercie gentiment sa mere d'vn morceau, la conuie à luy communiquer quelque autre friandise.

Le flãbeau fumãt est aysémét r'allumé, à peine a t'on remercié Dieu d'vn bien-faict, que soudain il en depart vn autre, voire & plusieurs autres, & en si grand nombre, que l'ame reste toute hôteuse de se voir accablée de tant de faueurs, & en rougit en son interieur, pource les ioües de l'Espouse sont-elles comparées au Cantique, à l'entr'ouuerture *d'une pomme de grenade.*

Mais que faire à cela, sinon imiter les fleuues, qui tirans leur origine de la mer y roulent le tribut de leurs eaux? Ainsi, dit le deuot Sainct Bernard, deuons-nous rendre à Dieu par vne humble recognoissance les faueurs qu'il nous depart, voire les moindres pensées, car ce sont ces *cheueux qui frappent son cœur. La cogitation de mon cœur est deuant vostre face, ô mon Dieu,* disoit le recognoissant Dauid.

Les yeux de l'Espouse sont appelez *Colombins*, pource que cet animal à chaque grain qu'il bequette en terre, leue les yeux vers le Ciel comme en signe d'action de graces.

Quoy que vous faciez en parolle ou en œuure, dit Sainct Paul aux Colossiens, *faictes le tout au nom de nostre Seigneur, rendans graces à Dieu le Pere par luy*, & cela tout sur le chāp: car c'est payer comptant. *En toutes choses*, dit le mesme Apostre aux Thessaloniens, *rendez graces à Dieu, car telle est sa volonté.*

En l'ancienne loy, comme il appert au Leuitique, il estoit deffendu de reseruer au lendemain aucun morceau de la chair victimée en action de graces, pour monstrer à ne differer vn si honneste & ciuil remerciment.

Nostre Seigneur ayant faict ce grand miracle de la multiplication des pains au desert, en fit colliger douze cophins de reste, pour seruir de memorial d'vn acte si signalé, & d'esguillon à exciter tout ce peuple à vne solemnelle action de graces.

Comme jadis pour souuenir de la deliurance d'Egypte, & de ses liberalitez au desert, il voulut que la verge de Moyse & la manne, fussent mises dans l'Arche au Propitiatoire.

Et ie vous prie, n'est-il pas vrayement digne, iuste, equitable & salutaire, de luy rendre en tout temps & en tout lieu des actions de grace, puisque *tout don de sagesse & d'intelligence nous vient d'enhaut du Pere des lumieres*?

Le rayon qui perce la vitre vient-il du verre? l'eau qui arrouse les parterres d'vn iardin, prouient-elle du conduit & canal de plomb? l'escriture ou la peinture naist-elle de la plume ou du pinceau? Loüons & remercions Dieu, Angelique, car c'est luy qui *illumine nos tenebres*, qui humecte nos ariditez, qui trace en nos ames de belles & bonnes idées. *C'est luy qui opere en nous tout ce qu'il y a de bon*; n'est-il pas bien seant que par le retour d'vn honorable remerciment, ce bien reprenne son principe?

Et ne faut que vous vous imaginiez, Angelique, ce Remerciment ne deuoir estre faict que quand le succez de la Meditation aura heureusement reüssi, *il faut benir Dieu en tout temps, & auoir tousiours sa loüange en la bouche.* En temps de consolation loüez-le de l'abondance; en temps d'aridité que vostre patience le loüe, n'est-ce pas tousiours vne grande grace & vn honneur singulier, d'auoir essayé de luy faire seruice. *Il n'est rien de plus sain,* dit le Pere à la *bouche d'or, qu'vne langue qui sçait rendre graces à Dieu és aduersitez, certes, elle n'est point inferieure à celle des Martyrs, & l'vne & l'autre sont esgalement couronnées.*

De quelle façon donc qu'aye succedé la Meditation, iamais n'obmettez vostre action de grace, si biē

vous le deuez, si mal, cela inuitera
Dieu recognoissant vostre fidelité
& perseueráce, à vous gratifier vne
autre fois de quelque aumosne spirituelle.

Or cet acte de Remerciment
selon la doctrine de S. Thomas, fluë
par deux canaux, la loüange du biéfaicteur; & l'estime du bien-faict,
c'est ce *sacrifice de loüange*, dont parle
Dauid, & le *sacrifice du veau des leures* chez le Prophete Osée.

Il y a des Pseaumes entiers dressez sur cet acte, comme ceux-cy:
Benissez mon ame le Seigneur, & tout ce qui est en moy, benisse son sainct nom: &
cet autre: *Loüez le Seigneur toutes gés, loüez-le tous peuples.* Le Cantique de
la tressaincte Vierge, celuy des trois
enfans, & celuy de Zacharie, sont
excellens en ce subiect. Comme aussi le chant des vingt & quatre vieillards, qui disoient deuant le throsne de l'Agneau en
l'Apocalypse, posans leurs cou-

ronnes à ses pieds en signe de Recognoissance. *Benediction & clairté & sagesse & action de graces, honneur, vertu & force à nostre Dieu és siecles des siecles, ainsi soit il.*

Fondement de cette Action de graces.

CHAPITRE III.

VOSTRE Remerciment, Angelique, sera ou general ou particulier. Si general, vous rendrez graces à Dieu de tous ses biés passez, presens & futurs. Principalement de tous ses benefices, comme de Creation, Conseruation, Redemption, Vocation, Predestination, & autres : si vous desirez les bien recognoistre, pour les estédre par apres en vostre Oraison, lifez la sixiefme partie des Meditations du P. Louys du Pont.

Et ne faut pas, mon Angelique, pour estre ces bien-faicts communs à tous les hommes que vous l'en remerciez moins affectueusement, vous les deuez considerer comme faicts à vostre particulier, & comme s'il n'y auoit que vous au monde à qui Dieu les elargist, car comme le Soleil luit esgalement pour vne seule personne, que pour plusieurs, ainsi les bien-faicts diuins se communiquent aussi entierement à chaque particuliere personne que s'il n'y auoit qu'elle en tout l'Vniuers. *C'est le propre du fidelle Chrestien, dit Sainct Chrysostome, de reputer les diuins benefices faicts à soy seul, s'en constituer debiteur & responsable;* ainsi faisoit Sainct Paul qui applique à soy seul le benefice de la Redemption de tout le genre humain operé par la mort du Sauueur, disant, Ie vis maintenant en la Foy du Fils de Dieu, qui m'a aymé, & s'est donné pour moy. Pource en la parabole du bon Pasteur cherchant sa brebis, il n'est parlé que d'vne, parce que nostre Seigneur depart ses bien-faicts à vn, comme à tous, & à tous comme à vn.

Si vostre Remerciement est particulier faites reflexion sur les speciales obligations dont vous estes redeuable à la diuine Majesté, pour vos biens de corps, d'esprit, de fortune, interieurs, & exterieurs, & l'en remerciez comme aussi des maux, malheurs, & meschefs qu'elle auroit destournez de dessus vostre teste, voire mesmes rendez luy graces de ses bié-faicts secrets, & occultes, & qui vous sont incognus, lesquels sont innombrables.

Mais sur tout vous tascherez de

dresser vostre Action de graces sur le subject de vostre precedente Oraison. Comme par exemple, Si elle a esté de l'enfer, remerciez N. S. de ce qu'il vous a faict la grace de vous y faire *descendre en viuant*, par pensées, *affin de vous garder d'y aller en mourant.*

Si de la Passion du Sauueur, remerciez-le de ce qu'il vous a sauué par ses peines, *& merité vne si surabondante, & copieuse Redemption.* Si du Iugement, remerciez Dieu de ce qu'il vous a inspiré de *preuenir sa face en confession, & anticiper en vous iugeant vous mesmes, vous faisant signe de fuir deuant la violence de cet arc.* Si de quelque vertu remerciez-le de vous en auoir faict voir la beauté & donné le desir de l'acquerir. Si de quelque sentence ou verité, rendez luy graces de la lumiere qu'il vous a communiquée pour la bien penetrer.

Principalement, Angelique,

remerciez Dieu auec grande ferueur des saintes Resolutions, que vous auez par son ayde formées en voſtre Meditation: Recognoiſſez que c'est le bel arbre de vie, qui porte des fruicts d'immortalité, que N. S. de sa main propre a daigné enter sur le tronc sauuage de voſtre cœur, beniſſez le dix mille fois d'auoir daigné mettre en voſtre ame ce germe, cette semence, cette racine de tout bien. *Ce sont les cheres pensées de paix que Dieu a pensées sur vostre cœur.* O Resolutions que vous eſtes precieuses, eſtans filles d'vn tel pere! *Gloire à Dieu és lieux tres-hauts, & en terre paix aux hommes de bonne volonté, Seigneur nous vous loüons, nous vous beniſſons, nous vous adorons, nous vous rendons graces pour vostre grande gloire.*

Vous prendrez garde auſſi, Angelique, à n'employer tous les jours à la fois, toutes ces actions de graces: car outre que l'identité de la repetition vous attedieroit, encores leur multiplicité les rendroit d'autant moins energicques, que moins vous y auriez d'attention. Si vous m'en croiez, l'Action de graces d'vne chose vous suffira pour chacque Meditation, ou bien tout au plus sur chacque point de Consideration vous formerez vne Action de graces, & cela auec viuacité, ferueur, & briefueté.

Patron de cet Exercice.

CHAP. IV.

IL seroit autant inutile que long, Angelique, de vous dresser des Pratiques, & Exemplaires sur toutes les causes, & fondemens d'Action de graces, que ie vous viens de descouurir. Contentons

L'ORAISON MENTALE. 499
nous d'en tracer sur les trois points
de nostre Meditation de l'Agonie
du Iardin.

Au premier vous remercierez
ainsi le Sauueur de son humilité.
Mon Sauueur si ie vous dois remercier de vostre gloire, combien
plus de vostre abiection entreprise
pour mon Amour? Que toutes les
creatures qui seront iamais ne
sont elles iconuerties en langues,
pour *loüer*, *& surexalter au temps*
& en l'eternité, vn si admirable
abbaissement? *Mon ame loüe ton*
Seigneur, ouy ie le loüeray en tou-
te ma vie, ie chanteray au Seigneur
tant que ie seray. Mon ame magnifie ton
Dieu, & que mon esprit se resioüys-
se en luy, mon salutaire, parce que
Dieu le Pere a regardé *l'humi-*
lité de son Fils. O Patron des humbles, ie vous rends mille & mille
graces du parfaict exemplaire,
que vous proposez à mon imita-

sion, J'admire ces glorieux Mysteres de voſtre triomphante Reſurrection, & excellente Aſcenſion, mais j'eſtime d'autant plus voſtre aneantiſſement, & humiliation qu'elle vous faict ſouffrir, *contradiction en vous-meſmes*, abbaiſſant celuy à qui eſt deu tout honneur & gloire és ſiecles des ſiecles.

Pour le regard du ſecond point qui eſt de la parfaitte Reſignation de N. S. vous ferez l'Action de graces ainſi. Ie vous remercie de tout mon cœur, mon treſ-doux Ieſus, de ce que pour mõ Amour vous auez renoncé à vous meſmes embraſſant la Croix, pour ma ſaluation, & choiſiſſant le Calice d'amertume pour operer la purgation de mes fautes. O qui pourroit aſſez hautement loüer cette excellente abnegation de propre volonté ! par laquelle vous vous domptez vous meſmes, & commencez la destruction de l'enfer, dont le feu ne brule que les volontez propres. Voy comme la volonté humaine ploie soubs la diuine, luy faisant hommage de soy, ô comment doy-je priser cette sublime vertu en mon Sauueur, & quelles plus dignes graces luy peux-ie rendre, qu'en l'imitant, & redressant mes rebelles volontez, au iuste niueau de la sienne? benie, louee, & surexaltee soit à iamais vne telle abnegation: ô que la sainte *volonté de Dieu soit faite* en tout, & par tout.

Le troisiesme point est de la sueur sanglāte causee par la crainte de la Mort, duquel symptome excessif vous le remercierez ainsi. O beau sang espreint & espanché par la bourelle main d'vne mortelle apprehension, quelle langue ie ne diray pas humaine, mais Angelique, seroit bastante de vous priser? *O grand prix* de nostre Redemption, qui me conuertira tout en

langue, pour vous benir, & exalter
qu'elles graces vous rédray-ie sanglant Espoux de mon ame, pour
cette inestimable rançon, qui me tire des geolles de l'enfer, & me deliure *des ardeurs sempiternelles*? O mõ
bon Dieu, vos faueurs sont telles
qu'il faut que i'é meure, & demeure ingrat: ouy quant à la reciprocation: mais non ia quant au ressentiment, non ia quant au ressentiment, car ie les veux ressentir de
toute l'estenduë, de toute la capacité, de toute la portee de mon ame, je les veux retentir de tout l'esclat de ma voix. *Venez donc, ô toutes*
gens, & ie vous narreray combien grãdes sont les choses que Dieu a faictes à
mon ame, benissez, ô mon ame, vostre
Dieu, & n'oubliez iamais toutes ses tribulations. Il soit loué à iamais de ce
qu'il a graué en toy, ô mon cœur,
sa sainte crainte qui demeure au siecle
des siecles, crainte qui te conduira
au ciel, si tu la sçais mesnager: car
il est escrit. *Bien-heureux l'hom-*

me qui est tousjours craintif: & encores. Bien-heureux tous ceux qui craignent le Seigneur, qui cheminent en ses voyes, & derechef. Bien-heureux l'homme qui craint le Seigneur, il desire grandement accomplir ses commandemens.

Ces eschantillons vous suffiront Angelique, pour tailler dessus toutes sortes d'Actions de graces.

De l'Oblation.

Second point de la Conclusion.

CHAP. V.

L'Entresuitte de ces deux actes est fort aysée & naturelle, car pour peu que soit bien paistry vn cœur, il est impossible aprés auoir recognu tant de bien-faicts en son Action de graces, qu'il ne se porte à ce sentiment genereux, qui faisoit chanter à Dauid *Que retribueray-ie au Seigneur, pour les biens dont il m'a surcomblé?*

Quel est celuy, qui selon la forme de l'ancienne Loy ne se face volontiers percer l'oreille, pour demeurer esclaue perpetuel d'vn si bon Maistre? le seruice duquel est preferable à vne royauté. *Seigneur vous n'auez point voulu de sacrifice ny d'oblation: mais vous m'auez donné des oreilles.* Voila, que ie les perce en signe de perpetuelle seruitude, *pour estre à iamais vostre seruiteur, comme ie suis le fils de vostre seruante*, disoit le grand Roy des Penitens.

Que si le ieune Tobie ne sçauoit qu'offrir à son cõducteur l'Ange Raphaël, pour l'auoir si heureusement guidé en Rages, & r'amené sauf à trauers tant de perils, que pourrons-nous presenter à ce bon Dieu nostre *Ange de grand conseil, qui*

qui nous deliure de tant de maux tous les iours, qui nous comble de tant de biens, qui retire nos ames de la mort, nos yeux des larmes, nos pieds du trebuschement.

I'ay dict au Seigneur, vous estes mon Dieu qui n'auez que faire de mes biens. Ie sçay que vous ne mangerez pas la chair des taureaux, ny ne beurez le sang des boucs, que vous ne receurez, ny les veaux, ny les cheures de nos troupeaux, il vous suffit que nous vous immolions des sacrifices de loüange, & que nous vous rendions nos veux, vous ne vous souciez pas des bœufs, ny ne vous delectez pas aux holocaustes, ny aux boucheries des hecatombes, le sacrifice qui vous aggrce le plus, c'est l'esprit confus de ses fautes, vous ne mesprisez point le cœur contrit, & humilié.

Sus donc enfans de Dieu apportez au Seigneur apportez luy des Agneaux: c'est à dire des oblations pacifiques, vous qui estes autour de luy apportez *des presens. Il est deffendu d'abborder ce Seigneur les mains vuides.* O Angelique, *si vous auez vostre ame en vos mains*, le riche present, que vous en pouuez faire à sa diuine Majesté: car c'est tout ce qu'elle desire, disant auec cet ancien Roy *donnez moy les ames, & gardez tout le reste.*

Il nous a donné tout l'vniuers en fief à la charge d'vn denier de censiue, qui est nostre cœur, poureu qu'il porte la *superscription* de sa grace.

C'est cette esgale oblation du cicle, que Dieu requeroit des Israëlites, tant pauures que riches, pour la fabrique du tabernacle, car toutes personnes de quelque qualité qu'elles soient peuuent faire cette Offrande aisée, & aduantageuse: aisée, car est-il rien plus facile que d'aymer, aduantageuse? car nostre ame est perfectionnée par l'object du diuin Amour.

Amour qui de sa nature est tresliberal, ains prodigue: car comme dict le sainct Espoux : *Si l'homme donnoit toute sa substance, pour la dilection, il penseroit n'auoir rien baillé.*

C'est cet Amour qui pressant le cœur des Apostres, & de leurs sectateurs, leur faisoit *quitter tout & vendre tous leurs biens & les distribuer aux pauures pour suiure N. S.* auec moins d'empeschement.

C'est cette Charité qui conuia cette pauure veufue, tant louée en l'Euangile, de ietter ses deux deniers, grande partie de son auoir, dans le Gazophilace, action qui peut estre imitée mystiquemēt, offrant à Dieu nostre corps, & nostre ame, ou bien nos deux parties inferieure, & superieure.

Les Mages n'eurent pas plustost adoré le Fils de Dieu en la creche, que soudain leur affection les porta à luy faire des presens selon leurs qualitez. Il fault tascher de les imiter, Angelique, offrant à Dieu apres l'auoir loüé, & adoré en l'Oraison l'encens de nostre entendemét, la myrrhe de nostre memoire, & l'or de nostre volonté.

Voiremét c'est bien peu que tout ce que nous pouuons offrir à vne si haute Majesté : mais aussi disent SS. Chrysostome, & Gregoire de Nazianze, *comme Dieu n'est indigent de rien, aussi ne regarde-t'il pas tant à la valeur de l'oblation, qu'à la volonté de l'offrant.*

Il considere le cœur auant l'offrande, *ainsi regarda t'il à Abel & puis sur les presens,* ayant plus d'esgard dit S. Gregoire, *à celuy qui donne qu'à ce qui est offert.*

Il acceptoit toutes sortes d'offrades au tabernacle iusques aux choses plus viles, comme des peaux de mouton, des bois, des huilles, des poils de cheure, combien plus volōtiers receura *il les holocaustes moëlleux de nos cœurs*, qu'il demāde auec tant d'instance disant: *Mon fils donne* moy ton cœur.

Ie laisse tout le reste à ta mercy, disoit *Dauid à Ioab: mais garde moy l'enfant Absalon.* Ainsi Dieu laisse à nostre disposition toutes les choses creées, sur lesquelles il a donné à l'homme vn Empire vniuersel: mais il s'est reserué le bel Absalon aux blonds cheueux, qui est nostre cœur auec ses saines Affections.

Et certes ayant cette piece il a tout: car c'est le centre, la racine, & le fonds de toutes nos operations, & comme le fondement de nostre estre.

C'est nostre premier nay (car le cœur est le premier viuant en nous) & pource, qui doit estre consacré à Dieu, comme iadis les aisnez en Israel.

Ie vous coniure mes freres, dit le grand Apostre, *par la misericorde de Dieu, que vous offriez vos corps à Dieu hosties viues, saintes, & agreables.* Le pauure Æschines chez Seneca, qui se donna soy-mesme, pour esclaue à son precepteur Socrates, n'ayant rien dequoy le recompenser par les bôs estimateurs, fut recognu auoir donné plus qu'aucun de ses condisciples qui n'auoient eslargy que leurs facultez : mais luy sa propre persône: il se trouue plus de gés qui donnêt leur bource que leur cœur, leurs moyens aux pauures que toute leur affection à Dieu.

Et c'est en ce point, que gist le faiste de nostre oblatiō cordiale, voire & là cime de la perfectiō Chrestienne: ô le grand mot quand on le peut dire en verité auec Dauid, *Seigneur ie suis entierement vostre, vous m'auez formé & façonné, ne mesprisez pas en moy l'œuure de vos mains*, qui s'offre à vous, comme à son facteur, nul ouurier desaduoüe sa facture, nul Pere son fils, *ne me reiettez donc pas de vostre face, ô mon doux plasmateur, ô mon tres-amiable Pere*.

Matiere d'Oblation.

CHAPITRE VI.

COmme l'Action de graces, mon Angelique, aussi l'Oblation sera, ou generale ou particuliere.

Si generale, offrez à Dieu les merites de son Fils *Iesus*, c'est l'Oblation des Oblatiõs, & celle qui mõte sans cesse vers le Ciel en odeur de suauité, & ne faut pas que nous estimions cette Oblation estre chose tierce, car comme *Dieu a donné la terre aux enfans des hommes,* aussi N. S. nous a donné tous les merites de ses souffrances: c'est nostre part, nostre heritage, nostre legatiõ testamẽtaire, nostre richesse, nostre thresor spirituel, pourueu que le peché ne noº rẽde indignes, & inhabiles d'apprehéder cette succession: *car ce n'est pas à faire au pecheur disgracié de narrer les iustices diuines, & d'alleguer ce testament par sa bouche, parce qu'il hayt la discipline, & reiette la parolle de Dieu.*

En consequence de cette oblation, offrez à Dieu les merites de la tressacrée Vierge, & de tous les Saints, qui ont eu cette grace, par *Iesus-Christ*, de meriter quelque chose deuant sa diuine Majesté.

Offrez luy les loüanges des Anges, des ames bien-heureuses du Ciel & des pieuses de la terre, celles de toutes les creatures, offrez lui *tout l'vniuers, & sa plenitude: car tout est à luy.*

Si l'Oblation est particuliere; Offrez tout vostre estre à Dieu pour en disposer selon son bon plaisir.

Offrez luy tous vos biens en special, les temporels comme, possessions, or, argent, meubles, honneurs, estats, dignitez, rentes, maisons, noblesse, parens, amis. Les corporels, comme vos sens naturels, vostre santé, vostre industrie, vostre force. Les spirituels, comme vostre ame, vostre science, offrez-luy vos pensées, paroles, & œuures affin qu'il les dresse à sa gloire.

Offrez luy ce peu que vous auez iamais fait de bien, comme prouenant de luy qui l'a *operé en vous*, ainsi que les vainqueurs appendent aux Eglises les trophées, & les enseignes conquises, pour r'apporter leurs victoires à Dieu.

O Dieu, Angelique, *la bonne negotiation*, & la lucratiue traffique que ces offrandes, où nous donnons nostre rié, pour auoir le tout, le perissable, pour l'eternité! ô combien elles nous attirēt de graces du Ciel, pourueu qu'elles soient faites viuement, attentiuement, cordialement, courageusement, entiere-

ment, ioyeufement, fidellemét, cõ-
ſtamment.

N'oubliez pas auſſi à offrir vos
cheres reſolutiõs tout chaudemét,
& à leur naiſſance, ſi voꝰ offrez voſtre determinatiõ, ne doutez point
que la diuine aſſiſtance n'y ioigne la
grace de l'execuciõ, n'eſt-ce pas peſ-
cher vtilemét, que d'attirer le poiſ-
ſon de l'œuure, pour le mouſcherõ
du deſir? auſſi eſt-ce Dieu *qui réplit
de biens nos deſirs*, les conuertiſſant
en bonnes œuures.

C'eſt imiter Dauid qui appendit
au tabernacle le glaiue de Goliath,
car c'eſt noſtre reſolution qui aſſi-
ſtée de Dieu ſurmonte toute tétá-
tiõ, immolõs luy donc ce cher Iſaac
ſur la montaigne de l'Oraiſon.

Puis qu'il l'a inſpirée à noſtre
cœur, qu'elle reioigne par l'oblation ſon principe, & diſons à ce cher
Eſpoux *qu'il deſcende en ſon iardin,
noſtre interieur, & y mange le fruict
de ſes pommes.*

La Resolution, c'est l'enfantemēt & le part de nostre volonté: consacrons la à Dieu comme iadis Anne son fils Samuel.

Offrez luy donc les Affections & Resolutions que vous aurez formées en vostre Meditation: *car c'est la moëlle du Cedre de l'Oraison dont se repaist ce grand Aigle, qui a son nid és lieux tres-hauts.*

Oblations formées.

Chapitre VII.

Si vous voulez vne monstre de ces oblations, Angelique, voicy que ie l'ay formée sur les trois points de nostre Meditation exemplaire.

Au premier point vous pourrez offrir au Pere la profonde humilité du fils, & dire ainsi. *O Dieu à qui l'oraison des doux, & des humbles a tousiours pleu.* Voicy que ie vous presente la plus humble, & profonde prostration qui fut iamais faite deuant le throsne, par le doux, & humilié Iesus : c'est pour la satisfaction de mon orgueil, & de ma vanité, qu'il se rauale ainsi, toutes ses actions, ce sont autant d'holocaustes pour moy, *regardez donc non mes pechez, mais la face de vostre Christ prosterné*, contemplez le Ciel de son humanité, qui se courbe contre terre, affin que la terre de ma misere s'esleue vers le Ciel : *le voyez vous humilié, mesprisé, le rebut, & la ballieure* du monde affin de me faire estimer deuant. Voila pas l'orgueil de ce presomptueux Lucifer bien contrepointé, qui pour s'estre voulu esleuer *par-dessus les nuées*, a esté abysmé dans le centre de la terre maintenant ce Soleil d'Orient s'abbaisse contre la terre qui en sa triomphante Ascension se guindera dans les Cieux. Ie vous offre comme vn parfum tressoüef *ceste vergete de fumée, qui monte du desert* de ce iardin de douleurs. Permettez que ie me confonde en cette abiection de mon maistre, & que ma confusion meslée à son humilité, trouue grace deuant les yeux de vostre immense misericorde.

Au second point, vous offrirez ainsi la Resignation de N. S. *Mon Pere, vostre volonté soit faicte, & non la mienne.* Ce sont les caracteres d'or qui tracent ceste parfaitte Oraison, la plus accōplie qui fut iamais, que ie presente deuant vos yeux, ô Pere debonnaire. Voirement n'est-ce *pas là ce fils bien-aymé, auquel vous prenez vostre bō plaisir?* puis qu'il ne veut que ce qu'il vous plaist: & commēt vos volontez pourroient-elles estre diuerses, puis que vous ne respirez qu'vn mesme Amour, & n'auez qu'vne mesme essence? Quand sera-ce *mon doux Iesus*, que par vne sainte conformité de ma volonté rebelle à la vostre tres-belle, sera accomplie en moy cette priere que vous faisiez autrefois pour moy à vostre Pere, que ie fusse vn en charité auec vous & mon prochain, comme vous estes vn auec vostre Pere. O mon Createur, en attendāt qu'il vous plaise redresser mes volontez esgarées à cet infaillible niueau, receuez au moins ceste mesme protestation que ie vous crie par la bouche, en laquelle n'y eut iamais *ny dol ny mensonge*, qui est *que vostre volonté soit faicte non la mienne*. Accueillez de vostre pieté cette renonciation que i'ay faicte de moy-mesme en vos paternelles mains: & la fortifiez en sorte que ceste donation soit irreuocable: non ie ne veux plus de ma volonté, ie la vous offre & donne, & s'il y a quelque secret ressort de volonté reseruée qui me soit incogneu: arrachez du terrain de mō cœur ceste mauuaise racine, *car toute* plâte qui n'y sera plâtée de vostre volonté sera tousiours par moy estimee bastarde & adulterine. S'il me reste quelque vouloir, c'est pour l'employer à protester de ne vouloir plus rien que ce que vous voudrez.

Au troisiesme point: presentez à Dieu le desir que vous auez coceu de sa crainte, & luy dites ainsi à l'imitation du sainct homme Iob, Ie vous redoute o mon Dieu, comme les flots d'vne mer courroucée, qui me menaceroit de nauffrage. Car où pourroit-on fuyr deuant vostre face? vous penetrez les cœurs & les reims, vous voyez bien autrement que les hommes: vous profondez l'interieur, & sondez les abysmes du cœur humain. Vos yeux voyent mes imperfections, & elles sont toutes escrites en vostre liure. L'vne de fer, liure insculpé auec l'acier sur le caillou? Qui me donnera de l'eau forte, des larmes pour les effacer en les rongeant? Vous voyez mes pechez occultes, & qui me sont incogneuz, vos

voyes sont autant de iugemens, si les iu-
stes s'y sauuent à peine : que feray-ie moy misérable! O que j'ay grand sujet de craindre voyant l'innocence de voſtre fils, qui chargé d'vne coulpe non ſienne, mais miéne, ſuë le ſang & l'eau ſous l'eſpreinte de la crainte, & c'eſt ceſte crainte de mõ Sauueur à laquelle i'attache la miéne pauurette & eſperduë, que ie vous offre maintenant, ô mon bon Dieu, c'eſt ce beau ſang qui découle à gros randons autour de ſon corps, que i'employe pour les deniers de ma ſaluation, ſang bien different dé celuy d'Abel qui crioit iniuſtice, & ceſtuy-cy demande miſericorde.

De cet air, Angelique, vous pourrez faire vos Oblations.

De la Petition.

Troisiesme point de la Conclusion.

CHAP. VIII.

APres de telles Offrandes, faictes hardiment, Angelique, les Petitions ou Demādes qu'il vous plaira. Car que peut refuser Dieu à celuy, qui comme vn autre Abraham, luy a victimé son cœur, son vnique volonté, son tout?

Mais il faut *demander auec viue foy sans hesiter*: C'est à dire sans se desier de Dieu.

Auec cette fidelle confiance, les Saincts ont faict mille merueilles par leurs prieres, & obtenu de Dieu l'entherinement de leurs requisitions.

Elie à sa petition, comme par vne

clef, ouure & serre les thresors du Ciel, faict abondance, faict disette.

Moyse playe l'Egyptien, debelle Amalech, voire surmonte Dieu mesmes, & luy arrache des mains les carreaux de ses iustes indignations contre l'idolatre Israël.

Les trois enfans obtiennent le refrigere au milieu des flammes. Daniel sauue sa vie *de la gueule des Lyõs preparez à la proye*: Ezechias allonge ses iours, Iosuë allonge le iour.

- Outre ceste foy, la demande doit encores estre accompagnée comme vne grande Royne, de plusieurs autres vertus, comme d'Esperance, Charité, Humilité, Perseuerance, Resignation, Ferueur. En cet equipage elle obtient tout ce qu'elle veut.

- Dieu veut estre importuné, comme nous enseigne la parabole du Iuge inique.

Et pressé comme nous enseigne la luitte de Iacob, & ceste feinte de passer outre que fit nostre Seigneur aux Pelerins d'Emaüs, afin qu'ils le *priassent de demeurer auec eux.*

Il a les mammelles si pleines de laict, qu'il ne cherche sinon qui les vueille succer par petitions. Voicy son authentique declaration: *demâdez & vous receurez, frappez, & il vous sera ouuert.*

Il a de la gloire & des richesses inenarrables en sa maison: Dauid disoit que son ame *regorgeoit de la memoire de l'abondance de sa suauité.* Ses tresors sont intarissables, inespuisables.

Tout (ie dy tout sans exception) ce que nous demanderons à son Pere en *sort,* il a engagé sa parole *qu'il nous sera donné.*

S'il y auoit vn Roy si tres-riche & liberal, qu'il ne faluft que luy demander pour obtenir, quel est le miserable, qui faute de le requerir vouluſt croupir en ſa miſere, & demeurer neceſſiteux aupres des treſors qui ne couſteroient que le demander? Certes ce ſeroit vne trop craſſe ſtupidité.

Et encores plus grande ſeroit l'ignorãce de celuy qui diroit ne ſçauoir demander: car s'il n'y a animal qui ne ſçache chercher ce qui luy eſt ſalutaire, & fuyr ce qui luy eſt dommageable, l'homme doüé de raiſon, ſçaura-il pas au moins demander à ſon Createur ſes neceſſitez, tant pour l'acqueſt du bien, que pour la fuitte du mal?

Seigneur, diſoit ce grand Orateur, *deuant vous eſt tout mon deſir, & mon gemiſſement* poſtulatoire *ne vous eſt pas caché. I'eſpanche à voſtre aſpect ma priere, & prononce ma tribulation deuant vous.*

Le Lepreux Euangelic ſçait demander gueriſon, & il l'obtient. Le Centurion la ſanté de ſon page, la Cananée celle de ſa fille, les Ma-

ries la resurrection de leur frere,
& tout se faict. C'est bien peu de
tribut que celuy d'vne petitiõ, pour
obtenir de si grands biens: aussi celuy qui les depart n'a point de bornes à sa grandeur.

Abagarus le reclame & il est guery: l'Hemorhoisse le touche la voila
saine. On luy demande du vin en
Cana de Galilée il en baille, la faim
des peuples au desert reclame sa misericorde, il faict la multiplication
du pain. *Benit soyez vous ô mon Dieu,
qui me laissant mon Oraison ne retirez
vostre misericorde.*

Esther demande, Assuere accorde. Bersabée requiert: vous l'aurez
luy dit Salomon, ô ma bonne mere,
& quand ce seroit la moitié de mon
Empire. Et Dieu dit par le Prophete: *demande moy, ie te donneray les
gens pour ton heritage, & pour confins
de ta possession les bornes de l'vniuers.*

L'enfant prodigue crie mercy, il a
aussi tost pardon, & est restably en

sa premiere grace & dignité.

Salomon demande la sagesse & l'obtient : *& tous biens ensemble auec elle. Si quelqu'vn d'entre vous*, dit l'Apostre Sainct Iacques, *a besoin de sagesse, qu'il la demande à Dieu qui donne à tous abondamment & sans reproche, & elle luy sera departie*.

Nostre Seigneur prie pour ses ennemis en la Croix, & il est *exaucé pour sa reuerence*, car voila le bon Larron, le Centurion, & plusieurs autres qui se conuertissent.

Israël demande au desert, & le voila exaucé: *il requiert* dit Dauid, *& les cailles viennent, & ils sont rassasiez du pain du Ciel, Dieu leur mande la manne pour manger, & leur enuoye des viures en abondance, la chair tombe sur eux comme poussiere, & le gibier comme l'arene de la mer*.

Saincte Monique demande auec instance la conuersion de son fils, & enfin il deuint le cher enfant de ses larmes.

Il ne faut point qu'aucun s'excuse de ne pouuoir demander, moins de ne vouloir, car ce seroit vne trop grande impieté, car que sommes-nous deuant Dieu sinon des chetifs & mendians, *qui sans cesse auons besoin de sa grace?*

Les pauures honteux sont les plus miserables, parce qu'ils sont doublement indigens, d'honneur & de biens: ce seroit vne trop sotte honte de n'oser demander à Dieu, aussi ne regne-elle point parmy les Chrestiens.

Demande vn signe disoit Isaye à Achab, *Non feray* dit-il, *ie ne tenteray point Dieu.* O le mauuais? mon Angelique, il vouloit empescher qu'il ne fust glorifié en son seruiteur. Il y en a plusieurs qui cessēt de demāder sous ce vain pretexte de ne vouloir trop presōptueusemēt presenter des requestes à sa diuine Majesté: mais le mal est qu'ils ne veulent pas se *retirer de leur mauuaise voye, & de leurs ordures*, pour les rendre agreables à Dieu.

Ceste Petition est bien vne partie tellement essentielle à l'Oraison, que plusieurs luy donnent le nom mesme d'Oraison. S. Paul en faict vne espece quand il dit à Timothée, *Ie vous coniure de faire faire des obsecrations, Oraisons, demandes & actions de graces pour tout le monde, afin que nous viuions en paix*. Et aux Philippiens: *en toute Oraison, obsecration & action de graces, que vos demandes soient faictes deuant Dieu.*

Or vous sçauez assez, Angelique, par qui doiuent estre faictes ces demádes, c'est par l'eschelle mystique N.S. il est la porte, & nul peut aller *au Pere que par luy*, c'est en son nom que doiuent estre fondées nos Petitions.

L'Eglise nous enseigne cela en concluant toutes ses Oraisons *par Iesus-Christ nostre Seigneur*, ses merites estãs nostres, nous sommes bien fondez

fondez en ceste obseruation, il est noſtre reſpondant & caution: *n'oublions donc iamais la grace de ce cher fideiuſſeur qui a donné ſon ame pour nous.*

Ce qu'il faut demander.

CHAPITRE IX.

APres auoir veu qu'il faut demander & comment, voyons maintenant, Angelique, ce qu'il conuient demander.

Voſtre Petition ſera donc à l'inſtar des actions precedētes, ou pour le public, ou pour voſtre particulier.

Si pour le public, demandez inſtamment à Dieu l'exaltation de la ſaincte Egliſe, l'extirpation des Hereſies, & la Paix & Concorde entre les Princes Chreſtiens, ces trois choses generalles sont iugées de telle importance, qu'ordinairemét pour gaigner les Indulgences, il est commandé de requerir Dieu de ces trois graces.

Vous deuez aussi demander à Dieu le salut de N.S.P. le Pape, des Cardinaux, Archeuesques, Euesques, Pasteurs, Religieux, & de tous les Ecclesiastiques.

Quant à la Republique Seculiere, vous deuez demander à Dieu le salut, la santé & prosperité du Roy, de la Royne, des Princes, Officiers & Magistrats de ceste Couronne, comme aussi celle de tout le peuple.

Demandez à Dieu *que sa fureur se retire de dessus les oüailles de la bergerie Chrestienne, & qu'il ne nous corrige pas en son ire*, destournant de nous ses trois fleaux, de la Famine, de la Peste & de la Guerre.

Demandez-luy la cõuersion des desuoyez, tant Heretiques, Schismatiques, qu'Infidelles.

Demandez à Dieu qu'il donne la grace de reuenir au bon chemin à ceux qui sont en peché mortel.

Demandez à Dieu la conseruation de vos peres, meres, parens, amis, bien-faicteurs, voire demandez-luy auec feruçur grace pour vos ennemis, vous ne sçauriez faire Oraison qui soit pluſtoſt exaucée ny qui aggrée tant à Dieu, comme il fut dit & reuelé à la B. Elizabeth fille du Roy d'Hongrie.

O Dieu, mon Angelique, n'oubliez pas le soulagement des ames des fidelles trespassez qui sont en Purgatoire. En vos Demandes ayez grande compassion de leurs douleurs, & taschez de les en liberer par vos prieres, c'est vn acte d'extreme charité. Faictes vous par ces prieres pour les deffuncts des amis dans le Ciel qui vous reçoiuent vn iour en ces celestes Tabernacles.

Tout ce qui se peut dire & penser en faict de Demandes Generalles, est compris dans l'Oraison que N. S. nous a daigné dicter de sa beniste bouche appellée Dominicale, les sept Petitions qu'elle comprend embrassent tout. O Dieu, Angelique, le grãd & profond sens qui est en ces sainctes paroles, que j'ayme mieux vous laisser ruminer que de les estendre icy.

Si vostre Petition est pour vous en particulier, demandez à Dieu sa saincte grace, car c'est la demande des Demandes, & sans laquelle tout ce que nous prions est vain.

Demandez-luy son ayde à extirper les vices de vostre ame, & telle imperfection au peché, que specialement vous voudrez chasser de vous.

Demandez-luy son assistance pour acquerir les sainctes vertus qui sont *les carquans de l'ame*.

Demandez-luy la Perseverance au bien, le progrez en son sainct Amour, la force & le courage de le seruir, dites luy auec Dauid, *Seigneur, donnez moy de l'entendement pour penetrer vostre loy, & ie la garderay de tout mon cœur* : Et si vous voulez auec le mesme : *I'ay demandé vne seule chose au Seigneur, & seule ie la requiers, c'est que i'habite en sa maison en la longueur des iours*, au temps & en l'eternité, *c'est là mon repos au siecle des siecles, car i'y ay esleu ma demeure.*

Surtout, Angelique, demandez instamment à Dieu l'execution des Resolutions que vous aurez prises en l'Oraison, tandis que vostre ame en sera fraischement imbuë, & encor toute eschauffée, vos petitions seront de grande efficace.

Aussi bien sans son ayde resterõt elles inutiles, *car ce n'est pas celuy qui plante & arrose, mais Dieu qui donne l'accroissemẽt. S'il ne bastit en vain edifie t'on. Sans luy on ne peut rien faire: qui's'aide recolte auec luy, dissipe au lieu*

534 DIRECTION A d'amasser. Principalement vous ferez vos Petitions sur le sujet de vostre Oraison, à la forme que ie vous vay tracer.

Crayons de Petition.

CHAP. X.

Ous les desseignerons sur nostre Meditation ordinaire de l'agonie de nostre Seigneur au Iardin.

Ensuite de l'Action de graces & Offrandes du premier point, vous pourrez ainsi demander l'humilité à Dieu par ceste profonde prostration de mon Iesus: ô Eternel Pere, donnez-moy ceste fondamentale Vertu d'Humilité, entierement necessaire à mon edifice spirituel, donnez-moy vne lumiere assez forte pour percer les espesses tenebres de mon rien. *O Seigneur, faictes que ie vous cognoisse, & que ie me cognoisse. O mon Dieu qui estes vous, abysme de tout estre; & qui suis-ie moy, poudre, cendre, & vermisseau de terre.* Donnez-moy mon Sauueur, que ie vous imite en ceste Genuflexion, en ceste Prostration, ostez de moy ces importunes lassitudes, qui me trauersent en la priere quãd ie suis à genoux. Cet assoupissemẽt quand ie me prosterne, faictes que ie m'humilie *& sousmette à toute creature pour l'amour de vous.* O Roy des humbles, enrollez moy sous la glorieuse banniere de vostre abiection: & faictes qu'imitãt les Apostres, *ie me resioüysse quand ie seray traitté indignement & contumelieusement*, & que ie puisse dire auec le Roy des Chantres, *pour l'amour de vous i'ay soustenu l'opprobre, & la confusion m'a couuert le visage.*

Au secõd point vous pourrez ainsi demãder à Dieu l'ẽtiere destructiõ de vostre volonté propre. *O Dieu, Dieu de mon cœur & de mes entrailles, que veux-ie au Ciel, que veux de vous sur terre sinon vous mesmes, ma part eternelle & mon vnique heritage?* Si i'estois à moy ie vous demanderois beaucoup de choses selon mõ desir, mais puisque *tout mon desir est à vous, en vous*, & puis qu'il a pleu à vostre benignité receuoir l'offrande de ma volonté propre, ie ne vous peux rien demander, car on ne demande que ce que l'on veut, & si ie n'ay plus de vouloir, ie ne sçaurois rien demander: que si pouuois encores demander quelque chose, ce seroit de vous demander que ie ne peusse iamais rien vouloir que ce qu'il vous plaira. Disposez donc de moy comme de chose qui vous est acquise par droict de Creation & de Redemption, & en outre de Donation, & faictes en moy comme pour vous mesmes. Donnez-moy ce que vous iugerez expedient pour vostre seruice, & rien plus : que mes volontez soient desormais inuolontaires, mes petitions esconduittes, & mes desirs reiettez quand ils auront aucun traict de discrepance d'auec vostre bon plaisir. Si ie sçauois en toutes occurrences vostre volonté, ie tascherois de m'y conformer en tout & par tout, mais puisque ie suis indigne de voir clair en ceste obscurité, ie vous demande qu'en toutes mes actions le desire de la parfaire. Somme ie vous demande instamment ô mon Dieu, qu'en moy vostre saincte volonté soit faicte, & non la mienne.

Vous pourrez ainsi mouler vos Petitions, mon Angelique, & icy finissent les trois parties de l'Oraison Mentale, auec leurs points ou actes, car la Recapitulation dont nous allons parler, est vne piece hors d'œuure, & entierement separée de l'Oraison, puisque c'est vne Reflexion sur toute sa suitte.

Vous n'oublierez pas de clorre vostre Meditation par la Recitation de l'Oraison Dominicale, du Salut Angelique, & du Symbole des Apostres, selon qu'enseignent tous les spirituels.

Exercice de la Recapitulation.

CHAP. XL.

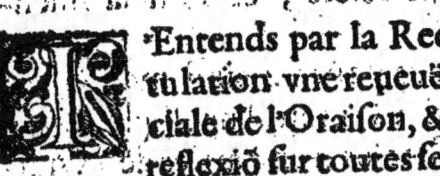Entends par la Recapitulation vne reueuë speciale de l'Oraison, & vne reflexiō sur toutes ses parties pour en recueillir les fruicts: cet Exercice est entieremét neces-

faire, Angelique, autrement ce seroit semer & ne moissonner pas.

Nostre cher maistre, mon Angelique, appelle ceste piece du nom de bouquet spirituel, tirant la Metaphore de celuy qui entré dans vn beau parterre, en tireroit quelques fleurs pour odorer le long de la iournée.

Et certes, il arriue souuentefois que comme en voulant tistre vne guirlande, on se trouue de tant plus empesché, que le iardin se trouue garny de plus grande varieté de fleurs, aussi que la Recapitulation est d'autant plus difficile à faire que la Meditation a esté abondante & fertile, car le choix & triage en la multiplicité, engendre vne perplexité semblable à la disette.

Mais comme de plusieurs fleurs, l'abeille faict son miel. Comme de plusieurs rayons se forme vne lumiere. Côme de plusieurs grains se faict le vin & le pain. De plusieurs gouttes vn ruisseau. Comme les Empiriques reduisent à peu l'essence d'vne grosse masse, comme les marchans reduisent plusieurs sommes à vne ligne de compte : Ainsi faut-il en la Recapitulation r'amasser tout le suc de l'Oraison en vn bref sommaire, que l'on baillera en depost à la memoire pour nous le suggerer aux occasions qui s'offriront de reduire en pratique ce que nous aurons determiné.

Pource nous faut il *visiter Hierusalē* nostre interieur, *auec des lampes*: & examiner soigneusement tout ce que nous auons ruminé *pesant à nos pas*, reuoyant & retastant nos vestiges.

Il faut faire vne Anatomie exacte de tous les points : & parcourir sommairemēt comment on s'y est comporté. Reuoyez comment aura passé la Preparation, si vous auez eu quelque bō sentimēt vous mettant en la Presence de Dieu, ou vous representant le mystere, ou en inuocant la diuine assistance. Repassez par la Consideration, & voiez si vous n'auez rien à recueillir és Ratiocinations, Affections, Resolutions: sans doute vous ne pouuez manquer à faire au moins vne cueillette de vos resolutions, les mettant comme vn bouquet sur le sein de vostre souuenir, recueillez les soigneusemét comme la manne de Calabre, & les reseruez dans le vase de vostre cœur, renforcez-les, renoüez-les, renouuelez-les en les recueillant: ô thresor caché, ô manne recelée, ô perles precieuses, pour lesquelles acquerir, & effectuer ie donnerois, & vendrois volontiers tout ce que i'ay au monde: helas! ô cheres resolutions, filles de l'inspiration, & de la misericorde de mon Dieu, viuez à iamais en la fraicheur de mon souuenir, afin que mon ame viue eternellemét en vos, belles roses que i'ay trouuees dans les espines de plusieurs difficultez, ô ne flestrissez iamais : mais faittes, que de vous ie me puisse tistre vne couronne immarcessible de gloire dãs l'Eternité. Mon Dieu faittes que iamais ie ne les abandonne, plustost tout perdre que de vous quitter, pluftost mourir que de vous changer, voire que d'en r'abbatre tant soit peu. De la Consideration coulez à la Conclusion, voiez si vous ne trouuerez point de fleurs propres, pour voftre tissu dans voftre Remerciment, voftre Oblation, voftre demande: tous ces neuf points sont autant *de carreaux d'aromates dressez par le celeste parfumeur.*

En vne collation de confitures seiches, apres en auoir vn peu mangé, la ciuilité permet d'en emporter. N. Seigneur apres auoir repeu tant de personnes à la multiplication des pains, fit ramasser & serrer plusieurs cophins de reste. Ayant

repeu vostre ame en la Médita-
tion, Angelique, recueillez en
vostre Recapitulation, ses choses
que vous aurez rencontré en ce
banquet spirituel dignes de reserue
& de garde.

Mais faittes cet exercice tout
sur le champ, sans differer, & im-
mediatemét apres auoir fermé vostre Meditation, par la priere dominicale, le salut de l'Ange, & le symbole, soit en la mesme place de vostre Oraison, soit en vous proume-
nant tout bellement au mesme lieu
sans beaucoup d'agitation d'esprit,
ny de corps, afin que la saincte liqueur de l'Oraison s'espande suauement, & penetre doucement
en vostre ame, *quand on mange ce
pain à aucuns de douleur*, pour la difficulté du commencement: mais à
d'autres de douceur, *il ne se faut leuer qu'apres s'estre bié assis, & rassis: bié
heureux celui qui en a rëply, & coblé so desir, & beu de cette eau de la source de vie*

DIRECTION A decoulante du Paradis terrestre de la sainte Oraison.

Pratique de Recapitulation.

CHAP. XII.

PAr exemple, mon Angelique, en nostre Meditation de l'Agonie, ie pourrois la reuoyant & recapitulant, recognoistre au premier point de la premiere Partie, quelque sentimēt de la diuine presence, d'où i'apprendrois combien cet exercice est vtile, & partāt que ie m'y dois fort addonner: au secōd point, ô comme mon imagination s'est fortement attachée à cette sueur sanglante de mon Sauueur: au troisiesme : mais l'ay-je inuoqué auec humilité, attention, ferueur?

Passant au premier point de la seconde Partie, quelle raison m'a pressé à recognoistre l'humilité de mon Sauueur, par où l'ay-ie apperceuë, sinon par sa prostration ? cela m'a porté à l'Affection d'imitation, & m'a donné la Resolution de m'humilier, & de faire quelque acte d'abjection.

Au second point son Oraison m'a faict cognoistre sa resignation, ie me suis en suitte affectionné au renoncement de ma volonté propre, & m'y suis resolu.

Au troisiesme, i'ay recognu sa crainte en sa sueur, elle a imprimé en moy vne terreur salutaire, qui m'a determiné à grauer cette apprehension de la Mort en ma Memoire, pour rectifier mes actions. Icy mon ame s'est fort espanchée sur cette sanglante sueur.

Venant à la troisiesme partie, ie recognois quelle a esté mon Action de graces, quelle mon obla-

tion, quelle ma Petition, & si i'y ay
eu des gousts, & ressentimens de
deuotion.

Mais la difficulté consiste au
choix: car qui voudroit en la Recapitulation, retenir toute la Meditation ne feroit pas vn bouquet,
mais vn faisseau: il faut reuoir l'Oraison, & en emporter le grain, non
la paille. Vous pourrez colliger autant de choses que vous auriez de
points de Consideration: car volontiers il y a autant de Resolutions, qu'il ne faut iamais laisser en
arriere ; que si vous auiez encor
eu quelque bon sentiment en la
Preparation, & Conclusion vous le
pourriez retenir par forme d'agencement de vostre guirlande: seulement ie vous recommande de ne
vous charger pas beaucoup, car estraint mal qui trop enserre, qui pl^9
embrasse plus s'embarrasse.

Si i'auois à Recapituler cette
Meditation de l'Agonie, que ie

L'ORAISON MENTALE. 547
vous ay produitte à parcelles apres l'auoir reueuë, j'en voudrois simplement recueillir les Resolutions à l'humilité, à l'abnegation interieure, & à la crainte de Dieu, les planter fermement en mon ame, pour m'en ressouuenir, & les reduire en acte. Ruminant ainsi à parmoy. Or sus, mon ame, tu as veu ton Sauueur prosterné, priant, agonizant, il t'a appris à t'humilier, à te resigner, & à craindre, imite-le sui-le, fais ce qu'il faict, moule toy à son exemple, & luy dis, *non Seigneur, ie n'oublieray iamais vos iustifications; car en elles vous m'auez donné la vie.*

Meditation complette, formée selon la Methode de cette Direction.

Sur la flagellation de N. S.

CHAP. XIII.

I'Ay pensé qu'il vous seroit à grande consolation & instruction, Angelique, si apres vous auoir proposé la Methode theorique de faire Oraison suiuie de la pratique tracée sur le Mystere de l'Agonie du iardin, i'adioustois encor icy de surcroist & comme par Corollaire, vne Meditation complette composée de toutes les parties deduittes en cette Direction, qui sera, comme vn comble leué sur le precedét Modelle.

Certes si vous voulez prendre

la peine de reduire en vne suitte cette Meditation de l'Agonie que ie vous ay presentée descousuë à lambeaux, vous la trouuerez entiere, & de tous ses nombres : mais sans vous donner cette incommodité, voicy que ie vous en presente vne autre sur le mystere de la flagellation de N. S. où nous obseruerons toutes les reigles prescriptes, & que nous tracerons au niueau de cette Direction.

Car comme il ne sert de rien d'auoir vn Luth, & des cordes, si on ne les assemble, si on ne l'accorde, si on ne le touche, si on ne luy faict sonner vn air, composé de toutes ses mesures harmonieuses, & selon les preceptes de la Musique.

Comme ce n'est pas assez de faire amas de couleurs, si on n'en faict vn tableau selon l'art, ny de ramasser des pierreries, si on ne les met en œuure, & en euidence, ny de faire attrait de materiaux, si on n'esleue vn bastiment accomply selon les prescriptions de l'Architecture, ny d'assembler des estoffes, & les tailler, si on n'en façonne des habits complets. Ainsi m'est il aduis en tout art, que c'est peu d'entasser des preceptes, si on n'en monstre vne pratique consommée: ce n'est pas assez de dire, Il faut faire ainsi & ainsi: mais le tout est de monstrer quelque chose qui soit faite ainsi.

Voiez comme ceux qui enseignent la Rhetorique bandent tous leurs esprits, pour faire cognoistre tous les traicts de cet art à leurs escoliers, dans les Oraisons de Cicero.

Deux Architectes à Sparte alloient à l'enuy, sur vn prix faict, l'vn disoit merueilles, l'autre qui n'auoit pas si bonne langue: mais meilleure main, ce que cettuy-cy dit, fit il, ie le feray.

Certes ie diray ce mot de passade,

L'ORAISON MENTALE. 551
qu'entre tant de grands hommes
& excellens Contēplatifs, qui nous
suggerent des materiaux pour faire
Oraison, il seroit à desirer que quelqu'vn nous eust tracé quelquesMeditations complettes, sur le modelle desquelles les apprentifs eussent
à se former & dresser, car la route
des preceptes est longue & de peu
de fruict: mais briefue & efficace
celle des exemplaires.

Ce n'est pas pourtant que ie les
estime reprehensibles, ains ie les admire, & tiens que selon leur dessein ils ont excellamment bié-faict:
car leur proiect n'estant que de
fournir des poincts pour mediter,
non tous meditez, remettāt cet office à celuy qui faict Oraison, certes ils ont atteint leur but, quand
on se sert de leur trauail en ceste
sorte.

Il seroit seulement à desirer que
quelqu'vne de ces expertes mains
eust daigné estirer tout au long,

DIRECTION A
selon les formes communement prescriptes des Meditations, sur les principaux mysteres de nostre creance, cette lecture eust soulagé beaucoup de simples esprits, qui pour leur peu d'experiéce veulent les viandes toutes maschées, & prestes à ingerer, & digerer.

De cela ie vous en vay presenter vn essay sur la flagellation de N. S. ie ne sçay s'il reuiendra à vostre goust, & s'il reussira à vostre contentement

Voicy donc, que par preuoyance dés le soir precedent vous prédrez de vous mesme, ou de la lecture de quelque liure spirituel, les 3. points qui suiuét sur ce mystere de la flagellation. Le 1. des despoüillemens de N. S. Le 2. de son attachemēt à la Colōne. Le 3. des coups de foüet qui deschirerent tout son corps. Le lendemain ayant mis les genoux en terre, au lieu & au temps designé, aprés auoir faict le signe de

la

la Croix, & quelque briefue priere Vocale, selon vostre deuotion,
vous pourrez mediter ainsi.

Preparation.

Presentation, ou Presence de Dieu
selon la forme du Mystere.

O Mon vray Salomon! ô plus
que Salomon! ô Roy pacifique
de mon ame! voicy comme vne
Bersabée, voicy comme vne autre
Esther deuant Assuere, que ie tombe aux pieds du throsne de vostre
immense misericorde & charité.
Ainsi appelle-ie cette colomne
où vous estes lié pour estre bour-
relé, throsne empourpré de vostre
sang, ionché de vostre Amour, enuironné de Lyonceaux qui sont ces
Satellites inhumains, ces loups a-
charnez sur vostre innocente peau,
iamais rassasiez de vos douleurs,
tousiours alterez de vos peines. O

mon Sauueur, ie me presente icy à vous en esprit d'humilité, pour escouter ce qu'il vous plaira *de dire en moy* du milieu de ce buissõ espineux plein de picquans & de pointures cruelles, mais flambant du feu de vostre sainct Amour : ô Colomne *de nuée qui pleuuez*, qui plorez, & qui ployez le Sauueur, arrosez-moy, couurez-moy, enuironnez-moy, ombragez-moy. O Colomne de feu, me voicy cõme l'Israëlite prest de cheminer à la splendeur de vostre lumiere ; *soyez vn flambeau à mes pieds, vne lumiere à mes sentiers.* Faictes mon doux Iesus, *qu'en vostre lumiere ie voye la lumiere de ce mystere.*

Representation ou figure de la chose à mediter.

LEquel pour bien & puissamment grauer en mon interieur, ie vous supplie, mon cher Espoux, que les pointes des foüets & des escorgées, soient autant de burin pour le cizeler en mon imagination. Represente-toy, ô mon ame, ceste grande sale du Pretoire, lieu de iustice, lieu de supplice, lieu de terreur & d'effroy, toutes les choses animées y fremissent de rage, les insensibles y tremblent de peur, la Colomne mesme y semble crouler d'horreur : si la Constance du Createur ne luy rendoit sa fermeté naturelle. O Samson nouueau, le iouet & l'opprobre de ceste race miserable, vous ne brisez pas icy les colomnes, vous les affermissez, aussi est-il escrit de vostre douceur, que vous *n'acheuez pas de rompre seulemēt le rozeau cassé.* Mais vois-tu mō ame, commēt ces vilains despoüillēt cet agneau de sa laine, c'est à dire de sa robbe, pour apres l'escorcher à force de coups. Regarde fixement comment ils le garottent à ce pilier. Considere comme ces *pecheurs fabriquēt sur son dos,* & y tracēt les marques de leur rage forcenée.

C'est icy qu'il te faut attacher, c'est tout cela qu'il te faut contempler, c'est ce mystere qu'il te conuient mirer, remirer, admirer.

Inuocation.

Mais que peux-ie dire, que peux je faire, que peux-je penser sans le courours, & le secours de vostre grace? ô pere debonnaire, ô *Pere des lumieres, de qui tout bien deriue*, mō esprit esperdu à cet espouuantable spectacle, ne sçait bonnemét à quoy se resoudre, & s'il estoit de son choix, il destourneroit plustost ses yeux de ce sanglant theatre, que de les y fixer: neantmoins puisque ce sont vos douceurs que de nous voir mediter vos douleurs, ie vous protesté que ie viens icy purement, & simplement pour vous plaire, non pour me complaire, non pour chercher mon goust, & ma consolation, non pour y speculer des choses curieuses, mais seulement parceque ie sçay que cet acte d'Oraison vous est vn seruice agreable. Auec ce dessein mon intention est d'y mediter, 1. vostre despoüillement, 2. vos liens, 3. vos souffrances. 1. afin d'apprédre à me desuestir de mes iniquitez, & me reuestir de vostre grace. 2. à me destacher du monde, & m'attacher à vous ô mon vnique & souuerain bié. 3. à endurer pour vostre amour quelque mortification : arrosez ce proiect de vostre saincte benediction, afin que i'en puisse recueillir les fruicts que ie desire, que i'appendray par apres au temple de vostre honneur, & consacreray à vostre seule gloire.

Considerations.

PREMIER POINT.

Ratiocination.

O Barbares bourreaux, gens eshontez & fans front : mais que voulez-vous faire ? despoüiller l'innocent pour le rendre honteux cōme vn coulpable, certes, il ne vous restoit que ce seul moyen de le faire rougir, mais estāt vostre effrōterie qui luy faict cet affrōt ne voyez vous pas qu'il ne rougit pas pour ses forfaicts, mais pour vostre impudence? son front ne se vermillonne que de la perte du vostre. De toutes les cruautez qui furent exercées sur ton Iesus en sa Passion, ô mon ame ! nulle luy toucha tant au cœur que celle cy, de se voir tout nud deuant ceste race impudente & sans vergongne, car combien de risées, d'opprobres, & de sales paroles penses tu que ces puantes bouches vomissent contre cet exemplaire de toute pudeur, *cette fleur d'honneur, & d'honnesteté, cette couronne des vierges*, ô! c'est icy la flagellation de son cœur bien plus sensible à son ame, que celle de son corps ne fut douloureuse à sa tendre peau, ô honte de mon Saüueur, fille de l'effronterie de mon iniquité, *qui m'a faict ozer pecher contre le Ciel, & deuant Dieu*, quand ie cesseray de l'offencer, ie feray cesser cet opprobre, le premier Adam ayant peché fut reuestu, & ce second Adam, reparateur de la faute de l'autre, est despoüillé, pour luy redonner son innocence premiere, & tesmoigner la sienne. O mon Iesus, faittes que ie garde vos habits en quelque coing de ce pretoire, & qu'é vous voyāt affliger pour moy, ie me cōuertisse, cōme iadis S. Paul receut les premieres seméces de sa conuersion gardant les habits de S. Estienne, & voyant son martyre.

Affection.

O Membres de mõ Iesus, ô pauures mendians, ô pauures necessiteux, se faut-il estonner de vous voir tous nuds trainant par le monde vne vie miserable, puisque les grands mondains sont autant de bourreaux, qui sans cesse vous despoüillent de ce peu que vous auez de moyẽs, sangsuës qui vous succẽt le plus pur sang de vos facultez, *& qui vous flagellent auec des scorpions*, comme iadis Roboam, Israël. O mon Sauueur, vous auez dõc choisi la nudité en partage, & l'auez laissée en heritage à ceux qui sont vos mẽbres mystiques, *afin que nous fussions enrichis de vostre pauureté*, & reuestus de vos despoüilles. Donnez-moy ceste affectiõ deuotieuse de S. Bernard, qui vouloit vous suiure tout nud, puisque vous le precediez nud: nuds nous venons au monde, nuds nous en partons, & d'où vient que nous n'y viuons nuds, sinon à cause du peché qui par la perte de l'innocence premiere, nous contraint en nous de cacher sa honte? Au moins despoüillons nous spirituellement, ô mõ ame, car c'est ainsi que nous imiterons excellemment nostre Espoux, c'est *la muë de l'Aigle* dont parle Dauid, & c'est cõme dit l'Apostre, *desuestir le vieil homme auec ses mœurs & actions, & reuestir le nouueau en iustice & saincteté*, c'est à dire proprement quitter les mauuaises habitudes des vices, & embrasser l'exercice des sainctes vertus: à quoy tient-il que ie ne me despoüille entierement des affections de la terre, renonçant au monde, à la chair, au diable, tyrans de mõ cœur, pour me conuertir entierement à la recherche du Ciel par le chemin de la Croix?

Resolution.

SI feray, mon doux Iesus, car moyennant voſtre grace, ie me reſous deſormais à me deſpoüiller à voſtre imitation exterieurement, & interieurement. Exterieurement de quelque partie des facultez, deſquelles voſtre liberalité m'a donné l'vſage par l'aumoſne: o le doux appauuriſſement, que celuy qui arriue pour ſubuenir aux neceſſiteux! ains, o la profitable vſure! quād ſera ce cōme voſtre Eſpouſe ſacrée, que le Soleil de voſtre Amour me deſpoüillera. Principalement entre les œuures de miſericorde corporelles, ie veux auoir vn ſoing principal de reueſtir les nuds, ſelon mon poſſible, vous couurant en eux, comme S. Martin, & cachant en eux voſtre nudité, o bon Noé enyuré de noſtre Amour?
Quand ie verray le nud, ie taſcheray de

le couurir honnorant en luy voſtre chair, & ne meſpriſant la mienne ſelon le precepte du Prophete. Sçachant *que ce qui eſt faict au moindre des diſetteux, vous eſt faict*, eſtant leur caution & leur pleige. Ie me reſous encores auec l'ayde de voſtre grace, de me deueſtir interieurement de toute paſſion deſordonnée, de toute affection deprauée, pour ne reſpirer deſormais que voſtre ſainct Amour & ſeruice: & puiſque ie ſçay que le deſſaiſiſſement de la volonté propre, eſt le deſnuement que vous priſez dauantage en nous. Voila que ie m'en deſpoüille volontiers, proteſtant, & me reſoluant de ne plus rien vouloir deſormais, que ce que vous voudrez, faiſant de mon ame vne carte blanche, où ne s'imprimeront que les caracteres de voſtre ſaincte volonté.

Second point.

Ratiocination.

COnsidere maintenant, ô ma chere ame, apres ce vergoigneux despoüillement de ton chaste & pudique Espoux, comment ces bourreaux estreignent son tendre corps à ceste rigide colomne, auec des cordes & des chaisnes qui luy font enfler les veines, qui luy meurtrissēt & dechirēt la peau, qui luy tendent & foulent les nerfs, voy comment ils le tiraillent d'vne maniere impiteuse, irrespectueuse, & indigne. O Dieu de mes intestins, ie tressauts vous voyant ainsi maltraitté, mais i'ab bié plus d'horreur quand ie remonte à la cause de ces malheureux effects, recognoissant que mes iniquitez sont les filandieres, qui ont tissu ces cordages, &

mes pechez les forgerons de ces fers qui vous garrotrent, & que cette dure Colonne est mon obstinée perseuerance au mal: quand sera-ce ô mon Dieu debonnaire, que ie cesseray de vous gesner? Ce sera quand ie cesseray de vous offencer, & de multiplier mes pechez, qui r'enforcent vos liens, *& qui vous rédent esclaue.*

Affection.

MOn doux Sauueur, i'ay bon desir de vous deliurer de cette peine, & de me tirer quant & vous de ces maudites entraues du peché, mais las! *ces cordes d'iniquité m'enuironnent de toutes parts, & bien que ie n'aye pas mis en oubly vostre Loy:* neantmoins ces empestremens allentissent mes pas au sentier de vos commandemens. *Grand Dieu prenez les armes, & le bouclier, & leuez vous en mon ayde, ô mon protecteur, ô mon libe-*

rateur, *brisez, coupez, cassez ces liens,* qui m'attachent trop au monde, & ie vous sacrifieray vne hostie de loüange, & ie beniray vostre sainct Nom. Enuoyez moy vostre sainct Ange, vostre puissante Inspiration, vostre grace efficace, qui me libere de cette seruitude Egyptiaque, qui rompe mes fers, comme iadis à S. Pierre en la prison d'Herode. *O ferrée, ô dure, ô obstinée volonté!* c'est toy qui me garrottes, ie te veux briser par vne saincte abnegation. Venez, O Penitence salutaire, *secõde table apres le naufrage de tant d'offences.* Venez forte Contrition, marteau qui puluerises les cœurs plus endurcis, Confession qui desnoües les malheureuses estreintes de ce *silence nuisible, qui enuieillit nos os,* c'est à dire, qui enracine nos mauuaises habitudes, qui sont *les cicatrices corrompuës de nos ames.* Satisfaction, rasoir qui tranches les nœuds inexplicables.

Resolution.

OVy, mon Redempteur, ie me determine à recourir à ce salutaire remede de mes maux, à ce sacré destachement des liens de mes pechez, qui est la saincte Penitence, sçachant que si par eux ie vous ay garrotté, flagellé, & crucifié derechef spirituellement, en les faisant cesser, i'appaiseray vos douleurs & vos playes. C'est l'azyle & le refuge des pecheurs eschapez de la seruitude du diable, c'est la baignoire de Siloë qui leur redône la venë; la probatique Piscine, qui guerit leurs paralisies; le baume aromatique, qui resoud & consolide leurs playes. Ah! pauure moy, mais pourquoy ay-je laissé mourir mon ame de la mort du peché, puisque i'auois tant en main le remede de vie, quel engourdissement, quel lethargique assoupissemét m'a fait demeurer iusqu'à present dedans ces fers d'enfer, ces geolles sataniques, ô monde monde! tyran des cœurs, que tu empestres de tes cordages, ô toilles de cette araigné ventueuse, ô gluaux visqueux des voluptez & conuoitises terrestres, qui empastez les aisles des saints desirs, ie vous renonce entieremét & veux faire auec vous vn diuorce irrecōciliable, la sainte absolution que i'espere sera l'absorption, & le deluge qui engloutira tous mes pechez, & me purgera de tous mes maux, *mon ame, espere en ton Dieu: car tu te confesseras encor à luy: il est le salut de ta face, & ton vray Dieu.* Cependant, ô mon Sauueur, pour commencer tout maintenāt cet œuure de mō destachemét, & de ma recōciliatiō receuez cet acte de la Contrition de mō cœur, par lequel de toute l'estenduë de ma volonté, ie rōps ces mauuais liens, y rénonçant absolumét, vous promettāt de m'amender, de me confesser, & d'executer fidellement la penitence qui me sera imposée par mon Pere spirituel, depositaire des clefs qui me doiuent ouurir le thresor de voſtre sainte grace.

Troiſieſme point.

Ratiocination:

Voilà mon Sauueur preparé aux foüets, *& sa douleur est deuant mes yeux*. Ignoray-ie que ces coups congregez sur luy prouiennent de la multitude de mes offences? dois-ie pas bien dire icy *que ce iour periſſe auquel ce maudit peché a eſté conceu en mon ame*? O gresle farouche, qui fanez ceſte belle fleur des champs, ce lys des valées, à qui toute la pompe de Salomon en ſa plus grande gloire n'a rien de conferable. Contemple mon ame, l'inhumanité meurtriere de ces loups affamez, acharnez sur cet Agneau. *O enfans d'Edom qui criez, deſtruiſez deſtruiſez iuſques aux fondemens*, auez vous bien le courage de destruire *le Temple sacré* de ce precieux corps, miracle de beauté, chef d'œuure de la nature, quelle glace vous serre le cœur, quel roc vous empierre la poitrine, O gens sans pieté, O race desnaturée, contemple bien attentiuement, O mon ame, cette action furieuse & forcenée, *& comme l'iniquité des superbes a esté multipliée* sur nostre doux Agneau, de la part de nostre Seigneur : voy vne peau tendre, vne complexion delicate, de la part des bourreaux, regarde leur multitude, car ils estoient six cens soixante six, tous animez de fureur, & alterez de végeance: de la part des coups il a esté reuelé à de sainctes ames qu'ils auoient esté au nõbre de cinq mille quatre cens : de la part des instrumens de ce supplice, voy cõme c'estoiët de toutes sortes des pl* cruels foüets que la Barbarie puisse inuenter, comme de chaisnettes de fer, auec des crochets au bout, de cordes noüeuses, de houssines espineuses, de cannes, de ioncs marins, qui ont des picquants tres-aigus, nerfs seichez, outre les foüets communs, & les ordinaires escourgées. O Dieu quels aggrauatoires de douleurs!

Affection.

MOn ame, tascheras-tu point icy de ressentir quelque idée de cet extreme tourment? O ma chair, fremis-tu point à l'aspect de tant de souffrances? tu as cõmis les coulpes, & cet Innocent endure toutcela pour toy. O que vrayemét *il a porté nos langueurs, & supporté nos douleurs.* Le seul lenitif que tu puisses apporter à vn si horrible nõbre de playes, est ta Compassion & le desplaisir d'en estre la cause : O mõ *Iesus*, que feray-je pour recognoistre vn si grand bien-faict, maisde quelle recognoissãce payeray-je ce beau Sãg, qui a surpayé ma rãçon, il est inestimable, il est inappreciable, ie ne peux sinon recognoistre que ie ne le peux recognoistre. O mon maistre, qui me donnera que i'endure quelque chose pour vous? Donnez-moy la force & le courage d'imiter l'Apostre *qui chastioit son corps, & le reduisoit en seruitude.* Faictes que ie traitte asprement & rudemēt cet autheur de mon mal, que les ieusnes, les disciplines, les haires, les veilles, les dures couches & autres mortifications, soient les poteaux & les lices où ie range ce cheual eschappé & indompté.

Resolution.

OVy doux Iesus, *c'est a vous à qui mon cœur le dit* : ie veux desormais prendre vne saincte vengeance de ce *mien ennemy domestique*, Ie veux reduire ce corps par chastimens à tel terme de souplesse, que desormais mon esprit ne soit plus à l'estroit dedans cette prison, mais qu'ayant ses coudées franches, *la repugnante loy des membres soit entierement subiette à celle de l'esprit*, que la partie superieure ne soit plus offusquée des nuages de l'inferieure, afin que ie *puisse faire le bien que ie veux, & ne faire pas le mal que ie ne veux point*: Ie sentiray volontiers vn peu de mal de peine, pour euiter celuy de coulpe; on ne peut auoir vne entiere guerison que par la douleur des incisions, ou par l'amertume des breuuages: *Ie hairay sainctement mon corps en cette vie, pour le conseruer en l'autre*; s'il faict le maniacle, ie le traitteray en beste; s'il se tempere en esclaue, s'il s'adoucit en pere, s'il s'accoise en frere, mais touliours l'esprit sera le maistre, car vous auez voulu *que nostre appetit luy fust inferieur, & qu'il le regentast & dominast d'vn empire absolu*.

Conclusion.

Action de graces.

REste maintenant, mon tres-doux Sauueur, que ie vous remercie de cœur & d'ame, premierement en general de tous vos biēfaicts, desquels vous seul sçauez le nombre, & soubs le poids desquels ie succombe entierement. Secondement en particulier, de ce qu'il vous a pleu m'inspirer que ie vinsse à cette heure me presenter deuant vous, pour vous *diriger mon Oraison, comme vn encens.* Vous soyez beny à iamais, d'auoir daigné penser sur mon cœur de si douces pensées, & me conuertir en douceurs, en douleurs, vos espines en roses: O beny Roy de mon interieur! *que ceux-là sont heureux, qui sont tousiours à vos pieds!* comme Magdeleine, *escoutans vostre sagesse, vos paroles me sont plus suaues que le miel* : ô que ie les veux *conseruer* cherement *en mon cœur* ! que ma memoire s'enfonce dans vn eternel oubly, pluftoft que de perdre le fouuenir de voftre nudité, de vos liés, & de vos batrures.

Oblation.

VOila que ie fais vn ramas de myrrhe de ces vergongnes, & de ces fouffrances de voftre fils, mon tres-bon Redépteur, ô Eternel Pere, pour les vous offrir en holocaufte, pour la remiffion de mes pechez. O que ne peux-je y ioindre quelques miennes mortifications, pour mefler mon billon parmy cette monnoye acceptable, & valider mon rien par l'adjonction de ce tout, car nulle œuure peut eftre meritoire, qui n'eft fõdée en charité fur les merites du bon *Iefus*. Miferable moy ! qui accablé de tant de debtes, trauaille

si peu de ma peau, pour m'en acquiter, ne redoute-je point le sort de ce figuier infructueux, qui encourut la malediction ? au moins si ie ne peux mieux, permettez que ie vous offre, ô mon Dieu, les fleurs de mes desirs, qui esclairez des rays de vostre grace, pourront deuenir fruicts de bonnes œuures. Ie vous offre donc, ô mon souuerain object, la créme de cette petite Oraison, qui sont les pauures Resolutions que i'y ay formées. La 1. est, de donner quelque aumosne, pour ayder à vestir vn nud, comme aussi de me desnuer de cette mauuaise inclination que vous sçauez qui m'aflige le plus. La 2. de me deslier du monde par la Confession & attacher entierement à vous par vn sainct Amour. La 3. de faire sentir à mon corps quelque bonne mortification, qui le face participer au mystere de vostre flagellation : Ce sont là les trois petits deniers que
ie

ie iette en voſtre Gazophylace.

Petition.

Donnez moy, ô mon bon Dieu, de faire ce que ie viens de dire: i'ay propoſé, mais c'eſt à vous de diſpoſer, ce n'eſt pas le tout *de vouloir & de courir, mais c'eſt à voſtre miſericorde de parfaire*. Si ie regarde aux neceſſitez publiques, ô que i'ay de choſes à vous demander, ie vous ſupplie de cõſeruer voſtre Egliſe, la faire triompher de l'hereſie, de donner la paix à nos iours, de conſeruer noſtre ſainct Pere le Pape, voſtre Vicaire en terre, & tous les Eccleſiaſtiques, comme auſſi leurs tres-chreſtiennes Majeſtez, les Princes, Officiers, Magiſtrats, & peuple de cette belle Monarchie. Si ie cõſidere mes miſeres priuées, ô que i'aurois de choſes à vous demander, vous qui ſçauez bien mieux que moy ce qui me

Bb

fait besoing, distribuez moy vos faueurs selon vostre saincte prouidéce, mais ie vous demande particulierement qu'il vous plaise me donner vne saincte perseueráce, & cet Exercice de l'Oraison Métale que ie recognois m'estre tellement vtile, aydez moy à effectuer les desseins de mes Resolutions, afin que ie ne sois pas du nombre de ces reprouuez, qui disent & ne font pas. Ie vous supplie d'auoir pitié de ceux qui sont nuds de corps, & desnuez de tout secours, comme aussi de ceux qui sont garrottez dás les cachots & prisons, & de donner la patience à ceux que vostre main paternelle va flagellant de diuerses afflictions, *afin qu'ils tirent profit de leur tribulation*, & puissent dire auec l'Apostre, *Beny soit Dieu, Pere de nostre Seigneur Iesus Christ, Pere des misericordes, & Dieu de toute consolation, qui nous console en toutes nos angoisses.*

Icy, mon Angélique, vous finirez voſtre Meditation, & puis reflechiſſant deſſus, vous pourrez faire la Recapitulation apres auoir dict l'Oraiſon Dominicale, la Salutation de l'Ange, & le Symbole.

Recapitulation.

RVmine maintenant, ô mô ame, la viande qu'il a pleu à noſtre Seigneur t'eſlargir en ce banquet ſpirituel de l'Oraiſon. Dy moy, n'as tu pas eſté conſolée en ſa preſence, deſolée en te le repreſentant ſi outrageuſement flagellé? a-t'il manqué de ſeconder ton inuocation de ſa grace? dy donc auec Iacob, que celuy *qui t'a donné ce pain pour mäger, & t'a conduitte en cette route, ſera touſiours ton Dieu.* Mais qu'as-tu remarqué au premier poinct de ta conſideration? ta raiſon t'a exprimé ſa nudité, ton affection en a reſſenty l'opprobre, & ta Reſolution a esté de couurir quelque pauure nud: sus retien cette determination, pour la pratiquer auiourd'huy. Au second poinct tu as resolu de frequenter la Confession, va donc t'y purger, afin de valider ton aumosne. Au troisiesme poinct tu as proposé de faire vne mortification corporelle, va donc faire sentir à ce corps quelque essay de ce douloureux mystere que tu as medité, *car ton Iesus t'a donné exemple de souffrir comme luy.* Venant à la closture, comment as-tu remercié ton Dieu, helas! qui le pourroit dignement, mais regarde bien à ce que tu as presenté à Dieu en ton oblation, car luy ayant offert tes Resolutions, & ne les effectuant pas, seroit-ce pas *ne rendre point ses vœux au Seigneur*, & luy offrir des vases vuides, des holocaustes sans moëlle, & plustost parler vainement que donner solidement, l'aymant de lãgage, nõ en œuure & verité?

sçache qu'il enterinera ta petition, comme tu parferas ton oblation, *car il nous mesure à nostre mesme mesure.* Sortons donc de ce lieu en esprit de deuotion & de ferueur, & allons faire de nos propos des effects, car en cela consiste la preuue de la vraye & fidele Oraison.

O mon Iesus, *donnez ce que vous commandez, & commandez ce que vous voudrez.*

Voila, mon Angelique, vn modelle qui a toutes ses parties, vous pourrez mouler vos Meditations là dessus, si vous daignez vous seruir de la methode que vous dicte cette Direction. Il se pouuoit beaucoup plus amplement estendre, mais les paroles sont marchandise si commune, qu'il est plus à propos de les resserrer, que de les espandre, le Sainct Esprit vous suggerera bien d'autres discours, car ceux qui en sont remplis *parlent aussi tost abondamment, & ont infusé*

DIRECTION A
la science de la voix. Ie le prie qu'il
remplisse vostre ame de graisse & de fecondité, afin que la bonté de vostre cœur
le loüe auec des leures d'exultation.

Fin du quatriesme Liure.

LIVRE CINQVIESME,
CONTENANT
DIVERS ADVIS
touchant ce sainct
exercice.

Necessité de ces aduis.

CHAP. I.

'AY relegué en ce cinquiesme & dernier Liure de cette Direction, mon Angelique, les instructions & aduertissemens qui regardent le progrez & l'accomplissement de ce S. Exercice de l'Oraison, vous y pourrez auoir recours selō les diuerses occurrences qui vous suruiendront en le pratiquant. Or il importe que voꝰ recognoissiez leur necessité, qui certes est grāde, car comme ce n'est pas assez de

Bb iiij

monstrer vne charte ou mappemonde à vn apprentif de la Cosmographie, si on ne luy enseigne l'art & l'industrie de s'en seruir, pour recognoistre les lieux & leurs situations, & comme les Chefs d'armée qui veulent enuahir & conquerir vne contrée, ne se contentant pas du seul plan, & de la Topographie, s'enquierent encores des destroits, des commoditez & incommoditez, & autres circonstances qui seruent à leur dessein, pour venir à chef de leur entreprise. Ainsi ne suffit-il d'auoir vne methode, quoy qu'exacte & claire, pour faire Oraison Mentale, si en mesme temps on n'est instruict des artifices dont il faut vser pour faire iouer tous ces ressorts, des particularitez de chasque poinct, & des stratagemes & embusches que l'ennemy de nostre salut dresse sur ce chemin de l'Oraison, si contraire aux mauuaises routes qu'il nous voudroit faire prendre, pour nous precipiter à perdition.

Nous vous auons cy dessus enseigné l'art, icy nous desployerons les outils & les moyens de l'exercer, auec facilité & sans obstacle, & monstrerons les soupplesses & destours de cette escrime spirituelle.

Au commencement nous auons faict veoir les dispositions preambulaires de cet Exercice; maintenant nous deduirons les enseignemens qui concernent son aduancement & sa perfection.

DE L'ATTENTION.
CHAP. II.

Ovs rencontrerons la nature de la chose au son de la parole, qui veut dire tendre, bander, ou viser à quelque but. Metaphore

prise de ceux qui tirent de l'arc. Pource S. Ephrem en sa Panoplie spirituelle, tombant sur ce mot de Dauid, *Seigneur vous auez faict de mes bras vn arc d'arain*, l'expose des mains leuées en l'Oraison, qui estant attentiue darde ses fleiches iusques dans le sein de Dieu, *mais sans attention*, dit il, *c'est tirer dans le vague de l'air, sans atteindre aucun blanc*.

L'Attention est donc vne mire fixe, vn regard ferme, vne consideration inuariablement attachée à vn subjet, vne desmarche constante, qui met la pointe de l'esprit en arrest, pour courir iustement en la lice de quelque pensée.

On dict que les Tortuës couuent leurs œufs, & les font esclorre en les regardant fixement. Certes, Angelique, ie ne sçay pas si cela est vray, mais il est bien tout notoire, que nous ne pouuons rien esclorre de bon de nostre priere, si nous n'y auons de l'Attention.

C'est ce feu pointant en haut, *qui doit tousiours ardre sur l'Autel de nostre cœur*, quand nous faisons Oraison, ce Thimiame fumant vers le Ciel.

Israel surmontoit Amalech, tant que Moyse auoit les mains leuées, marque de l'Attention en la priere, mais si tost qu'il les abaissoit, à cause de leur pesanteur, il estoit surmonté: tant que nous auõs de l'Attention en la priere, nous surmontons nos ennemis, mais si nous nous relaschons ils ruinent tout nostre labeur.

Pourtant, disoit nostre Seigneur à ses Apostres, *Veillez & priez*, vigilance qui denotte l'Attention.

Et le Prestre és diuins mysteres, dit S. Cyprien, admoneste les assistans au sacrifice qu'il presuppose prians, d'estre aussi attentifs par ces mots de la preface du S. Canõ, *Ayez les cœurs en haut, ou esleuez*, à quoy ils respõdent, *nous les auõs dressez à Dieu*.

Car qu'est ce autre chose l'Attention, sinon *vne ascension de cœur*, comme parle Dauid, *cet esprit & verité* que Dieu requiert *de ses vrais adorateurs*, *& cet œil vnique*, *ce seul cheueu du col* que l'Espoux cherit en son Espouse, *& qui le naure d'amour*.

Aussi comme les veneneuses Cãtharides ne s'attachent qu'aux belles roses, le mauuais esprit ne dresse ses machines principales que contre nostre Attention, sçachant que ce fort saisi, il la bouleuersera aisement toute, & que cette pointe de traict emoussée, tout le reste est inutile. Imitant en cela le Vautour, qui commence par les yeux à manger vn corps.

Et l'Aigle qui pour porter le Cerf dans vn precipice, & s'en repaistre, luy empoudre les yeux, car ce malin ayant ietté dans l'œil de l'Attention le sable des diuers pensemês, roule aisemẽt nostre priere dans l'abysme de sa ruyne.

Et de vray, comme le bras qui tremble, & la main qui varie n'atteint iamais le but, & moins y arriue celuy qui vise à deux blancs tout à la fois, *le sens comme ils disent, qui s'attache en mesme temps à plusieurs obiects, n'en apprehendant aucun parfaictement:* Ainsi l'attention ne peut estre ferme emmy la multiplicité des imaginations.

Si le miroir ardent n'est fort stable, il ne r'amasse ny ne reünit iamais bien les rays solaires, & ne prend point de feu, *& le feu ne s'embrase pas en la meditation si elle n'est bien attentiue*.

Sa Distinction.

CHAPITRE III.

Achant ce que c'est qu'Attention, voyez maintenant sa difference. Les maistres la distinguent communément selon leurs termes, en Actuelle & Virtuelle, c'est à dire en Specialle & Vniuerselle, celle-cy necessaire & vtile, celle là vtile, mais non pas absolument necessaire.

Ceste distinction se recognoist bien mieux en l'Oraison Vocale qu'en la Mentale. Car celle-là, pourueu que la premiere intention aye dressé en son commencement l'Attention, bien que l'on soit emporté par apres en des distractions non toutefois volontaires & deliberées, mais par l'in-

L'ORAISON MENTALE. 591
aduertence & fragilité, ne laisse
d'estre bonne, & d'auoir du merite, l'Attention n'estant pas actuelle & specialle à chaque mot
ou verset, mais habituelle & generalle, fondée sur l'intentiõ de loüer
& adorer Dieu, en luy *immolant ce
sacrifice de loüange*.

Mais en l'Oraison Mentale, si
l'Attention actuelle manque, tout
cesse, & ne peut-on rien faire qui
vaille, mais plustost extrauaguer en
mille impertinences.

En quoy vous remarquerez,
Angelique, vne insigne preeminence de l'Oraison Mentale sur la
Vocale, en ce qu'elle est attachée à
vne plus parfaitte attention.

L'Oraison est considerable cõme œuure Meritoire, Impetratoire & Consolatoire, certes, celuy
qui prie auec l'Attention generalle, ne perd pas ces deux derniers fruicts: mais bien le dernier, qui est vn certain goust de

Dieu reservé à la seule attention actuelle. Laquelle seule *gouste & voit combien le Seigneur est suaue.*

Ce cher Espoux *est tousiours à nostre porte pour entrer chez nous*, pourueu que l'attention qui est la portiere luy ouure: pource disoit Dauid: *I'ay ouuert ma bouche & attiré l'esprit.*

Imaginez-vous vn pelerin qui part de sa maison pour aller par vœu visiter quelque lieu sainct, il n'est pas absolument necessaire qu'à chaque pas il songe où il va, bien que si tousiours il alloit pensant à sa deuotion il fist pieusemēt: ainsi, en celuy qui prie vocalemēt, la premiere attention qui est generale, baste pour valider son Oraison, encore que la speciale y soit fort requise.

Pareil à celuy qui iettāt vne pierre, ne l'accōpagne pas de son bras, estant assez qu'il luy aye donné le premier eslancement.

Mais celuy qui prie mentalemēt est semblable à l'oyseau qui cesse de voler quand il ne bat des aisles, aussi son vol est-il comparé à *celuy de l'Aigle qui s'esleue sans retomber*.

Il faut donc en la Meditation auoir l'Attention actuelle & speciale, sans laquelle on ne faict rien sinon se reposer dans yne pure inutilité & faineantise spirituelle.

Et en la priere Vocale, au moins la Virtuelle, car autrement entretenir la distraction soiemment en priant, est plustost offencer Dieu que le seruir. C'est comme dit l'Apostre, *battre l'air & faire vne Oraison sans fruict*, voire selon Dauid, *la conuertir en peché*, duquel se plaint nostre Seigneur, quand il dit, *ce peuple m'honore des leures, mais son cœur est esloigné de moy*.

Comment il la faut procurer.

CHAP. IV.

'Est icy principalement, Angelique, où doit regner la mediocrité que le Poëte appelle *dorée*, parce qu'en elle consiste toute perfection.

Il faut proceder en ceste Attention la bride en main, & auec vn grand iugement, & gouuerner son esprit en cela, dit le bon Grenade, comme l'on feroit vn cheual le retenant s'il se peine trop, l'esperonnant s'il est trop lasche.

Il faut fuyr les deux extremitez, & singler au milieu, ne flattant ny rudoyant son cerueau, voire de ces deux excez, du trop ou du trop peu d'attention, le premier semble deuoir estre plustost euité que l'autre, car l'esprit trop tendu se rebutte, mais s'estant trop relaché, cela le pique vne autre fois à mieux faire, *fuyant pour mieux combattre à l'aduenir*, comme disoit cet autre.

Vne faculté blessée ne se peut pas si facilement remettre, & puis *l'ame saoulée*, dit le Sage, *desdaignera le rayon de miel*.

Voyez ces cheuaux qui iettent toute leur fougue au commencement, estás tout en escume & comme desesperez ils deuiennent mols, rebours, & inutiles.

Ceux qui entreprennent vn chemin d'vn pas violent & aspre se lassent incontinent, il se faut moderer pour voir commodément la fin de la iournée.

L'Abeille qui trop precipitamment donne de l'esguillon, reste apres toute engourdie, & la pointe de l'esprit qui s'eslance par vne trop tenduë Attention, se porte par apres en vne longueur & assoupissement.

Il ne faut ny trop se moucher, ny trop succer vne mammelle de peur d'en tirer le sang.

Pour monter vn luth, il suffit de bander les cordes mediocrement, sinon, elles se cassent.

L'esprit humain estant creé libre est du naturel de ces cheuaux genereux qui se cabrent aux camors, & se rangent auec vn filet en la bouche.

Il le faut comme vn vaisseau sur mer, guider plustost par industrie que par force. La volonté se pique & rend reuesche par la violence, & la memoire pressée defaut tout à plat: ce que recognoissent ceux qui parlent en public. La suauité est la seule regente de l'ame, laquelle estant ployable de soy, se guide par souplesse.

Vne Vestale Romaine tira vn nauire auec vn cordon de soye, que toutes les forces de plusieurs machines n'auoient peu arracher du port. L'esprit se porte à l'attention mignardé, si vous le contraignez il s'esgare.

Vous ferez donc vostre possible, Angelique, de procurer vne attention suaue, douce, benigne, volontaire, non violentée, non contrainte, non forcée, car ce n'est pas chose qui s'acquiere à force de bras, ny qui se bande comme vn cordage.

Caressez vostre ame, & la conuiez amoureusement à ce sainct exercice. O ma belle ame tu es immortelle, tu peux aspirer au souuerain bien eternel, tu es celeste, mais pourquoy t'amuseras-tu à resuer apres des obiects mortels, caduques, perissables, terrestres, disproportionez à ta nature, indignes de ta qualité? tu peux cognoistre & aymer Dieu. Voila que ie te le propose pour sainct obiect de tes pensées, si tu l'aymes, si tu le medites tu de-

uiendras toute celeste, si tu regardes la terre *tu te rëdras terrestre*: ô la belle, ne permets pas que ceste ignorance de *toy-mesme te relegue* au nombre des animaux, *retourne Sulamite, retourne afin que ton espoux te voye*: ce qu'il fera si tu le contemples attentiuement. Galoppe tãt que tu voudras par tout le rond de l'vniuers, tu n'y trouueras *que vanité, affliction, misere, souuiens-toy de Dieu, & tu seras resiouye & delectée*. Tu viens de Dieu pauure, toy, si tu te tournes d'autre costé que du sien : où vas tu vagabondant comme vn enfant prodigue, reuiens dans ce sein paternel & bien-heureux y gouster le veau gras, & *les torrens de volupté* qui en decoulent, *delecte-toy en Dieu, & il t'accordera les demandes de ton cœur*.

Representez à vostre ame les tyrannies de la distraction, qui est vn vray deschirement spirituel, vn pur tracassement *qui la faict cheminer par des voyes difficiles, en suiuant des ima-*

L'ORAISON MENTALE. 599
ginations inquietes qui la laſſent en fin, & la rendent recreuë & mal menée. O qu'il eſt amer de laiſſer ſon Dieu au chemin de l'attention, en changeant la ſource de vie à vne ciſterne creuaſſée qui ne peut contenir l'eau.

Vn autre moyen qui procure fort l'Attention, eſt d'arreſter bien ſon regard interieur ſur la Repreſentation de la choſe à mediter, c'eſt vne ancre fort aſſeurée en la mer des diuagations de l'eſprit.

Des Diſtractions.

CHAPITRE V.

Ovs les commençans ſe plaignent en ce ſainct Exercice de l'incommodité des diſtractions, pour ce Angelique, eſt-il fort important que

nous traittions amplement ceste matiere.

Le mot donc de Distraction porte quant & soy la cognoissance de la chose, c'est vn diuers tiremét de pensées, qui s'esgarent, & desuoiét de leur droitte route, autant que le Nort est esloigné du Midy. Lors que l'esprit, comme chante ce Poëte,

Va courant çà & là d'vn & d'autre costé
En cent diuerses parts diuersement porté.

C'est vne zizanie, qui suffoque entieremét le bon grain de l'Oraison, & qui la faict esuanoüyr & perdre. Comme iadis cet ancien Roy fit tarir le fleuue Gyges en le partageant.

Ce sont les sauterelles de l'Egypre, qui pillent & brouttent toutes nos plus verdoyantes conceptions.

Ce sont des cheuaux indomptez qui

qui enleuent le char de noſtre imagination, faculté roulante & volage ſouuent malgré le conducteur qui eſt noſtre vouloir.

Le cœur de celuy qui eſt diſtraict *eſt vne mer boüillante*, qui change de couleurs ſelõ les vents qui l'agitét, & qui faict piroüetter au gré de ſes ondes muables le ſubiet principal de l'Oraiſon, comme vne nef ſaboulée à la mercy des flots.

C'eſt vne tempeſte qui faict faire vn triſte nauffrage de cet exercice, a beaucoup de commençans, qui faute de courage ne ſçauent pas tenir leur timon droit emmy ces orages, quittans tout là, cõme vne mer pleine d'eſcueils & de difficultez qu'ils ſ'imaginent inſurmontables.

Pharao pour deſtourner Iſraël d'aller au deſert ſacrifier au Dieu de ſes Peres, l'employoit à r'amaſſer des pailles & à faire des briques, ainſi le Diable pour diuertir les ames d'offrir à Dieu des sacrifices interieurs au desert de l'Oraison Mentale, il les amuse au commencement apres de fascheuses distractions. Mais comme les enfans d'Israël endurans auec patience, & perseuerans à reclamer le Ciel, Dieu en fin les exauça & moyenna leur deliurance, ainsi ceux qui auec vn grand courage peuuent trauerser ces premieres difficultez, en sont en fin deliurez & introduits au desert où pleut la manne, en attendant *la bien-heureuse esperance* de la terre Promise.

Certes, il ne se peut nier sans dementir l'experience, qu'il n'y aye vn peu de difficulté à rechasser ces diuertissemens qui nous detraquent de nostre droict chemin, ces mouches chassées reuiennent, & se rendent fort importunes.

La distraction est vn ver interieur qui ronge le fruict de nostre Oraison, pareille à l'asne du cordier de l'embleme, qui gaste autant de corde que son maistre en file, au frelon & à l'araigne, qui ne font qu'embarrasser & deuorer la mielleuse œconomie des Abeilles.

La difficulté de la vaincre prouiët de deux sources, l'vne la soupplesse des pésées, l'autre nostre imbecillité à les contenir.

Ceste soupplesse est plus muable que tout ce que l'on dit de Protée, du Cameleon, & du Poulpe.

Il n'y a feuille de figuier qui puisse arrester ceste glissante couleuure de nostre imagination.

A cela se peuuent rapporter les trois choses que Salomon trouuoit difficiles à remarquer *la trace du vol d'vn oyseau en l'air, du passage d'vn nauire sur l'eau, & le fray d'vn serpent sur vne pierre.*

S. Cyprian a bonne grace de comparer ce vagabōd tournoyemét de pensées à celuy du Diable, à qüi Dieu disoit: *d'où viens-tu?* l'ay dit-il, *cheminé & voltigé par tout le rond de la terre.* Car certes il est tout constant qu'il n'y a traict d'arc, vol d'oyseau, ny mouuement de Sphere celeste si rapide & momentanée que celuy de la pensée.

Et comme les cieux ont deux mouuemens: l'vn naturel, l'autre retrograde, causé par la violéce du premier mobile, ainsi nostre esprit quoy que naturellement porté à l'attention, neantmoins par la vehemence d'vne mauuaise habitude n'est que trop iournalierement porté à la distraction.

Car nostre imbecillité (pour venir à la seconde cause de la difficulté) est telle, que ou nous ne pouuõs resister à ce torrent de diuagations qui nous inõde, ou pour dire mieux peu prennét la peine de s'y opposer auec le courage qui est requis.

Nostre esprit est vn agent perpetuel tousiours en agitation, ennemy du repos, vn moulin qui s'embrase si on ne luy iette du grain à escraser; vn abysme engloutissant, vne immense & tres-capable vacuité, & comme dit ce Poëte,

Mille figures vont volant dedans ce vuide,

a peu pres comme les atomes d'Epicure. Quelles chimeres ne forme l'imagination desbandée, quelle toile de Penelope ne va t'elle tissant & desourdissant, quelles squilles, quelles crotesques ne produit ceste mer ondoyante: vn flot y pousse l'autre, & le tout se termine en baue & en escume.

La moindre mousche qui luy passe au deuant l'emporte, elle tire au premier oyseau qui luy vole deuãt quãd son arc est tendu. S. Augustin mesme se plaint de la course d'vn lieure qui l'auoit distraict d'vne bõne conception, qu'il alloit meditant par le chemin.

O Dieu que ces trauerses agonisent, trauersent & inquietent vn esprit: pour cela, Dauid se disoit *pesant à soymesme*, & le sainct homme Iob, *mes cogitations dissipées* dit-il, *tourmentent mon cœur*: Dauid derechef, *mon cœur m'a delaissé, qu'il vous plaise Seigneur, me deliurer de cet ennuy, & entendre à mon ayde*.

L'Espouse sacrée apres auoir biē couru & rodé à la queste de son bien-aymé, comme ie presuppose en l'Oraison, trouua des soldats, qui sont les distractions qui la desualiserent & blesserent. C'est la gresle des fleurs & des fruicts de ce sainct Exercice.

Leurs Causes.

CHAP. VI.

Vant que venir aux remedes & à la guerison de ce mal, il nous en faut sonder & recognoistre les causes, bien que le Sage nous die *le cœur de l'homme & l'abysme ne se pouuoir profonder*.

La 1. cause des distractions prouient des sens, pource le Prophete disoit, *que l'œil vole & desrobe l'ame*.

La 2. est la fantaisie, qui ayant receu des sens mille mauuaises impressiõs, les r'ameine par apres lors que l'on en a le moins affaire, & quand mesme le corps est en repos elle forme mille resueries.

La 3. prouient du desreiglement des Passions & inordination des Affections, ce qui bouleuerse entierement l'ame, & luy donne d'estranges conuulsions.

La 4. le peché tant mortel que veniel: celuy-là parce qu'il esteint la grace, celuy-cy parce qu'il amortit la feruuer de la saincte deuotion.

La 5. les soings & solicitudes excessiues des choses terrestres, car *le cœur est où le tresor.* Ce sont ces espines qui estouffent la semence Euangelique ; & les cincenelles de l'Egypte, nées des cendres & de la poussiere.

La 6. les scrupules figurez par ces vlceres secrets, qui affligeoient les Philistins pour la detentiõ de l'Arche, & par les playes des Egyptiẽs. Gratelle fascheuse, qui s'enuenime en la grattant, maladie importune qui se nourrit de poison, qui faict cacochimie du meilleur suc, & à qui plus de choses seruent d'entretien & moins de remede.

La 7. la lascheté de cœur, car les distractions cedent aux genereux, & pillent les pusillanimes.

La 8. est quelquefois la stupidité ou l'extreme ignorance, qui faute de sçauoir s'entretenir de bõnes ratiocinations & solides discours, se pert dans le vague des diuerses pensées.

La 9. est l'instabilité du cœur,

pource dit le Prophete, *Hierusalé a peché, & a esté faicte instable*: le flux & reflux de la mer est attribué à la Lune, & l'inconstant est appellé *muable comme la Lune*.

Tãt qu'il y a vne squille d'os cassé en vne playe, elle ne faict que ietter du pus, & tant qu'il y a quelque mal dans le cœur, il ne faut pas s'estonner si l'esprit est agité de la sanie & insanie des distractions.

Quelle la racine, telle le fruict, telle ruisseau, quelle la source, la põpe ne vomit que ce qui est en la sẽtine du vaisseau. *Du cœur*, dit l'Apostre, *sortent les bonnes ou mauuaises cogitations*.

La 10. cause est la mauuaise habitude, car se faut-il estonner si ayant dés nostre ieunesse lasché la bride à nos pensées, qui comme poulains indomptez se sont donné carriere selon leur caprice, nous ne pouuiõs par apres si tost les accoustumer au mords de l'Attention, vne source

Cc v

corrompuë ne peut pas estre si tost curée.

La cause 11. nous l'attribuons au maling esprit qui se sert de toutes les precedétes, pour exciter en nostre interieur ces remuëmesnages, & ne seroit-ce point pour ce sujet qu'il auroit acquis le nom de Beelzebuth ? c'est à dire Prince des mousches.

La 12. c'est Dieu, non comme cause du mal de coulpe qui pourroit estre és distractions volontaires, mais comme cause du mal de peine, permettant ce fleau pour punition des pechez qui obstaclét le benefice de l'Attention. Pource disoit Ieremie, *Seigneur vous auez opposé vn broüillard, afin que l'Oraison ne passe*. Et en figure de cela, Dieu donna pour malediction à Cain, d'estre tousiours vagabond & fugitif sur la terre.

Leurs Remedes.

Chap. VII.

Es Remedes qui ne regardent que les effects des maux ne sont que superficiels, mais solides & essentiels ceux qui s'appliquent aux causes, attachons donc les nostres à celles que nous venons de descouurir.

Quand la distraction prouiendra des sens, le meilleur remede est de les bien mortifier. Et certes, Angelique, il est sans doute que sans la Mortification, il est difficile, que ie ne die impossible, de bien mediter, tant ces deux choses s'entresuiuent l'vne excitant à l'autre.

Si les yeux nous causent ces destourbiers, tenons les ou clos ou bas, comme le bon Iob, *faisons paction auec eux.* Et auec Dauid: *destournons-les de la vanité.* Si nous serrons bien ces portes & fenestres, le larron n'entrera point en nostre interieur, & les mousches des diuerses pensees ne nous inquieteront point: nous serons au dedans de nous à l'abry de ces vents impetueux.

Si la distraction prouient de la langue, prattiquons ce mot de Dauid, *I'ay mis vne garde à ma bouche*, & prions Dieu auec luy *qu'il y mette vne sentinelle, & qu'il serre nos leures à vne porte de circonstance*.

Si de l'oreille (car l'ame côme les cheures d'Armenie haleinent par là) il y faut selõ l'aduis du Sage, *faire vne haye, afin que la lãgue inique ne s'y glisse comme vn serpent*, & imiter la prudence de l'aspic qui se bouche l'oreille, pour n'estre pipé du chant de l'enchanteur, ainsi faut-il mortifier les autres sens.

Si c'est la fantaisie qui nous distrait par la varieté de ses bizarres idées, c'est vn conseil vn peu gaillard neantmoins donné par le Pere Riccius, de les suiure, pour par apres en faire honte à nostre esprit, & le picquer par cette vergoigne à n'y plus retourner : & de vray c'est bien pour faire hayr vn mal, que d'en considerer serieusement la laideur, & cette haine est vn fort antidote pour n'y recidiuer point.

Le Prodigue Euangelique ayant bien recogneu ses erreurs, & comment il auoit mal dissipé sa substance, ne retourna pas à vne seconde desbauche : Ainsi celuy qui aura bien remarqué les folies que la distraction suggere, se hontoiera de telles fadaises & inepties, & taschera de les éuiter : c'est proprement tirer du Scorpion mesme la guerison de sa blesseure.

Aucuns neantmoins n'approuuent pas cet aduis, estant plustost mediter la distraction, que le mystere, & se distraire de guet à pan pour sçauoir comment on s'est distrait à peu pres, comme Caius Vibius, qui deuint hors de soy pour auoir trop bâdé son esprit, voulant côprendre que c'estoit qu'insanie.

D'autres disent qu'en renvoyant ces impertinentes fantaisies qui nous ont escarté de nostre voye, il en faut conceuoir de la douleur, mais S. Ephrem n'est pas de cette opinion, disant, que ce seroit autant comme ietter des pierres à vn oiseau qui s'est eschappé de sa cage, estant plus à propos de le r'appeller doucement, luy monstrât du grain, pour le faire reuenir, & certes cet aduis est tresbon, de ne rudoyer iamais son ame. La pratique de la douceur, fille de la charité, doit cômencer par nous mesmes, les distractions se chassent mieux par dexterité, que par violence.

On peut bien suiure ces capri-
cieuses fantaisies, mais pour les
pourſuiure & exterminer, & faire
comme diſoit Dauid, *Ie perſecuteray
mes ennemis, & les prendray, & ie ne
reuiendray point que ie ne les aye exter-
minez*, c'eſt aller à la chaſſe de ces
renardeaux, qui demoliſſent la vigne de
l'Oraiſon.

Il eſt bon de repenſer à ces friuo-
les imaginations, *mais auec amertume* & repentir, diſant auec le Sal-
miſte, *I'ay penſé à mes voyes, & ay
rangé mes pas aux bons ſentiers, ie me
ſuis preparé, & ie n'ay point eſté troublé*.

Si la diſtraction prouient du detraquement des paſſions, ſelon la
paſſion faut appliquer le remede,
& outre la mortification on peut
vſer de diuerſion, appliquant la
paſſion au bien, & la retirant du
mal, ce que nous auons enſeigné
en noſtre Traitté des Paſſions aux
Diuerſitez.

Certes côme le flãbeau renuerſé

s'esteint accablé de la matiere, aussi vne forte passion suffoque la lumiere de l'Entendement : c'est la fumée qui chasse les abeilles des bonnes pensées: & le poids qui entraine tous les ressorts de nostre horologe interieur.

Le remede donc sera d'ouurir fidellement son ame à quelque charitable & prudente personne, qui puisse appliquer son conseil au mal qui presse, & temperer le boüillon de la passion.

Si la distraction est causée par le peché, ie n'y voy antre remede que la purgation de l'ame, par l'excellent vomitoire de la Confession.

Si des soucis de la terre, remaschons ce traict de Dauid, *iette ton soing sur le Seigneur, & il te nourrira, il ne permettra iamais que la fluctuation du iuste soit de durée, reposons nous sur luy, & il nous repaistra* : & celuy du Sauueur, *que l'homme ne vit pas du seul pain, mais de toute parole qui*

L'ORAISON MENTALE. 617
procede de la bouche de Dieu.

Si des scrupules il ne faut pas tant y remedier par lauemens & conseils, qui plustost les fomentet, car si on est distrait par les scrupules, on le sera apres par les aduis donnez sur ces scrupules, il faut tirer comme du sang au corps, pour la gratelle, aussi du sens à l'esprit, apprenant ce mot de Salomon, *de n'estre sage en soy mesme, ny trop sage, mais sobrement.*

Si la distraction naist de lascheté de cœur, comme c'est l'ordinaire, il faut picquer la ferueur, & réueiller à bon escient la vigueur.

Le temps d'esmonder est venu, car les fleurs pourrissent en nostre terre, & la voix de la Tourterelle y a esté entendue: il faut prendre la serpe du courage en main, pour tailler tant de pampres inutiles, qui surgeonnent du tronc de nostre cœur, il faut sercler nostre terre interieure, & la deliurer de tant d'importunes orties.

Il ne faut iamais perdre courage, puisqu'en cette bataille spirituelle nous sommes asseurez de n'estre iamais vaincus, tant que nous tiendrons bon, ne donnans pas cette gloire à nostre ennemy, de nous auoir fait quitter le champ, & lascher vne si belle prise.

Le Soleil à la fin dissipe les broüillards, & la perseuerance de l'ame dissoult en fin ces nuaux de distractions.

Ayons bon courage, si nous ne pouuõs déuelopper ces nœuds, nous les trancherons auec le *glaiue de l'esprit*, par vne forte resolution de ne desmordre point de cet exercice, que nous n'ayons obtenu la benedictiõ de nostre celeste Iacob.

Scipion eut de la peine à se deffaire de l'attirail de son armée, apres quoy il fit de tres-beaux exploits : si vne fois nous venons à bout de ces distractions, nous ferõs vn notable progrez en l'Oraisõ.

Pour Dieu, Angelique, ne deffaillons pas cõme la fumée, pour ces vêts.

Nul sera couronné qui n'aura combattu. Faisons comme Israel, bastissons vn Temple à Dieu en nostre cœur d'vne main, & combattons de l'autre contre ces distractions qui veulent empescher ou retarder vn si bon œuure, & qui comme ce Roy d'Edan, veulent s'opposer qu'Israel ne passe en la terre promise, terre coulant le laict & le miel des diuines benedictions.

Consolons nous en ce que nous combattons deuant Dieu, & comme Sainct Estienne, que nous endurons deuant ses yeux ceste gresle de pierres, *quãd biẽ nous serions accablez, si deuõs nº tousiours esperer en luy.*

Souuenons nous de ce page d'Alexandre, qui de peur de troubler le sacrifice, se laissa brusler la main, ceux-là sont plus volages que leurs distractions, qui pour elles quittent l'Oraison: *cõment pourroiẽt-*

ils resister iusques au sang.

Ce sont les petits arbres & les petits feux, qui craignent les vents, les grands s'en enracinent, & s'en embrasent, les petits courages se rebutent à la moindre bouffée de contradiction, mais les grands s'animent par le contraste, s'aiguisent & affinent par la difficulté.

Que si nonobstant nos combats les distractions nous emportent tout le temps de la Meditatiõ, il ne faut pas pourtant croire l'avoir perdu, puisqu'en faict de peché celuy là seul nuist qui aggrée, ainsi il y a beaucoup plus de merite à luitter ainsi, & se releuer, comme l'on conte d'Antée, de ces terrassemens, qu'à ratiociner auec delectation & aysance.

Les grosses mousches en se debattant rompent les toiles d'araigne, & les esprits courageux en combattant domptent ces distractions.

L'herbe Nicotiane dont le mot en Grec signifie victoire, fait mourir la vermine, & dit-on le mesme des cendres de saule trempées en du vinaigre, il ne faut que du courage & de la vigueur pour extirper cette vermine spirituelle, *l'homme obeyssant* & resolu, *en aura la victoire*.

Au reste tant s'en faut que ces importunes diuagations doiuent abbatre le courage, qu'au contraire c'est signe de fertilité d'esprit, qui bien cultiué pourra porter de bonne semence, puisque sans culture il produict ces ronces & chardons.

Que si elles prouenoient d'ignorance, ie ne peux donner autre remede, sinon d'aller au voyant, & se faire bien instruire par quelque bon Pere spirituel, *ouurant l'oreille à ses instructions, sans contradiction, & lors on aura de la ioye en l'ouye, & l'intelligence sera remplie de liesse, & l'humilité aura de l'exultation* & de l'exaltation, car ce mot d'vn ancien Poëte est tres-vray.

Qu'il n'est aucun esprit si farouche & sauuage,
Qui ne puisse au moyen d'vn bon apprentissage,
Appriuoisant ses mœurs se perfectionner.

Si les distractions naissent de l'instabilité du cœur, le meilleur remede est de prier Dieu, *qu'il commande aux vents & à la mer, & qu'il nous donne le calme, nous confirmant de son Esprit principal.* L'exercice frequét des resolutiõs chassera cette instabilité, cõme vn clou pousse l'autre.

Si elles sourdent de la mauuaise habitude, plus elle sera inueterée, plus difficile sera-il de les desloger, *car quand les os sont enuieillis, & que les cicatrices sont corrõpuës à la veuë de nostre imprudence,* il faut de puissans remedes pour desraciner de vieux maux, neantmoins il ne faut pourtãt point desesperer de la guerison, nous souuenant des trente ans que le Paralytique fut au bord de la Piscine, où en fin N.S. le guerit, & sans la Piscine *la main de Dieu n'est point r'accourcie*, bien que nostre cœur soit vn vieux vaisseau si creuassé, qu'il face eau de toutes parts, il peut *le recreer en sorte qu'il sera comme tout neuf*, & n'admettra en soy aucune goutte de distraction. Le remede sera donc auec le recours à Dieu de supplanter peu à peu cette vitieuse habitude, par actes frequets d'attention, & Dieu qui sçait tirer *la lumiere des tenebres*, sçaura chasser l'vne mauuaise par l'autre bonne.

Si la distraction vient de la part du diable, il faudra inuoquer les saincts Anges, & principalement celuy qui nous est donné pour assistant & gardien, faire le signe de la Croix, & dire, *Voila le signal de salut, fuyez parties aduerses*, ou bien ces versets de Dauid, *Arriere de moy malings, afin que ie medite la Loy de mon Dieu: que le*

Seigneur se leue, & que ses ennemis soient dissipez, ou ce mot du Sauueur estant tenté au desert, *Va loing de moy Sathan.*

Si de la part de Dieu il la faut receuoir comme chastimét auec humilité & patience, disant auec Daniel, *Seigneur vous estes iuste en tout ce que vous faictes, vos voyes sont droites, & tous vos iugemens vrais, vous auez auec iugement induit cela sur moy, à cause de mes pechez, car i'ay peché & fait iniquement, me retirant de vous, n'ayant ny obseruant vos commandemens,* & auec Dauid, *toutes les voyes du Seigneur sont misericorde & verité,* & encores, *Vous estes iuste Seigneur, & vostre iugement droict,* & auec Iob, *Qui osera Seigneur entrer auec vous en iugement, auec vous qui nombrez nos pas?*

C'est luy *qui entend nos pensées de loing, & qui remarque nos sentiers & nos traces, il voit les pensées des hommes, & qu'elles sont vaines*: Disons luy

luy donc, *Seigneur voyez mon humilité & mon angoisse, & me pardonnez mes pechez*, & auec la Cananée disons luy *que nostre fille*, c'est à dire nostre ame, *est mal-menée ; & qu'il aye pitié de nous* : crions luy, *Seigneur ie suis violenté, respondez pour moy*, & auec les Apostres en la tempeste, *Seigneur sauuez nous, nous perissons.*

Le souuerain remede en toutes distractions, est, d'auoir soudain recours à Dieu, & inuoquer son S. Esprit, car comme vn grand vent emporte le moindre, ainsi ses halenées chassent les tourbillons des distractions, appellons donc comme l'Espouse, *Ce vent Austral & Aquilonaire, pour s'espandre sur les fleurs de nostre iardin interieur*, prions le que ce vent emporte ces sauterelles de nostre Egypte dans la mer rouge du Sang de nostre Seigneur, si vne fois *Dieu est pour nous en ce conflit, qui sera contre ? Seigneur lancez vostre main d'enhaut*,

& me deliurez, & me retirez de ces eaux angoisseuses, & des attaintes de ces enfans estranges, de ces pensées estrangeres & peregrines.

Il y a encores d'autres remedes generaux, comme seroit le mespris, principalement si ce sont distractions legeres & momentanées, ce sont mousches qui ne meritent pas grande consideration, c'est à faire aux enfans à s'amuser à veoir les cercles que le jet d'vne pierre forme en vne eau stagnante, ce seroit vn inutile amusement de s'arrester à tant de pointilles.

Le voyageur pressé ne s'arreste guere à considerer les choses inutiles qu'il rencontre en son chemin, nous auons autre chose à faire qu'à esplucher des distractions, il est meilleur de tirer pays, & de filer de longue.

Les gros chiens ne s'arrestent pas à l'aboy des petits qui leur jappent, laissons tempester les distractions, allōs toufiours noſtre grād chemin.

Le faiſte du mont Olympe n'eſt point ſubjet aux orages & impreſſions de l'air, qui enueloppēt ordinairemēt les sōmitez des moindres montagnes, toute ame qui s'eſleue hautemēt, *& dreſſe ſes yeux aux mōtagnes, & à celuy qui habite aux Cieux*, eſt bien toſt deliurée de ces agitatiōs.

Ains comme les rocs voiſins de la mer, non ſeulement reſiſtent aux flots, mais s'en poliſſent, de meſme les eſprits forts s'addextrēt en ſouſtenant l'effort de ces diuagations.

Ceux qui apprénent à dancer ont de la peine au cōmencement à entrer en cadence, quād ils y ſont façonnez ils auroient de la difficulté d'en ſortir : ainſi pluſieurs qui trauaillez de diſtractiōs, ont de la difficulté d'entrer en l'attētion requiſe en ce ſainct Exercice, par apres peine d'en ſortir : l'experience fait veoir cela tous les iours.

Vn autre remede ſera d'vſer de

Dd ij

diuersion, stratageme spirituel, pareil à celuy des Medecins, qui ne pouuans asseicher vn catharre, le destournent en quelque partie moins importante: il faut ainsi biaiser le gouuernail parmy ces flots mutinez.

On dict que les abeilles bouchēt leurs ruches de ruë, pour en destourner les araignées & les serpens, c'est vn sage aduis de diuertir la distraction auant qu'elle s'empare du cœur, car il est plus facile de ne la receuoir pas, que de la rechasser estant receuë.

Il est en nous de respirer vn bon ou mauuais air, mais depuis que le mauuais s'est emparé de nostre cerueau, malaisement l'en peut-on éuacuer.

Sainct Paul conseille que *celuy qui veut consacrer son cœur à Dieu, ne s'embarrasse point dans les negoces seculiers*, cela ne fait qu'empestrer les aisles des saincts desirs.

Quiconque aura l'œil à l'erte en l'Oraison, & de tant loing que la distraction apparoistra, la forhuera comme vne chouette malencõtreuse, qui ne fait qu'inquieter les oiseaux du iour, s'en fera incontinent quitte, *En vain*, dit le Sage, *se iette le reth deuant les oiseaux accorts, & bien empennez*.

Vn autre antidote sera voyant venir la noire nuée de la distractiõ, de se mettre à l'abry de son subjet, & se refugier à la representation, s'attachant à la Croix, si la Meditation est de la Passion, ou en fin à la proposition du mystere, car comme l'enfant qui a peur de choir, s'enfuit dans les bras de sa mere, & le soldat qui redoute les surprises, se r'enferme dans ses retranchemens, & le cheual qui s'eschappe est remis dãs ses voltes par l'adextre escuyer, & l'oiseau par ses longes est retenu sur le poing, & les pãpres sont attachez à leur pau, de peur qu'ils ne trainent & rampent inutilement contre terre, & la Tortuë se resserre dãs sa cocque, pour éuiter le heurt, ainsi pour fuir le choc des distractiõs, il n'est que de se réclorre à bõne heure dãs les barrieres des points que l'on s'est proposé de mediter.

Il faut à la Meditation, comme en vn festin, *mãger ce qui est apposé*, nõ rechercher des viãdes esloignées auec incõmodité ensemble, & inciuilité.

Sur ce propos d'inciuilité, il m'est aduis que ce seroit encore vn salutaire remede, de considerer cõbien c'est vne chose agreste & indecéte, d'estre ainsi distrait deuãt Dieu, car si c'est vne contenance qui sent son rustique, de parler en regardãt d'vn autre costé, tournoyant la teste, & remuant les doigts, combien est il plus inciuil d'auoir les pensées desreiglées en priant Dieu?

Mais comment pense estre entenduë de Dieu cette personne qui ne s'entend pas soy mesme, dit S. Cyprian, *& que Dieu* se souuienne d'elle, puis qu'elle ne se souuient pas de luy?

Que si vn Roy, dit S. Chrysostome, tiendroit à affront, qu'vn de ses subiets luy parlast auec irreuerence, & sans bien penser à ce qu'il luy dit, quelle punition meritera le mespris de celuy qui parlât au Roy des Roys, que les Anges seruent auec crainte & tremeur, pensera à de la paille, de la bouë, & des ordures? car telles sont les choses de la terre.

Excellent donc est l'antidote que fournissēt SS. Basile & son cher cōpagnon Gregoire de Naziāce, qui est de se tenir ferme en la presence de Dieu, car ce Soleil dissipe toutes ces fausses estoilles des distractiōs. Considerez, dit celuy-là, que vous estes deuant Dieu: que si celuy qui parle à vn Prince, ou à quelque personne graue, non seulement pense à ce qu'il dit, mais mesmes retire à peine ses yeux de dessus ce grād, cōment ne serōs nous attētifs deuāt celuy qui profonde les reins & les cœurs? ainsi faisoit Dauid, qui preuoyoit tousiours

Dieu deuant soy, qui y auoit les yeux fichez, comme ceux du seruiteur és mains de son maistre. Mais pour prendre vn exemple moindre, voyez auec combien de circonspection, soit de geste, soit de voix, nous parlons deuant nos esgaux, de peur d'en estre repris: auec quel soing parle-t'on en public, & en l'Oraison où nous chantons à Dieu deuant le Chœur des Anges? serons nous point recueillis? gardons nous de faire moins d'estat de ces celestes Esprits, que des hommes, qui ne sont que des vers de terre. Iusques icy est la conception de Sainct Basile, oyons celle de son frere bien-aymé. Dieu est continuellement en nous, & autour de nous, & s'il desistoit de nous soustenir, nous cesserions d'estre, si nous nous escartons tant soit peu de luy, nous cessons de bien penser, car comme l'image se perd au miroir quand l'obiect se soustraict, & la chaleur se retire de l'eau separée du feu, le ray s'éuanouyt, diuisé du Soleil, le corps se dissipe, disioint *de l'ame, le rameau se seiche retranché du tronc, ainsi si nous nous esloignons de la presence de Dieu, nous ne sommes plus illustrez, nous tombons en tenebres & en confusion.*

Seruira encores de considerer la grande perte que nous cause la distraction, pour nous encourager à la repousser virilement, perte figurée par cette negligence de l'espouse, qui s'amusant à des considerations legeres, tarda d'ouurir soudain la porte à l'espoux, distillant *vne rosée* de graces.

L'exquise methode aussi seruant fort à la conseruation de l'attention, chasse par mesme moyen la distraction, c'est le fil d'Ariadne, dans ce Meandre de diuagations.

La solitude encores confere grandement à l'extirpation des distractions, car comme les objects esmeuuent les puissances, la fantaisie par apres nous va troublant par la multiplicité de ses images, pource auons nous dict, que fermer les yeux, & chercher les lieux obscurs, ayde à la Meditation. Les Poëtes qui logent leurs Muses en des grottes, enseignent par là que les lieux sequestrez r'amassent mieux les pensées.

Israel ne peut sacrifier és embarras de l'Egypte, ouy bien au desert.

Pour vn autre antidote redoublez les aspirations & Oraisons iaculatoires, car elles ont cette proprieté par leur cry (comme les cresserelles, de chasser les oiseaux de proye) d'escarter les distractions, elles sont figurées par ces pointes dorées, dont parle Iosephe, qui estoiét sur le couuert du Tḗple, pour empescher les oiseaux de s'y poser, y faire leur esmeut & leurs nids.

En fin le remede des remedes est, de resister virilement à ces assauts sur cette certitude, que nulle distraction peut nuire, si nous n'y prestons du consentemét, elles ne peunent entrer dans le donjon de noſtre cœur, ſi noſtre volonté n'en machine la trahiſon.

En vain le diable bat ce fuſil, & fait des eſtincelles de fauſſes lumieres, ſi noſtre conſentir ne preſte la meſche, il ne ſe fera aucun degaſt.

Les ſeules mouſches mourantes, dict le Sage, *perdent la ſuauité de l'onguent*, non les paſſageres: la ſeule diſtraction volontaire & deliberée peut corrompre l'Oraiſon.

Non la forcée & combatuë: au contraire ce contraſte augmente le merite, c'eſt vne guerre aduantageuſe aux genereux.

Il ne ſe faut pas esbahir, diſoit le B. frere Gilles, vn des premiers cõpagnons de Sainct François, ſi le diable nous trauerſe par les diſtractiõs, car il craint que noſtre Oraiſõ ne gaigne l'oreille du grãd Iuge, à ſa cõdemnation, & à noſtre ſalut.

Quiconque redoute le cõbat, ne

verra iamais la courône, on n'eva au
raffraichissement que par le feu & l'eau:
C'est vn tesmoignage d'esprit foi-
ble & mince, de redouter vn si petit
obstacle que celuy des distractions,
c'est craindre d'aller à la chasse,
ayant peur des feuilles du bois.

Mon Angelique, vous auez l'esprit mieux faict que cela, cette foi-
ble luitte ne retardera, ie m'asseure,
en rien vostre genereuse entreprise : ô si vous perseuerez tant soit
peu, que vous ressentirez bien tost
de grandes consolations, desquelles ie vous vay dire quelque chose.

Des Consolations interieures.
CHAPITRE VIII.

NOSTRE cher Pere, mon
Angelique, a si dignemét
traitté cette matiere des
Consolations & sterilitez
spirituelles, tant en la seconde

qu'ē la quatriesme partie de son Introduction, que vouloir la manier apres luy, c'est monter sur le theatre apres Roscius, chāter apres Cephisius, parler apres Demosthene, & comme vouloir parfaire les hemistiches du grand Poëte, neantmoins comme chacun abonde en son sens : Voicy ce que i'ose adjouster par forme de Commentaire.

Les Affections & les Passions se distinguent selon les parties de l'ame, celles-là residēt en la superieure, celles-cy en l'inferieure & sensitiue. Ie distingue la Consolation interieure en Affectueuse & Passiue; ie veux dire en Intellectuelle ou Spirituelle & en Sensible.

Celle-là est vn contentement intellectuel, *vne multitude de paix, vn repos opulent* en la supreme partie de l'ame, semblable à la pureté de la plus haute region de l'air. S. Paul l'appelle *paix de Dieu qui trapasse tout sentiment*.

C'est vne abondance qui remplit les trois principales facultez de l'ame, & qui fecõde la memoire: *i'exhaleray* disoit Dauid, *la memoire de l'abondãce de vostre suauité, ô Seigneur*, qui illumine l'entendement & le meuble de belles cognoissances, qui enflamme la volonté de sainctes ardeurs.

C'est ce contentement que Dieu participe à ceux qu'il ayme, *où l'œil ny l'oreille ne peuuent monter. Paroles secrettes qui ne se sçauroient raconter. Grande multitude de douceur que Dieu reserue à ses fauoris.*

Or en ces consolations pures spirituelles, il n'y a aucun meslange des sens, & pource sont-elles beaucoup plus excellentes que les autres qui s'appellent sensibles: lesquelles residét en la passiõ de plaisir ou de ioye en l'appetit sensitif.

Elles arriuent de la surabondance des premieres, lors que l'ame enyurée de la *fecondité des precedentes se* noye, se liquefie dans vn torrent de volupté.

Dauid a exprimé cela en ce verset: *mon cœur*, voila la consolation spirituelle, *& ma chair* voila la sensible, *se sont resiouys en Dieu*, autremēt il nomme cela *dilatation de cœur*.

C'est comme le regorgemēt d'vn fleuue, qui sortant de son lict arrose la campagne, cōme l'espanchemēt d'vn pot où d'vn moust boüillant.

C'est cōme *l'onguent d'Aaron* qui decoule *du chef*. Voila la Consolation intellectuelle, *sur la barbe & les habits*: voila la sensible.

C'est quād le grand Caleb donne à nostre ame sa fille, *vn arrosoir superieur & inferieur*, delugeant le mycrocosme de l'eau des douceurs, ouurant *les cataractes* de l'entendement, *& les sources abyssales* de l'appetit sensitif.

S. Paul nōme ceste ioye *surabondāte* elle est mise *dans le sein par vne mesure pleine, comble, voire espanchante*.

De l'vne & l'autre sorte de consolations estoit quelquefois surcõblé & accablé S. Effrem, qui le contraignoit de dire à N. S. *qu'il se retirast*, & le B. François Xauier Apostre des Indes, second œil de la Cõpagnie de Iesus en estant saisi, s'escrioit: *c'est assez Seigneur, c'est assez, ouy mon Dieu. La principauté de vos Saincts est trop confortée & consolée*, dit Dauid.

L'ors *l'on gouste* & l'on voit, car ces suauitez sont des douceurs illuminées, & de douces lumieres.

Voila quelles sont ces Consolations: mais il y a deux principales difficultez à vuider. La premiere comment il faut distinguer les bonnes des mauuaises: car comme vous sçauez, Angelique, *l'Ange de tenebres se transforme quelquefois en Ange de lumiere*. La seconde comment il se faut gouuerner emmy les vnes & les autres.

Quãt à la premiere, la vraye pier-

L'ORAISON MENTALE. 641
re de touche c'est l'effect: le Lyõ se cognoist à l'ongle, & l'arbre au fruict. Les bonnes qui prouiennent de la part de Dieu & du bon Ange, nous donnent vn desir de faire progrez au bien: *nous ostent ceste presomptueuse opinion d'auoir faict chose qui vaille au passé, ou d'auoir atteint à quelque degré de bien, mais nous pressent doucement à nous estendre plus auant à bienfaire.* Elles nous esueillét, nous piquent, nous disposent au progrez en la vertu : elles ont pour deuise *plus outre*. Elles sont suaues, douces, gratieuses, tranquilles, comme le vray baume, elles vont au fond, i'entends qu'elles sont humbles & modestes.

Les fausses ressemblent au miel d'Heraclée qui dõne vn tournoyement de teste, elles sont vaines, dissoluës, excessiues, turbulentes, causeuses, viandes douces, mais venteuses, coliqueuses, coquilleuses, tousiours pleines d'amour propre

& d'inepte complaisance, Marcassites qui n'ôt que la couleur & l'apparence du metal, non la solidité ny le poids, laict & sucre qui excite des vers: au demeurant elles font du milieu la fin, & s'arrestent à ces sentimens, au lieu qu'ils ne doiuent seruir que d'allechement pour aller plus outre : *il faut donc bien esprouuer ces esprits de consolation* pour reietter le mauuais, & se comporter sagement auec le bon.

Car pour vuider la seconde difficulté, il n'y a temps auquel il faille estre dauātage sur ses gardes, comme en celuy d'abondance & Consolation interieure, il faut calfeutrer le vaisseau pendant ce calme, car comme les mariniers presagent vne tempeste voisine d'vne trop grande bonnace, aussi les spirituels *preuoyent de l'amertume de ceste paix*, & redoutent la tourmente de quelque tribulation.

Quant à la Consolatiō reçognuë

L'ORAISON MENTALE. 643
apertemēt mauuaise, il la faut chasser à outrance & la detester, car les presens des ennemis ne sont point des presens.

Et quant à la bonne qui nous vient de la part de Dieu, comme vne mignardise & caresse de sa paternelle main : comme il ne la faut pas reietter, aussi la faut-il receuoir auec beaucoup d'humilité, s'en estimant indigne, & de resignatiō, preparant le cœur à la lascher toutes les fois qu'il plaira à la diuine bonté de la retirer, n'y bastissant pas les Tabernacles comme S. Pierre sur le Thabor.

Il ne la faut ny rechercher ny fuyr, mais comme Salomon, demander *ce qui nous est necessaire, sans se soucier de ces abōdances* ou sterilitez spirituelles.

On ne la doit point desirer, mais neantmoins on le peut sans peché, pourueu que l'on n'y mette pas sa derniere fin, ains seulement qu'ō la souhaitte pour soulager nostre foiblesse, & nous seruir d'esguillon à faire mieux.

Pource *quãd ces richesses interieures nous arriueront, il n'y faut pas trop attacher son cœur.* Mais *au iour des biens il se faut souuenir des maux*, faire prouision pendant cet Esté, & à ce port de tranquillité se garnir de biscuit pour fretter sur la mer des angoisses.

Il faut sauourer ces gousts comme en passant à guise des soldats que choisit Gedeon, non ceux qui beuuoiét couchez sur leur ventre, mais ceux qui prenoient legerement de l'eau dans le creux de leur main.

Au demeurant ces saueurs & faueurs ne sont pas des indices de grande perfection, ouy bien des tesmoignages d'vn commencemét de perfection, c'est du laict, ce sont des dragées pour les ames ieunes & nouuelles en la vertu, en laquelle

L'ORAISON MENTALE. 645
estans plus aduancées, elles se paissent de viandes plus rudes & dures: mais plus fermes & solides. Quand les auettes ont trop de mouschons, elles ont peu de miel, & plus elles ont de miel, moins ont elles de petits, & souuent plus on a de ces saueurs, moins a-t'on de merite.

 Il est tout certain que l'essentielle & substantielle Consolation & Deuotion, ne consiste point en ces tendresses sensibles : mais plustost en vne ferme volonté de plaire à Dieu, d'obseruer sa saincte Loy, & ne faire rien qui luy puisse desagréer. *Faisons icela, & nous viurons.*

Des Ariditez Spirituelles.

CHAPITRE IX.

Redoute en la prosperité
Et est forte en l'aduersité
Vne poitrine tousiours vne
En l'vne & en l'autre fortune,
Ce dit vn sage Poëte ancien.
TEl est le flux & reflux des humaines vicissitudes, nous singlós perpetuellement en la mer de ce monde, entre ces deux poles, ou pluſtoſt entre ces deux gouffres de la prosperité & de l'aduersité, si nous ne sommes constans en celle-cy, & humbles en celle-là, nous nous portons dans des escueils: en celle-cy s'esprouue nostre sagesse, en celle-la nostre fidelité.
Sçachez donc, Angelique, qu'il n'est pas tousiours beau temps: *preparez-vous à sept années de sterilité pen-*

d'int celles de fertilité. Ce beau Soleil dont l'auoisinement a faict esclorre, des fleurs en voſtre terre, les fanera par son esloignement, l'Hyuer succede à l'Eſté, & au serain la pluye.

La loyauté des espoux se preuue en l'absence, Dieu vous esprouuera en vous souſtrayant l'abondance de voſtre cœur.

Si vous conseruez le feu du ſainct Amour ſous la cēdre de l'aridité, ne doutez point *qu'eſtant fidelle ſur peu, Dieu ne vous conſtituë ſur beaucoup.*

O Dieu! le miserable eſtat que d'auoir eſté riche, & deuenir entierement pauure & desnué de tous moyens! c'eſt ce qui arriua à Iob: auſſi pour ſa patience *tout luy fut double.*

Il fut reduit à ceſte extremité de misere de se voir couché ſur vn fumier, raclant auec *vn teſt de pot caſſé, le pus qui ſortoit des vlceres qui playoiēt tout sō corps:* mais pour cela il ne quita iamais Dieu. Il vous en pourra arriuer spirituellement de mesme, mon Angelique, & peut-estre que la desolation, secheresse & aridité spirituelle sera si grande en vous, que vous pourrez dire auec le grād Apostre, *nous auōs esté si extraordinairement vexez, qu'il nous desplaisoit de viure.* Vous verrez telle fois tous les mouuemens de vos facultez interieures en sorte assoupis, qu'à peine cognoistrez-vous aucun sentiment de vie en vostre ame, vous la verrez blessée & languissante en toutes ses parties, à peine raclerez-vous vne miserable pensée de vostre entendement, vne estincelle de vostre volonté, vostre memoire ne vous suggerera rien, & vostre fantaisie ne vous seruira que de trouble-feste, faisant des remuëmesnages en vostre appetit sensitif, que ceste condition vous semblera déplorable au prix de la douceur de l'abondance que vous aurez experimentée!

Lors

L'ORAISON MENTALE. 649
Lors vous pourrez souspirer auec le mesme S. Iob, & dire: *où est le tëps que ie lauois mes pieds* (symbole des affections) *dans le beurre* (marque de suauité; *& que la pierre me couloit des ruisseaux d'huille? qui me donra de pouuoir estre comme i'estois en ces iours là qui sont passez?*

L'orage pourroit bien estre si grand que vous ne pourriez presque attendre qu'vn asseuré nauffrage, neantmoins *esperez contre l'esperance*, ces furieux Neptunes ne vous pourront engloutir tant que vous tiendrez vostre timõ droict, qui est vostre volonté superieure. *Dieu ne permettra iamais tant il est bon & fidelle à l'ame qui le cherche, que la tentation passe vostre force: quand bien il nous tueroit, si deuons-nous esperer & aspirer en luy.*

Quand vous serez en ceste aduersité, consolez-vous par le souuenir de la prosperité passée, & promettez-vous pieusement qu'elle

E e

reuiendra, dites auec Dauid *mon ame pourquoy es-tu triste, & pourquoy me troubles-tu? espere en Dieu tu le confesseras encores.* Quand la Consolation sera retournée, tenez-vous en crainte & en humilité par l'apprehension de la guerre & aridité, qui vous peut suruenir, balancez ainsi vostre esprit, & le tenez esgal emmy ces inegalitez esgalement vtiles, si vous sçauez faire profit, & vous preualoir de leurs aduantages. C'est là vn aduis du grand S. Gregoire.

Puis qu'il est asseuré, & que c'est vn accident inseparable de nostre substãce, d'estre tousiours en brãle, *& iamais en vn mesme estat*, faisõs nostre nid comme l'Alcyõ, emmy ces ondes, cherchons la fermeté dans le branle, & que nostre Constãce se forme des remuëmens qui nous agitent. *Soyons cõme mortifiez, & neãtmoins* viuans par vne ferme resolution de n'abandonner iamais Dieu qui est nostre vie.

Or vous vous consolerez en cet estat, Angelique, comme les malades qui attendent la santé, mais que ce soit sans empressement & sans trouble, vous souuenāt que les medecines ameres sont vtiles & purgatiues.

Que ceste diete spirituelle peut dessecher vos peccātes mœurs, que comme les amandes ameres empeschent de s'ènyurer, ainsi l'aridité guerit de l'yuresse des trop abondantes consolations.

Consolez vous en ceste pauureté spirituelle, de ce que vous serez en la Beatitude *des pauures d'esprit*.

Et sous l'estendard de celuy qui crioit pendant en la Croix; *mon Pere mon Pere, pourquoy m'auez-vous delaissé?* vous conformant à l'image de celuy qui pour vous *en sa plus grande soif, a esté abreuué de vinaigre*.

Ne vous laissez pas emporter aux persuasions de cet esprit trauersant qui se sert de ces ariditez pour nous pescher en eau trouble, pour y faire vne pepiniere de tristesses melancholiques, vn seumiaire d'inquietudes, vne fourmilliere de laschetez.

Ne cedez à ces flots, mais voguez au contraire.

Seigneur, dit Dauid: *vous auez faict les tenebres, & la nuict est venuë, durāt laquelle roderōt toutes les feres des bois.* Voyez-vous comme pendant les ombres obscures des desolatiōs interieures nos ennemis inuisibles: appellez *Princes & Puissances des tenebres & malices spirituelles* sont en cāpaigne, les Lionceaux galopent rugissans & cherchans de la proye. Le Soleil de la Consolation reuenant ils se retirent en leurs repaires, & lors on peut sortir pour aller œuurer. O que les œuures de Dieu sont pleines de magnificence & de sagesse, quād il donne l'on collige abōdammēt, quand il ouure sa main tout est remply de bonté, mais s'il retire sa face tout est troublé, quand il soustrait son esprit tout defaut, & se reduit en poussiere & fumée.

Leurs Causes.

CHAP. X.

Oila bien le mal : mais voyons d'où il procede, remontons à ses sources.

La 1. Cause est le peché, c'est ce vent brulant qui tarit les ruisseaux des consolations, c'est vne fumée qui chasse ces emmiellées Abeilles.

C'est cet Holoferne cruel qui tranche tous les canaux de nostre interieure Bethulie. O Angelique, si vous voulez que Dieu vous caresse, *faictes que le peché ne regne point en vostre cœur.*

Oyez Iob, *I'ay peché, & mon œil se confit en amertumes.* Le peché enfielle le palais de l'ame, & luy faict trouuer ameres les douleurs, & cõbien plus insupportables les amertumes! mais où il n'est pas ou habite la grace, les aigreurs y sont adoucies, *& les tribulations se changent en bien.*

Oyez Dieu parlant à Israël par la bouche de Moyse, *Parce que tu ne veux pas entendre ma voix, ny obseruer ma loy, que la terre te soit de fer & le Ciel de bronze, que vains soient tes labeurs, qu'aucune semence ne germe, que l'ardeur brule tout, que la sterilité t'affame, que la cherté te consume. Mais si tu chemines par mes preceptes, ie te donneray la pluye en son temps, la terre germera, & les arbres produiront des fruicts en abondance.* Cesse donc le peché, cessera la disette spirituelle, car il est escrit: *que la malice des habitans change la terre fertile en saumure,* c'est à dire en sterilité.

La 2. Cause est l'affection à la terre; car le Man & l'Ail d'Egypte sont incompatibles, quand la Lune est claire du costé de la terre, elle est obscure vers le Ciel. La chair & l'esprit s'entrepoussent comme Esau & Iacob, *mon esprit dit Dieu, quittera l'homme, car il est chair*, car comme dit S. Paul, *l'homme charnel ne conçoit pas bien ce qui est de Dieu*. Quand Israël eut quitté le Nil, il eut *du miel de la pierre*.

La 3. Cause est l'ignorance & stupidité naturelle, comme aussi le trop de sçauoir humain, car comme la sterilité est en vne terre ou trop aride, ou trop humectée. Ainsi les ames ou par trop grossieres, ou bien trop subtiles, sont accueillies souuent de ces spirituelles desolations, celles-là pour n'auoir aucune industrie pour esmouuoir leur entendement & leur volonté, celles-cy pauures en l'abondance, *sçauent beaucoup, mais non comment il faut sçauoir*, peu stilées en *ceste science des Saincts*, qui met sous ses pieds tout humain sçauoir.

La 4. Cause est vne lascheté és exercices spirituels: car le champ *du paresseux*, dit le Sage, *est tousiours plein de ronces & d'orties*, sterile & infructueux. La roüille vient au fer qui n'est point exercé, & la sechereſſe à l'ame fetarde.

La 5. quand on fuit la Mortification, car à vray dire, sans ce fumier nostre terre ne produit gueres. *L'esprit ne s'esleue que par la depression du corps, il se renforce par la debilitation de l'autre. Le corps trop gras aggraue l'esprit & l'appesantit.*

La 6. les passions intemperées, car ce sont autant de fieureux accez qui donnent des alterations & inquietudes.

La 7. vient quelquefois quand on manque à se preparer comme il conuient en l'Oraison, comme par exemple faisant sa lecture sur le champ pour mediter, au lieu de la faire dés le soir, car puisque c'est

L'ORAISON MENTALE. 657
tenter Dieu de se preparer mal, se
faut-il estonner s'il nous laisse en
la pauureté de nos inuentions? Vne
viande pour estre bonne, ne doit
pas estre mangée à l'instant qu'elle
est tuée, il la faut laisser mortifier,
il la faut apprester, cuire, mascher,
aualer, digerer. Preparez ainsi,
Angelique, vos mets spirituels, &
vous y aurez du goust.

La 8. Cause est de causer trop,
comme communiquer indiscrettement ses consolations & faueurs
interieures : car Dieu depart ses
graces comme la Manne auec mesure, & il ne veut pas que l'on en
face profusion, moins encore de
parade. Ezechias faict monstre de
ses tresors & les perd. Les graces
du sainct espoux sont pareilles au
vin & aux parfuns, l'esuent les gaste. *Mets moy ma chere amie, comme*
vn seau sur ton cœur & sur ton bras.
L'ame spirituelle doit estre vne
fontaine seellée, & porter pour inscri-
Ee v

ption comme dit S. Bernard, *mes secrets est pour moy.*

La 9. Cause est l'interruption de ce sainct Exercice, car si l'intermission des corporels, comme par exemple de iouer du Luth, donne ie ne sçay quel engourdissemét & inhabileté, combien plus à l'esprit qui veut agir plus continuellement?

La 10. est la Curiosité, car l'Espoux sacré la hait indiciblement, *Il recommande sur tout à son espouse de destourner ses yeux, ou qu'il s'envolera.*

La Cause 11. est vne trop grande tristesse, car il est escrit: *que l'esprit triste desseche les os.*

La 12. Cause est quand Dieu souftrait sa douceur, *comme nous sevrant & ostant de sa mammelle*, car cōme la terre ne produit rien que par les influences du Ciel: ainsi *quand Dieu nous visite, nostre terre porte son fruict.* Quand la Lune est petite, il y a peu de moelles dans les os, & les marées sont basses; soudain que

Dieu cesse de nous suggerer des inspirations, nous tombons en aridité.

Leurs Remedes.
CHAP. XI.

Our Remede, Angelique, contre la 1. cause qui est le peché, prenez la saincte Confession, car c'est le vray dictame pour chasser les mauuais traicts du cœur, purgez vous à bon escient, & repurgez de vos pechez notoires, & qui vous sont cognus, *celuy qui est sainct* dit l'Escriture, *se sanctifie encores; celuy qui est net, se nettoye encores*: quāt aux fautes occultes, priez Dieu qu'il vous en laue, & qu'il ne vous impute point ceste ignorance incoulpable apres vne deuë recherche.

Pour remedier la 2. cause, destachez, arrachez, decolez, voire par violence vostre cœur de ces visqueuses & vitieuses affections du siecle: car ceux-là n'entrent pas en la terre Promise, qui regardent en arriere, qui regrettent les marmittes d'Egypte, *qui exasperent l'esprit de Dieu à ces eaux de contradiction*, faictes vn grand effort pour ce destachement.

Pour le remede de la 3. Cause qui est du trop peu, ou du trop sçauoir, il faut guerir l'ignorance par vn salutaire apprentissage, car à vray dire se mettre à cet exercice mental sans instruction, c'est s'embarquer sans biscuit. Et l'excez de la science en desenflant ce balon bouffy du vent de la presomption, pour ne *sçauoir autre chose que Iesus Crucifié*. Pour remedier à la 4. cause, faisons bõdir nostre cœur de sa paresse par quelques piquans reproches.

Si l'aridité prouiẽt de deffaut de Mortificatiõ, il faut embrasser d'vn grand courage cet aiguillon de deuotion, & battre la pierre pour en tirer de l'eau, ou du moins des estincelles.

Si de quelque passion immoderée, il la faut temperer & reigler, suiuant l'aduis du prudent Medecin & Pere spirituel.

Si de ne se preparer pas deuëment, il faut reparer cette breche.

Si du babil, faites quelques actes de la vertu du silence, & cachez vos fruicts soubs les fueilles ombrageuses de la taciturnité.

Si d'interruption, il faut recommencer de plus beau cet exercice, & renoüer par de fortes resolutiõs.

Si de trop de curiosité, simplifions nous, & changeons les yeux d'Aigle en ceux de Colombe.

Si de tristesse, chantons des Cantiques spirituels, & chassons ce mauuais & chagrin esprit par l'harmonie, comme Dauid celuy de Saül.

Si de la diuine soubstraction, c'est icy qu'il faut s'armer d'vne forte & saincte Patience, & dire auec son miroir, le bon Iob, *Le Seigneur m'auoit donné des consolations, il les a ostées, son sainct nom soit beny*, c'est maintenant que ie luy veux monstrer ma fidelité & ma loyauté, puisque ie le sers en cette sterilité, à mes despens, sans aucuns gages de douceur, militant sans solde, & luy faisant preuue de la constance de mon amour, *dont le feu ne peut estre esteint par les eaux des angoisses qui me trauersent l'ame.*

Voicy encore, Angelique, d'autres antidotes contre cette spirituelle langueur.

1. Considerez que par le moyen de cette aridité, comme dict Sainct Bonauenture, vostre ame est purifiée de tout Amour propre, despoüillée de tout interest, c'est le crible qui separe le bon grain d'auec la paille, la fournaise qui espure

& esprouue l'or de la vraye charité.

2. Ayez recours en ce temps à quelques Oraisons vocales, dictes vos heures, vostre chappelet, quelques Pfalmes, quelques Hymnes, & remplissez de cela le temps destiné à la Meditation, faisant comme les Iardiniers qui arrosent leurs parterres quand la pluye defaut, ainsi ce que vous perdrez d'vn costé mentalement, vous le recouurerez de l'autre vocalement: faictes comme en temps de famine, mangez non ce que vous voudriez, mais ce que vous pourrez.

3. Prenez vn liure spirituel, & mesmes celuy duquel vous tirez vos poincts en la lecture spirituelle, lisez-en attentiuement & posémét quelques lignes, puis pésés vn peu là dessus, pesez les mots, les periodes, le sés, pilez-les, pressurez-les, maschez-les, pour essayer si vo' y trouuerez quelque suc, sinō suiuez, & puis refermāt le liure faites vne pareille

pole, & par ces diuerses reprises, aydez, soulagez, supportez la foiblesse de vos pensées, & passez ainsi le temps de vostre Oraison, volāt comme les oiseaux pesans, à remises, & comme ceux qui sont affligez de l'asme, reprenant souuent haleine, battez ainsi des aisles à secousses, remontez vostre horologe souuent, & faictes diuerses reflexions sur vostre Oraison.

4. Redoublez vos aspirations & Oraisons iaculatoires, car il n'y a seicheresse qui en puisse tarir la source: ce sont bluettes qui sortent de la fournaise du vray Amour, qui estincelle d'autant plus qu'elle est seiche: dictes à nostre Seigneur comme Rachel à Iacob; *Donnez moy des enfans*, c'est à dire des conceptions spirituelles, *autrement ie mourray d'ennuy*: Demandez luy affectueusement de ses Mandragores qui fertilisent vostre sterilité.

5. Faictes des Colloques affe-

ctueux, tantost à nostre Seigneur, vous plaignant tendrement de vostre misere, comme vn malade à son Medecin, tantost à la S. Vierge, la priant de vous assister, tantost aux SS. Anges, & à vostre fidele Gardien, tantost aux Saincts, apostrophez-les, dictes, si vous voulez, les Litanies, demandez leur l'aumosne spirituelle.

6. Si vous voulez receuoir l'aumosne de l'esprit, donnez-la corporellement, *Donnez*, dit le Sauueur, *& il vous sera donné*, ce remede a profité à quelques ames.

7. Allez en esprit d'humilité aux pieds de vostre Pere spirituel, au Confessional, par accessoire se distribuent les aduis, les conseils, les consolations, les addresses, les conduictes, les graces des directions, aussi bien que celles des absolutions : Escoutez ce que vous dira le seruiteur de Dieu, pour le remede de vostre ame desolée, auec atten-

tion & reuerence, comme des consultations qui la peuuent remettre en santé & allegresse. *Os aridæ oyez la voix du Seigneur, sa parole coulera cõme la rosée, comme la pluye douce sur l'herbe, comme des gouttelettes sur les fleurs:* cette parole amiable & paternelle ressuscite & rauigore l'esprit par sa condescendance, comme fit Elisée l'enfant de la vefue.

Comme l'horloger frotte d'huille les roüages d'vne monstre, pour la faire aller doucement, ainsi la prudente parole de celuy qui taste le poux de l'ame, & qui cognoist nostre cœur, en adoucit les rudesses, *& penetre cõme l'huille dans l'interieur.*

Il sçait lecher la playe d'vne langue medicinale, & comme vn Psylle en tirer le venin, s'il y en a.

8. Armez vous d'vn fort courage, sçachant que cet assault n'est que pour vous essayer, non pour vous accabler. Forcez vous à faire

maintes bonnes œuures, quoy que sans goust, pour vous elles ne lairront d'auoir leur prix deuant Dieu. En l'histoire Lausiaque, il est escrit que Palladius, Euesque de Cappadoce, estant souuent eu ses Meditations, atteint d'aridité, s'en conseilla à Macarius, Euesque d'Alexandrie, qui luy respondit, quand la tentation vous pressera de quitter l'Oraison Mentale, vous disant, qu'en cette sterilité vous n'operez rien, dictes luy, ie ne suis pas venu icy pour mon goust, ie n'en partiray pas pour mon desgoust, il me suffit d'estre deuant mon Dieu, luy tesmoignant ma fidelité & ma constance, ie veux demeurer icy pour l'amour de luy, quand ie ne ferois autre chose que regarder ces images ou ces murailles : Mais dictes moy, Angelique, n'est ce pas encore quelque chose de pouuoir dire à Dieu en cette desolatiō. *Seigneur, tout mon desir est deuant vous, & mon gemissement ne vous est point caché.*

9. C'est le remede de tous les remedes, d'auoir recours à Dieu, se confier en luy, & attendre auec patience le retour de sa chere visite : C'est luy qui peut *des pierres seiches faire des hommes, les changer en pain, & en tirer des eaux emmiellées,* fust-ce de la maschoire d'vn asne, comme à Samson, *toute nostre suffisance, voire de nos pensées, vient de ce Pere de toute consolation, qui ne laisse d'estre auec nous en la tribulation, & qui nous en tire, afin que nous l'honorions.*

Ce Soleil paroissant, les ombres des desolations s'éuanouyssent, & l'allegresse reuient au cœur : haletons donc, & pantelons vers luy, *le desirant, comme le cerf les eaux : que nostre ayde soit au nom de ce bon Seigneur qui a faict le Ciel & la terre, esperons en luy, & nous n'aurons point de confusion, sa misericorde s'estend sur ceux qui le craignent, misericorde specieuse,* dict le Sage, *& qui arriue au temps de la tri-*

bulation, comme vne pluye en celuy de seicheresse.

La pluye douce nourrit bien le corail au fond de la mer amere, & la grace de ce bon Dieu ne laisse d'engraisser les cœurs constans au milieu des amertumes & desolations interieures.

Si nous souffrons cette coupelle de l'aridité sans nous escailler, nous serons de franc aloy: Bannissons l'impatience, *attendons le salutaire de Dieu auec fermeté, attendons le Seigneur, comportons nous virilement, fortifions nostre cœur, & soustenons cette espreuue.* Ramassons toutes les forces de nostre vigueur, pour sauter ce fascheux pas, attendons comme les habitans de l'Egypte, le desbord du Nil en sa saison; *soyons fermes en la foy.*

N'allons pas comme les Vierges folles chercher de l'huille des mondaines consolations, mais demeurons auec les sages, l'Espoux ne manquera point de venir, & d'introduire nostre fidelité en sa ioye, il nous apparoistra en cette terre deserte, infrequentée & aride, afin de veoir nostre vertu.

Il peut faire des torrens en vne terre sans eau, y colloquer des personnes affamées, qui y fabriqueront vne cité, y semeront des champs, y planteront des vignes, & y cueilleront des fruicts, mais en ces lieux miserables, car sa benediction faict tout multiplier.

Il ne faut donc point se relascher pour quelconque aridité, mais esperer tousiours fermement en celuy auquel nous pouuons tout, auec lequel nous pouuons trauerser les murailles, les batailles, & les armées, selon la multitude de nos desolations il peut multiplier nos consolations : & où la sterilité a regné, y faire abonder la fertilité de sa grace. Il soit beny à iamais. Amen.

Des Oraisons Iaculatoires.
CHAPITRE XII.

IE vous coniure, mon Angelique, par tout ce qui peut doucement presser vne belle ame, de vous adonner fort à ce genre d'Oraisons, que l'on appelle Iaculatoires, autrement aspirations, car ie les tiens pour la racine de tout progrez & aduancement spirituel.

Chascun sçait que ce sont de briefues & courtes esleuations d'esprit en Dieu, l'ay dict courtes & briefues, pour les distinguer de l'Oraison Mentale formée, qui est bien aussi vne esleuation d'esprit en Dieu, mais plus longue & estenduë. Ce sont de brusques saillies, & boutrées qui naissent de l'abondance & dilatation du cœur, & de l'excez d'vne feruer saincte, figurée par le *moust des pommes de grenade*, au Cantique.

Ce mot de iaculatoires represente metaphoriquement leur effect, qui est comme d'vn petit iauelot ou dard lancé vers le Ciel, qui y prend sa pointe par vn rapide mouuement, ces traits se tirent de la trousse de nostre cœur, & se descochent auec l'arc de nostre pensée, *ces flesches sont dedans nous*, comme disoit Ionathas à Dauid, quoy que pour vne autre rencontre la promptitude leur donne le fil & la garbe, & moins elles sõt preuenuës plus elles ont de gentillesse.

Ce sont *ces yeux & ces cheueux qui naurent le cœur* de l'Espoux, car pour dire le vray, ces traicts sont les plus beaux yeux & les plus riches ornemens de l'Oraison Mentale, *ce sont les lys qui enuironnent ce tas de froment*.

Ce sont ces vergettes de fumée

L'ORAISON MENTALE. 673
si odorante au sainct Espoux, *qui s'esleuent du desert* de l'Oraison cordiale, estant composée & entretissuë de ces diuers traicts, elle est vn *Thymiame parfait.*

Sans ces assaisonnemens qui luy donnent la pointe, qui luy seruent de sausse & de saupiquet, elle est seiche, aride, & sans saueur.

C'est le ciment qui lie & attache toutes les pieces & parties de l'Oraison.

Les oiseaux ne volent qu'à secousses, & par le battemét de ieurs aisles, le bateau n'aduance qu'à coups de rame, & ce sont ces eslans qui font tirer pays en l'Oraison.

Sans ce sel elle est fade, sans ces esclairs elle est tenebreuse, ce sont les astres qui la redorent.

C'est le leuain qui enfle sa paste, & qui se diffond par tout son corps, ce sont les esprits vitaux qui l'animent, ses nerfs & les moelles.

Ce sont les allumettes & les bou-

F f

teſeux de la Meditation, ce ſont les bois qui la nourriſſent & attiſent, ce ſont les aſperſiõs qui rengregẽt les ſainctes flãmes, pareilles à celles des forgerons, de leur entrechoc naiſſent de gracieuſes eſtincelles.

Si la Meditation eſt vn feu bruſ-lant & brillant, l'Oraiſon Iaculatoire eſt la fine pointe de ſa flãme, ſi du laict s'en eſt la créme, ſi vn diamant s'en eſt l'eſclat & le luſtre, ſi vn pré c'eſt l'eſmail des fleurs qui la tapiſſent.

Vne Meditation tiſſuë d'Oraiſons Iaculatoires, eſt vn ouurage Moſaique & de marqueterie d'vn fort agreable agencement.

Ce ſont *les lamproiettes d'or de l'Eſpouſe, couuertes d'eſmail argenté*, ce ſont de riches & agreables broderies ſur vn precieux & ſolide fonds.

Que ferõs nous à noſtre petite ſœur, dit le chaſte Eſpoux, *qui n'a point de mãmelles, au iour qu'il luy faudra parler?* figure de l'ame nouice & apprétifue

ORAISON MENTALE. 675
en l'exercice de l'Oraison, & qui n'a aucune abondáce de ratiocinatiōs ou d'affections, *si elle est vne muraille*, si elle a l'esprit constant, ferme, & releué, *faisōs luy des creneaux d'argēt*, apprenōs luy à former des courtes, mais feruentes Aspiratiōs, *si elle est vne porte* capable de receuoir d'amples enseignemens, *faisons luy des huys de cedre*, escriuons & traçons des documens & des preceptes sur les tables de son cœur.

Et dictes moy, Angelique, les motets n'ōt-ils pas des graces singulieres, & ne tiennent-ils pas vn notable rang en la Musique? telles sont les Aspiratiōs en l'harmonie de l'ame.

Le souffle de la bouche acquiert vn grand son passant par le canal estroit d'vne trompette ou d'vn cor, ainsi les affections du cœur serrées dans la brieueté d'vne vigoureuse Aspiration, font vn grand resonnement aux oreilles de Dieu.

C'est vn fort energique abregé

F f ij

d'Oraison, vn suc, vn precis, vne quinte essence.

C'est, dict S. Bernard, le plus subtil & delié langage du S. Amour, lequel n'est entendu que de ceux qui y sont experts: c'est vne espece de balbutiement pour ceux qui ignorent ces secrets, mais vne tres-sublime eloquence pour ceux qui les entendent.

Vous sçauez qu'aspirer est pousser l'air dehors, & respirer l'attirer au dedans; or par l'aspiration nous poussons nostre cœur à Dieu, & par la respiration nous appellons Dieu en nous, telles sont les heureuses halenées des personnes bien spirituelles, & qui peuuent dire auec Dauid, *I'ay ouuert ma bouche & attiré l'esprit.*

Cet exercice estoit tres-familier aux anciens Moines de l'Egypte, au rapport de S. Augustin, & de Cassian, qui soit en priant, soit en estudiant, soit en mangeant, soit en trauaillant de leurs mains, rouloient toufiours au cœur ou en la bouche quelque Oraifon Iaculatoire.

On dict que les Cicognes qui vfent de l'eau du Nil, ont l'haleine fuaue, ce que n'ont pas celles qui boiuent des autres fources ou riuieres, ainfi les perfonnes deuotes, & qui frequentent les Sacremens, ont les afpirations fort ordinaires & communes, ce que n'ont pas les miferables mondains, helas! qui trop fouuent ne roulent que blafphemes ou impuretez en leurs bouches; celles-la ont *le laict & le miel foubs la langue*, ceux-cy *le venin d'afpic*.

O Dieu que cet exercice eft doux, excellent, & court, pour paruenir à la perfection! & s'il n'eft aucunement incommode ou affecté à quelque partie d'Oraifon, car il fe diffond & accommode à toutes, au commencement, au milieu, à la fin, il eft feant par tout, c'eft *le pain des faces*, pain qui se mage auec toutes viandes, il ayde à l'entrée, & aggrée à l'issuë, il orne la preparation, remplit la consideration, pare la conclusion, il est propre à se mettre en la presence de Dieu, il graue la representation, releue l'inuocation, estend la ratiocination, est en son lustre en l'affection, il affermit la resolution, agence l'action de graces, embellit l'oblation, encourage la petition, & n'est point encores indecent à la recapitulation: Il me souuient du Philosophe Aristippe, à qui on dit que tout estoit bien seant, & qui aggreoit à tous.

L'Aspiration est vn vif argent qui se mesle auec tous les autres metaux.

Or elle se faict doublement, ou bien en l'Oraison, ou bien hors l'Oraison, à tous propos, rencontres, & occurrences. Nous ne parlons pas proprement de cette derniere sorte, comme regardant plus la

L'ORAISON MENTALE. 679
vertu de deuotion & de l'amour de Dieu, que le subjet de cette direction. Si vous en voulez veoir de beaux essais, Angelique, outre *l'introduction* de nostre cher Maistre, vous pourrez veoir encore le Verger de deuotion du P. Capiglia Chartreux, & le docte & deuot P. Coton, Predicateur & Confesseur du Roy, de la Compagnie de *Iesus*, en son *Occupation interieure*, qu'il a tracée à l'instance de quelques bônes ames, qui comme meres perles sçauent viure mundes dans le monde plus mondain, le brauer & mespriser dans ses plus grandes pompes, & courtiser le Ciel dans la Cour de la terre.

Quât à l'autre maniere d'Aspiratiôs qui se font en l'Oraison, ce sôt des traicts ou plustost des rays, qui côme les Solaires successiuemét eslâcez, eschauffét peu à peu le cœur.

Ce sont des gouttelettes qui en fin pour dur & reuesche qu'il soit,

Ff iiij

le creusent & cauent, ie ne vous en conseille pas l'vsage, Angelique, comme seulement vtile, mais comme entierement necessaire, autant que les pieds pour marcher, que le respirer pour viure; vouloir mediter sans elles, c'est vouloir voler sans aisles.

Formes d'Aspirations.

CHAPITRE XIII.

LE Ciel & la terre ne sont point vn assez grand volume pour contenir toutes les Aspirations qui se pourroient former à milliers de millions, sur ce qui est au Ciel & en la terre.

Il n'est point besoing de tracer des preceptes pour enseigner cet art, chascun y est sçauant à proportion de sa charité, car c'est le sainct

Amour qui est pere de cette eloquence, il parle par la bouche du cœur, en termes inimitables.

Nous naissons Orateurs pour exprimer nos affections, celuy qui ne sçait aspirer en Dieu, ne sçait que c'est de l'aymer, & qui n'a point d'Aspiration n'a point d'amour, c'est *la langue des Anges & de la charité*.

Tous les liures deuots & spirituels regorgent non que fourmillent de ces Aspirations, ouurez celuy qu'il vous plaira, vous en trouuerez à planté.

Les Pseaumes de Dauid en sont tous bouffis, le Cantique tout farcy, les saincts cahiers en sont tous pleins.

Les Confessions de S. Augustin, ses Soliloques, ses Meditations, celles de S. Anselme, de S. Bernard, de S. Bonauenture, & quoy? mille autres en surabondent.

Les Exclamations de nostre B.

Mere Terese sont de cet air, les Opuscules du pieux Abbé de Liesse, Louys de Blois, & les Exercices spirituels du R. P. Michel, General du sainct Ordre des Chartreux. Le P. Arias en son Traicté de la presence de Dieu, en fournit de conformes aux trois voyes Purgatiue, Illuminatiue, Vnitiue.

Mais quoy, vous voulez outre tout cela que ie vous en face vne monstre, en voicy donc, Angelique, vn petit bouquet que ie vous presente, sans autre ordre que fortuit.

O Iesus, soyez moy Iesus, O mon doux Espoux, espousez mon ame en fidelité, espousez-la eternellement.

O doux Amour, O saincte flamme, O Iesus l'Espoux de mon ame.

Soit que ie vias, soit que ie meure, ie suis à mon Iesus, non ie ne voy plus moy, mais Iesus en moy, que retribueray-ie à mon Dieu, pour tant de biens dont sa grace me comble.

Donne-moy doux Iesus
Vostre Amour & rien plus.
O ma voye, O ma verité, O ma vie, O l'amour de mon ame, O l'ame de mon Amour. Ouy Seigneur Iesus, ainsi soit-il, venez bien tost. Que tard ie vous ay aymé, ô beauté tant anciénne, & pour moy tant nouuelle, que tard ie vous ay aymé! Ie ne m'estonne pas, ô mon doux Sauueur, de ce que maintenant ie vous ayme, mais ie m'esbahis d'auoir esté si long-temps sans vous aymer. Seigneur donnez-moy cette eau, ô fontaine de vie, rejalissante à l'immortalité, quand estancherez-vous ma soif? Mon bien-aymé est à moy, & moy à luy, qui me separera iamais de la charité de mon Dieu? mon moy c'est Iesus, mon mien c'est d'estre à luy. O doux Iesus, doux Iesus, qui me donra que ie meure pour vous? la bien-aymé de mon ame, demeurera comme un bouquet de myrrhe sur mon seing. O mon Dieu quand cesseray-je de vous offenser? O mon

Sauueur ie deteste tout peché, & renōce à tout ce qui vous peut desplaire : *mon ame est desolée, helas ! quād la consolerez vous ? ô doux consolateur, doux hoste de l'ame, doux refrigere, deliurez moy du peché, Seigneur, & me mettez proche de vous, & puis soit contre moy qui voudra : Ie suis à vous, ô mō bon Dieu, sauuez moy, Seigneur ï endure force, respondez pour may : Filles de Hierusalem, ô saincts Anges, dittes à mō bien aymé que ie languis d'amour : Ie vous aymeray, ô mon Dieu, ô ma force, Seigneur sauuez moy par vostre nom, qui veut dire Sauueur. Ie chanteray à iamais les misericordes de mon Dieu,* mots de nostre B. Mere Terese. *Ie n'oublieray pas vos iustifications en l'eternité, car par elles vous m'auez donné la vie. O Dieu de mon cœur, & ma part eternelle. Mon Dieu & toutes choses,* mot de S. François, *Iesus Amour, vostre volonté soit faicte,* Aspiration tres-agreable à nostre Seigneur, comme il le reuela à quelque ame deuote.

Iesus mon sainct Amour, & mon souuerain bien,
Tout ce qui n'est point vous me semble n'estre rien.

Quand auray-je plainement renoncé à moy-mesme, pour estre tout à vous? ô grand Tout de mon estre, *que veux-ie au Ciel ou en la terre sinon vous, ô mon Dieu,* mon doux Sauueur ie me resigne entierement entre vos bras. *Bien-heureux ceux qui habitent en vostre maison, ils vous loüeront aux siecles des siecles.* Modelle tres-parfaict de toute vertu, quád vous imiteray-je en humilité, patience, douceur, charité, zele, &c. *Mon Dieu que vous estes admirable en vos œuures! vous estes vrayement le Dieu seul, ouurier des miracles.* Donnez-moy mon doux Iesus, vne cordiale compassion de vostre Passion, *O la ioye de mon ame, ô ma couronne, ie me resiouyray auec exultation en vous, & te chanteray le los de vostre sainct*

Nom. O peché auorton des engers, engeance de vipere, ie te renonce à iamais. *O monde tu m'es crucifié, que ie le fois à toy : qui me donra des aisles comme à vne colombe, & ie voleray & me reposeray ?* Sur chasque partie d'Oraison, voicy vne Oraison Iaculatoire. *Oseray-ie comparoistre deuant vous, ô mon Dieu, n'estant que poudre & cendre.* O que ie vous voy tout sanglant, mon Sauueur, en ce mystere de vostre agonie ! Donnez moy la grace de pouuoir sauourer ce beau sang, espanché pour mon salut. O sang ! faut-il que tu coules en terre ! Courons mon ame lecher & adorer ce beau sang. Ho ! ie le serreray dans le vase de mon cœur. Graces immortelles vous soient renduës, ô nostre Espoux, de cette sanglante sueur. Tenez, ô eternel Pere, voila le prix de ma rançon. O mon Dieu ! par ce beau Sang, faictes moy misericorde. O Sang diuin & precieux, *non ce n'est*

L'ORAISON MENTALE. 687
point par celuy des boucs & des veaux
que nous sommes rachéprez, mais bien
par celuy de l'Agneau sans macule, Iesus:
à luy loüange, à luy honneur, à luy gloire
par tous les siecles. Amen.

Mõ Angelique, prenez cette plume, escriuez tãt d'eslacemẽs deuots
& pieux que vous voudrez, & voila
autant d'Oraisons Iaculatoires.
Au reste cet outil est si souple,
qu'il s'applique à tous artifices, c'est
l'exercice de tous les exercices spirituels, c'est vne matiere qui se
moule à toutes formes, il n'est aucun acte qui ne se puisse faire par aspiration, ains elle s'ingere à tous
vnie, n'estãt pas appellée chaussou-
re à tous pieds, c'est à dire à toutes
affections, nul est incapable de la
produire, l'amour est son poids, elle va
où l'amour la porte, l'amour l'engẽdre,
& par vne admirable cõuersion elle
engendre l'amour. Ie vous cõuie
derechef, Angelique, de vous y
exercer le plus qu'il vous sera
possible, & vous vous sentirez

DIRECTION A croistre spirituellement, & aduancer à veuë d'œil.

Que toute l'ame agit en l'Oraison.

CHAP. XIV.

JE veux dire que toutes ses facultez sont tenduës & bandées, c'est vne clef qui fait mouuoir tous les ressorts de l'interieur. Il est bon que vous voyez clair en cecy, mon Angelique, afin quand vous prierez mentalement, que vous recognoissiez distinctement les fonctions de voste esprit, *l'ame est appellée belle, comme vne armée bien rangée*, car certes il fait bon vooir les facultez bien ordōnées, mais quād elles sont peslemeslées, tout est en desroute & desbandade.

Ceux qui moralisent l'histoire Euangelique du Centurion, le cō-

L'ORAISON MENTALE 689
parent au iugement qui met toutes
choses en leur rang en l'interieur,
c'est le Maistre d'hostel qui doit
gouuerner & regenter toute la famille interne, commander à telle
faculté qu'elle cesse, à telle qu'elle
agisse, faire auancer l'vne, retirer
l'autre, afin que tout aille vn bon
train.

Tout de mesme, dit le P. Louys
du Pont, que toute l'action de la
main se faict auec cinq doigts, bien
que sa force principale soit en trois,
ainsi nostre ame a cinq puissances
en son vnité, sçauoir trois superieures, l'entendement, la volonté,
& la memoire, & deux inferieures,
l'imagination, & l'appetit sensitif,
& quoy que l'Oraison se serue principalement des trois premieres,
neantmoins, les deux dernieres ne
laissent pas d'y estre employées, &
de produire de rares effects, quand
elles sont bien conduictes.

Le iugement est le Nocher de

toute la barque, qui doit auoir vniuerſellement l'œil à tout ce qui s'y paſſe. L'Architecte qui doit conduire tout l'ouurage.

C'eſt le poids & le balancier de l'horloge, qui doit faire aller to⁹ ſes roüages. C'eſt le Maiſtre du Chœur qui doit batre les meſures, & donner à chaſque partie ſon tõ, pour faire l'harmonie complette. C'eſt le clauier qui fait ſõner to⁹ les tuyaux, qui bien qu'ineſgaux ne laiſſent de former vne parfaite conſonance.

Toutes les ſpheres celeſtes, bien qu'elles ayent des mouuemés particuliers, ſe cõforment neâtmoins au general & iournalier, & to⁹ les mẽbres du corps, quoy que diferés cõcourẽt toutesfois en l'vniformité de quelque actiõ. Ainſi l'éploi de toutes les facultez ſpirituelles forme cette Oraiſõ, qui s'appelle métale, s'étreſoulageãt les vnes les autres, par vne agreable cõſonãce, viciſſitude, & varieté. Voicy dõc cõmẽt cela procede ſelõ les parties d'Oraiſõ que no⁹

L'ORAISON MENTALE. 691
auons marquées. La presentation
ou presence de Dieu, peut estre intellectuelle ou imaginaire, & selon
que l'on se forme cette presence,
vous voyez comment agit ou l'entendement ou la volonté.

Quát à la representation ou figure de la chose à mediter, si c'est vne
chose qui se puisse former en image, voila pas l'imaginatió employée?
Si elle est intellectuelle, l'entendement doit seruir, si c'est vne simple
proposition de poincts, à cela s'applique la memoire.

L'inuocation, si elle est intellectuelle despéd de l'entendement. Si
affectueuse de la volonté, si passionnée, de l'appetit sensitif, receptacle
des passions.

Pour le regard de la ratiocination,
elle appartiét à l'intellect, car c'est la
boutique des raisons, des inuétions,
des discours propres, & aussi à la
memoire qui suggere ce qu'elle a
veu, leu, entendu, appris, & retenu
sur le subjet medité.

L'Affection est le vray gibier de la volonté, que si elle est sensible, lors il faut noter que c'est l'appetit sensitif qui faict les siennes, car de soy les affections sont insensibles & pures volontaires.

La resolution naist du pur acte de la volonté, grand & sublime effect de l'ame, il n'appartient qu'au vouloir de determiner, arrester, seeller, clorre, boucler.

L'action de grace si elle est intellectuelle, employe l'entendement, si affectiue, la volonté, si passionnée, l'appetit, si elle faict liste des bien-faicts, elle despend de la memoire.

L'oblation de mesmes & la petition aussi.

Quant à la recapitulation, elle despend entierement de la memoire, estant vn recoubement, vn reply de l'ame sur l'Oraison passée, vne reueuë de son progrez, pour en extraire le suc.

Voila les outils qui façonnent l'Oraison, & les mesures de cet art, sans leur exacte cognoissance, il est dangereux de tomber en confusion & desordre.

Il y faut proceder la sonde, l'esprouuette, & la lampe à la main, pour veoir & sçauoir, quoy, comment, en quel temps, & de quelle façon tout agit, n'entrez pas en ce Dedale sans ce fil, autrement vous n'y trouuerez que des Minotaures, c'est à dire des Monstres, des extrauagances, & des caprices, au lieu d'vne solide & bien reiglée Meditation.

L'imagination est vne faculté mitoyenne entre les sens & l'entendement qui reçoit les idées & images des choses à mediter.

L'entendement est vne puissance éminente qui discourt, raisonne, tourne, vire, masche, considere, pese, & examine tout, en tirant des consequences raisonnables.

La volonté est vne faculté determinée qui embrasse ou reiette ce que l'intellect luy propose, comme bon ou mauuais, c'est la source des affections qui se terminent en resolutions, que si ces affections sont si vehementes qu'elles redondent iusques au sentiment de l'appetit, lors ce sont des passions, qui côme nous auons fait veoir en nostre Traitté des Passions, aux *Diuersitez*, sont bônes, estâs bien appliquées. I'appelle donc les passions des affections sensitiues, & les affections des passiôs insensibles, l'appetit estât subordoné à vne volôté iuste & raisônable, ne peut rien produire que de bôn.

Quant à la memoire c'est la pepiniere & le reseruoir de tout ce qui se passe en l'Oraison, ceux qui ont de la science sont ordinairemêt fort empeschez d'elle en leurs Meditations, car elle leur suggere tant d'idées, & fournit tât de speculatiôs studieuses à l'intellect, que souuent il en est accablé, & la volonté n'a quasi point de lieu pour produire des affectiõs, misere de la richesse. Ceux qui ont l'entédemét subtil & poly par le sçauoir, sont aussi en pareille disette d'abõdance, car ils inuentent tãt de nouueautez, forgét tãt de subtilitez, penetrét si curieusemét tout, que leur volõté reste languissante & morfõduë, ils ont prou de lumiere, & peu de chaleur.

C'est la memoire & l'entendemét qui remplissent les Meditations de doctrine & de subtilité, si ie dois appeller ainsi ces cõsideratiõs plustost studieuses qu'affectiues, la vraye Oraison est plustost vne affection, qu'vn discours, ou si c'est vn discours, c'est vn discours affectif, heureux en cela ceux *qui ont peu de litterature*, car ils ont la volonté d'autãt plus libre, que leur memoire est plus sterile, & leur intellect moins embarrassé, ce sont *ces indoctes*, selon S. Augustin, *qui rauissẽt les Cieux*.

En quoy paroist le grand abus de ceux qui s'adonnent à l'Oraison, pluſtoſt pour ſpeculer & deuenir ſçauans, que pour s'affectionner & ſe rendre meilleurs, ſe ſeruans plus de l'entendement & de la memoire, que de la volonté, ils moraliſent, raiſonnent, tropologiſent, allegoriſent, alleguent ſentences, hiſtoires, comme s'ils diſcouroient ou preſchoient, pauures gens *qui tiſſent des toiles d'araigne, touſiours apprenãs, & ne paruenans point à la ſcience de l'Oraiſon*, ils ont plus de ſoing, comme parle Seneque, *de l'eſcole, que de leur vie, & du ſçauoir*, que de la vertu, au lieu que l'Oraiſon doit pluſtoſt proceder de la volonté, que de l'entendement, auec vn diſcours humble, ſimple, cordial, affectif, eſloigné de tout ornement, curioſité, affecterie.

De l'Examen de l'Oraison.

CHAPITRE XV.

C'EST autre chose que la recapitulation, car cette reueuë ou reflexiõ se doit faire sur le champ, & immediatement apres l'Oraison, mais l'Examen se faict en vn autre temps & à autre desseing.

Si vous pouuez, Angelique, apres vostre Examen de conscience que vous faictes le soir (comme ie presuppose que doit faire toute personne Chrestienne, non que Spirituelle) faire suiure cet Examen de vostre Meditation iournaliere, ô le grand aduancement qui vous en reuiendra: sinon, faictes le toutes les sepmaines, & faictes rendre compte à vostre ame de ce sien Exercice, à toute extremité, ne manquez iamais à chasque mois, de fai-

Gg

re cet Examen, car pour bõ que soit vn horloge, s'il n'est de temps en temps reueu & remonté, sans doute il se detraque.

Encore faut-il considerer si on aduance ou non, afin que si l'on a faict quelque profit, on en remercie Dieu, si on a cõmis quelque deffaut, on s'en corrige, que si on se trouue au mesme estat, il faut picquer son cœur, & luy donner courage d'aller plus outre, puisque *en la voye de Dieu*, dict S. Bernard, *c'est reculer, que n'aduancer*.

Que si on visite souuẽt les edifices, les nauires, les répars des forteresses, les digues qui soustiennent les torrés, pour éuiter les inconueniés qui pourroiét arriuer de leurs défectuositez, combien deuons nous auoir plus de soing de cõseruer precieusement en nos ames ce sainct Exercice qui les réforce & soustiét?

Or la vraye pierre de touche, pour recognoistre la bonté de l'Oraison, est de peser & balancer ses parties l'vne apres l'autre, comme le ioüeur de luth, qui apres auoir monté les cordes de son instrumét vne à vne, faict par apres des accords generaux, pour recognoistre leur consonance ou leur discordance.

Le B. Ignace en ses Exercices spirituels faict souuen repeter les mesmes Meditations, afin que la suiuãte serue d'Examen, & reueuë de la precedéte, pour corriger ses voyes, en les refaisãt, cõme les peintres qui effacét leurs traicts esgarés, repassãt le pinceau plusieurs fois par dessus.

Or cette discussiõ ou Examé, ne se doit iamais faire durãt le cours de la Meditatiõ, car cela interrõproit sa suitte, qui doit estre continuë: si vn voyageur vouloit en cheminãt examiner & considerer chascun de ses pas, il n'auanceroit gueres, & si vn Orateur qui discourt en public espluchoit chascun de ses mots, il se mettroit en danger de demeurer

Gg ij

court, car la chaleur de la memoire, ne veut pas estre ainsi trauersée par la froideur du iugement.

Celuy qui en chantant balanceroit tous ses tons, ne feroit Musique qui vaille, mais apres auoir acheué, il peut repenser s'il ne s'est forligné des preceptes de l'art.

Choisissez donc vn temps entierement distraict de celuy de l'Oraison, Angelique, pour faire cet Examé, soit quotidien, soit par sepmaine, soit, mais au moins par mois.

Regardez si vous ne manquez point aux preparations tant esloignées, que voisines, qu'immediates, si vous y apportez les dispositions requises, reuoyez par le menu côme vo˜ procedez en toutes ses parties, quelles distractiôs vous agitér, quelle est vostre attention, quelles vos consolations, quelles vos ariditez, quelles vos affections, quelles vos resolutions, comme les bons mesnagers supputez le profit ou la perte de voſtre ſpirituelle œcohomie, comment vont vos facultez interieures, ſi vous employez plus l'entendement que la volonté, & ſur tout ſi vous y rencontrez les bonnes marques que ie vous vay deduire.

Indices de la bonne Oraiſon.
CHAP. XVI.

LEs bons effects, non les belles penſées, vous feront iuger de ſa valeur. Les Medecins cognoiſſent aux ſymptomes & aux criſes de la guerriſon, ou de l'empirement des maladies, par pluſieurs ſignes ils coniecturent de l'alteration ou bonne conſtitution des corps.

La vraye terre ſigillée, autremēt appellée grace, de S. Paul, ſe diſtingue de la fauſſe, par la ceſſation des tumeurs qu'elle opere ſoudain, ſi vous vous ſentez plus humble, Angelique, & que voſtre Oraiſon ne vous donne aucune enfleure d'eſprit, ne vous cauſe aucun vent de preſomption. Voila qui va bien, ayez courage, c'eſt deſia vn notable progrez.

Si elle vous ſimplifie & chaſſe toute curioſité de voſtre deſir, ô le bon indice !

Si elle vous donne de l'agilité & de la vigueur aux actiõs de la vertu, sãs doute voſtre Oraiſõ eſt deuote.

Si voſtre ame eſt doucemẽt tranquile, ſi la paix y regne, ſi les ſcrupules s'éuanouyſſent, ſi la patience ſe forme, ſi les paſſions s'amoliſſent, s'adoucissent, s'accoiſent, ſi la ſaincte parole de Dieu ſoit leuë, ſoit entenduë, vous conſole, *ſi vous vous delectez à vous ſouuenir de Dieu*, ô les bonnes marques !

Si la mortificatiõ vous ſemble gracieuſe pour l'amour de N. S. Si la modeſtie paroiſt en vos yeux, & en voſtre maintiẽ, ſi la reſolutiõ interieure vous aggrée, si le vice vous put, si la vertu vous est *de bōne odeur*, si l'aspect du Ciel vous faict desdaigner la terre, ô Angelique, vous voila en beau chemin.

Si ce baing vous descrasse, si cette source viue vous fait deuenir absteme, & abhorrer le vin des delices du siecle, si vous pratiquez auec suauité & promptitude les Oraisons Iaculatoires, si *vostre cœur exhale des propos* d'edification, cōme ceux ont de bons gousts, & l'haleine gracieuse, qui ont mangé des viandes delicates & odorantes, ce sont la autāt d'indices de vraye & sincere Oraison, & que ses affections sont saines, & ses resolutions genereuses.

Mais si les mœurs ne s'en reformēt pas, si l'on pēse sçauoir beaucoup és choses de l'esprit, si la legereté accōpagne les actiōs, si on se porte auec lascheté aux œuures pies, si on ne se met en peine d'éuiter les occasions de mal ou de distraction, si on presume auoir atteint quelque degré, si on aspire à des visions, reuelations, extases, suspensions, rauissemens, escoulemens, deifications, transformations, & autres faueurs de l'Oraison passiue : si les passions ont encore de l'ascendant, si la mortification semble rude & d'austere visage, si les sens sont petulans, si aux tentations on resiste auec lascheté, si les trauaux ennuyent, si on trouue pesant le ioug de la loy ou des conseils, si on a des lassitudes spirituelles, si les pointilles mondaines touchent encore au cœur, si la croix, la patience, l'obeyssance, semblent ameres, si on ne faict pas tel conte que l'on doit des aduis du Directeur spirituel, si on se porte nonchalamment à la correction des deffauts recogneus. O les mauuaises marques, Angelique, ô qu'il faut promptement, puissamment & fortement reparer ces breches :

De proceder doucement en ce sainct Exercice.
CHAP. XVII.

ASTEZ-vous tout bellement, dit l'ancien Prouerbe; sur tout, Angelique, ie vous aduise de le pratiquer en cet Exercice de l'Oraison, car ce n'est pas vne besongne où il se faille forcer, de peur d'eslancer son esprit, & offencer le cerueau: ce que l'on dit, *que les violens rauissent les Cieux*, s'entend des mortifications corporelles, non des efforts spirituels.

Il faut deuider cette fusée en la demeslant tout doucement, en tirant le fil de ce peloton, non en le coignant.

Paul Æmile, pied à pied vint à bout d'Hãnibal, qui auoit esté si viste en ses conquestes: & la fable qui fait arriuer la tortuë au but deuant

Gg v

le cheual enseigne qu'vn pas mode-
ré & cōtinu, auāce plº que des bou-
tades esgarées. La fougue se rebute
soudain, & la moderatiō l'emporte.
 Le Temple de Salomon fut basty
sans bruit, celuy de l'Oraisō se doit
fabriquer sans grande contention.
 Dieu ne parut point au Prophete
dans le tintamarre du torrent & du
feu, mais dans vne aure suaue.
 Les rauines d'eau n'arrosét pas la
terre si biē que les douces iōdées des
pluyes qui tōbent tout bellement.
Voyés cōme la nature procede peu
à peu, soit en la productiō des plātes,
soit en la generation des animaux.
 Cōme la digestion des viādes corporelles se fait petit à petit, ainsi faites en de la spirituelle, car la Meditation est la pasture de l'ame, ne la
prenez pas auidemēt, autremēt c'est
réplir vostre esprit de cruditez in di-
gestes. Celuy qui remuë tēpestati-
uement & trop viste les bras en na-
geant, au lieu de s'esleuer sur l'eau il

enfonce, & celuy qui demene trop brusquement son entédement & sa volonté en la Meditation, au lieu d'aduancer il retarde les fonctions de son esprit.

Toute precipitation est aueugle, & en courant indiscretement sans aduiser à ses pieds, on court risque de tomber, qui va posement va asseurement, *le bœuf las*, dit le Prouerbe, *assied fermement son pied*.

L'empressement de Marte la rendoit inepte à l'Exercice contemplatif de Marie. Ce n'est point par force que s'enfile cette aiguille, mais subtilement & dextrement.

Comme la bonté de l'Oraison Vocale ne consiste pas *en la multiplicité du langage*, ainsi celle de la Mentale n'est pas en la multitude des cõceptiõs, des raisõs, des affectiõs, il vaut mieux ruminer peu de matiere, & la digerer à l'aise, & doucement, que d'ē parcourir beaucoup legeremēt. Il faut sauourer les poincts de la consideration, côme des traicts de quelque breuuage delicieux, les laisser penetrer & s'espandre à loisir par tout l'interieur, & fondre comme vn grain sucré, ou vn rayon de miel en la bouche.

Gardez vo⁹, Angelique, de ces deuotions tirées à force de bras, & sur tout de ces larmes espreintes par l'estreinte de l'attétion, pluftost que par vne franche & libre saillie, car côme ces gouttes chaudes qui tôbent pendât le fort de l'Esté, par la vehemence de la chaleur, bruslét & seichent plustoft, qu'elles n'arrosét les plâtes, ainsi en est-il de ces pleurs gesnées, ce sont plustoft des auantcourieres d'aridité, que de fertilité.

Ces pleurs sont plus cômunes aux grands pecheurs, qu'aux gés de bié, ce sont des debiles vapeurs, qui ne pouuâs s'esleuer de terre, retôbent en rosée, qui est soudain dissipée par le Soleil, ainsi ces gouttes passageres fôt veoir leur inanité en ce que soudain les pecheurs apres les auoir roulées, retournét à leurs vomiſſemés.

Or de ce que ie vous vay perſuadant cette moderation & retenuë, mon Angelique, n'allez pas en tirant des conſequences qui vous induiſent à la froideur ou tepidité, car ces deux extremitez ſont blaſmables; ce ſeroit prendre à gauche ce que ie vous baille à droict.

La saincte ferueur au contraire est l'ame de la priere, & le feu qui faict exhaller cét encens vers le Ciel. Sans elle l'oraiſon ne peut plaire à Dieu. *Il faut courir en cette lice comme vn Geant auec ioye & allegreſſe. Et aduancer touſiours comme les oyſeaux d'Ezechiel.*

Seulemét i'ay pretédu de vous retirer de cet empreſſement de ceux qui trauaillent volontiers les commençans, vous conſeillát de meſnager ſuauement voſtre eſprit, ne le gourmander ny oppreſſer iamais, mais de le balancer auec le poids de la discretiõ & de la retenuë

Ayez vn peu de patience, & vous verrez venir vos ratiocinations & vos affections tout bellement, qui s'escarteront si vous les tiraillez, attendez & vous les verrez croistre insensiblement comme vos cheueux & vos ongles.

Qu'il se faut arrester où l'on trouue du goust.

CHAP. XVIII.

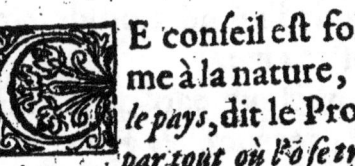

E conseil est fort cõforme à la nature, car cõme *le pays,* dit le Prouerbe, *est par tout où l'ô se trouue bien,* ainsi le corps de la Meditation est où l'on rencõtre vne solide pasture.

Faictes comme en vn festin, arrestez vous au mets, c'est à dire au poinct qui sera plus à vostre appetit.

L'abeille parcourt bien plusieurs parterres, mais elle n'espraint son miel, que de certaines fleurs particulieres.

S. François par tout où il ressentoit quelque trait ou visite de Dieu il s'arrestoit là, fust-ce en voyageāt, & puis continuoit son actiō ou son chemin, cette saueur & faueur estant passée.

Si dés l'etrée de l'oraison vous sentez vostre ame s'espancher dés l'exercice de la presence de Dieu, ô Angelique, laschez les bōdes à ces affectiōs, & tenez pour maxime de ne retenir iamais le desbord de ce Nil, dont l'inondation doit fertiliser vostre ame.

En quelque part qu'elles se presentēt, receuez les à bras & cœur ouuert; venez cheres affectiōs, meres des bonnes Resolutions que mon ame desire esclorre, elle est du naturel de ces oyseaux qui conçoiuent par le Zephir, ne pouuans enfanter que par ces bouffees.

Si en la Representation vostre ame s'attache bien serré à la figure du myſtere, laiſſez la là, & ne l'eſueillez point qu'elle ne veuille.

Seulement ſi en la Ratiocination elle s'eſtend trop, ſerrez luy la bride, car il n'eſt pas tant icy queſtion des Speculations de l'entendement que des mouuemens de la volonté.

Somme, tenez pour reigle generalle de vous arreſter en quelque part que vous trouuerez du ſuc, celuy qui creuſe pour auoir de l'eau s'arreſte quand il a rencontré la veine, ou le metal, celuy qui caue pour le trouuer.

Le principal deſſeing en ce ſainct Exercice eſt de gouſter & de rencontrer Dieu, *& le repos de l'ame*, cela trouué pourquoy aller plus auât? les Pelerins d'Emaus ayans trouué N. S. ne s'en fuſſent iamais ſeparez *s'il ne ſe fuſt eſuanouy de deuant leurs yeux*.

Quand ce gouſt ſera paſſé ſuyuez voſtre route, paſſez à quelque autre poinct, mais non autrement.

Quand il faut obseruer ou quitter l'Ordre.

CHAP. XIX.

MAis à quoy sert donc, ce me direz, vous Angelique, cet ordre special, cette Methode si exacte que vous tracez en cette Directiõ? Voyez vous quand il ne faict point de vêt sur mer on se sert de la rame, ainsi quand le vent de l'inspiration ne donne point, il faut voguer selon la forme que nous prescriuons.

Pour bien entendre cecy souuenez vous de cette distinction de l'oraison en actiue & passiue que nous auons apportée au liure premier, & sçachez que tant que nous sommes en l'actiue il ne faut iamais abãdonner l'ordre que nous auons tracé. Mais si tost que la passiue paroist, *que ses fleurs poussent, il est temps de retrancher* toute methode. Car Dieu *que le Ciel des Cieux ne peut contenir*, ne sçauroit s'assubjectir à la bassesse de nos reigles, ses visites sõt transcendantes & sureminentes toute humaine capacité, on les peut ressentir non reciter.

Sa parole n'est point attachée ny sa bouche liée. Quand il arriue en l'ame cõme le S. Esprit au Cenacle, c'est auec vne douce impetuosité qui bouleuerse tout. La S. Vierge à l'ãnonciade de l'Ange *fut troublée*, en fin l'humilité l'acroist.

L'amour diton, *ne cognoist point d'ordre*, & Dieu est *amour & charité*, qui bien qu'il face tout auec *nombre, poids & mesure*, c'est neantmoins auec des reigles qui nous sont incogneuës, & qui passent nostre apprehension.

Lisez le Cantique des Cantiques, vous n'y sçauriez cõprendre aucun ordre, & neantmoins c'est la mere source de toutes les Meditations & Contéplations qui se ferōt iamais.

Vouloir reigler les excez de l'oraison passiue, c'est reduire la liberté en seruitude, & restreindre ses genereux eslancemens en des ceps.

Les reigles donc, & l'ordre ne regardent proprement que l'oraison actiue, qui se fait par la voye simple & humaine, ou l'art est requis, & l'ordre necessaire, autremēt ce seroit vn vray chaos & vne entiere confusion.

On met des entraues à vn cheual pour luy dōner vn pas certain, mais si tost qu'il est duit à l'amble, on les luy oste: les preceptes sōt necessaires aux apprētifs, mais quād on a acquis l'eloquéce, ou quitte ceux de la Grāmaire, cōme ceux de la Musique quād on sçait parfaictement gouuerner sa voix. L'adresse d'vn chef paroist à bien ranger ses escadrons deuāt la bataille, mais quād ce vient à la mesléé toute discipline cesse, le courage seul l'emporte auec la conduitte du Ciel.

Quand l'horloge bat ses minutes tout va par compas, mais quand le marteau veut frapper, lors on entéd tel fracas qu'il semble que tout soit desbandé. Ainsi tant que l'oraison va par la voye actiue, elle se conduit par ordre, poinct par poinct, acte par acte, mais quand elle est tirée à la passiue, elle va comme le sainct Esprit la meine, l'ame souffrant ses impressions, & suyuāt les impulsions de ce sien moteur.

Aux mouuemens duquel, vouloir donner reigle, ou les comprendre par art, c'est tenter l'impossible, & vouloir reigler les vents par le voile, & le Nort par la Bouzzolle.

Au demeurant, mon Angelique, ie sçay que plusieurs n'aduisans pas bien à cette distinction d'oraison, trouuent mauuais que l'on en dresse des preceptes, comme voulans reduire en art, disent-ils, ce qui depend de la seule pedagogie du S.

Esprit, aufquels vous refpondrez, que voirement vous eftimez les reigles autant inutiles en l'oraifon paffiue comme vous les tenez abfolument neceffaires en l'actiue, de laquelle feule nous auons declaré traicter en cette Direction.

A la methode de laquelle neantmoins ie ne vous oblige point pluftoft qu'à toute autre mieux dreffée, comme ie vous en ay propofé au premier liure.

A Dieu ne plaife que ie vous veuille iecter en des liens autres que ceux de voftre propre election, ny vous prefcrire des loix que felon voftre choix: Vous auez defiré fçauoir quelle forme i'obferue en cette forte d'oraifon, & voyla qu'en charité & fimplicité ie vous en ay tracé la methode, de laquelle vous-vous feruirez comment il vous plaira.

*De n'intermettre sans grande cause
ce sainct Exercice.*

CHAP. XX.

LE temps iournalier que vous auiez fermement destiné à ce sainct exercice, ie vous supplie de tout mon cœur, ô Angelique, de ne l'intermettre iamais. *Car c'est icy où ce dragon plein d'illusions, l'esprit de tenebres, nous attend pour nous destourner de prendre cette pasture en son temps.*

Il ne manquera pas d'inuentions ny de pretextes pour redreses stratagemes specieux, il vous suscitera mille affaires, vous donnera mille autres pésemens, vous troublera la memoire pour vous faire oublier cette heure que vous aurez establie pour cela, vous la rédra lógue, ennuyeuse, penible, importune, desagreable, vous la fera paroistre inutilement employée, vous presétera de grandes ombres pour vous faire lascher ce solide corps. Ah mon Dieu! mais quelle pierre ne remuera-t'il!

Il est appellé Beelzebuth, parce qu'il suscite des mousches pour nous troubler, & Mirmycaleon, dit S. Gregoire, parce qu'il nous iette dans le sein des fourmillieres d'inquietudes.

Tantost par malice il encloüe le cheual, c'est à dire, le corps, luy faisant trouuer de l'incómodité à genoux, de l'impatience en vne place; il est ce *Serpent de la voye qui mord le pied du cheual* qui est le corps; pour faire tomber le *Cheualier*, qui est l'esprit à la renuerse.

Tantost il *met des buschettes de bois dedans ce pain* spirituel, comme des degousts, des difficultez, des seicheresses pour le faire trouuer désagreables, & destourner de l'vsage.

Tantost il nous pille de mille souuenirs hors de saison, & nous accable de soucis temporels, voire mesme de cogitations studieuses si c'est vne personne de lettres.

Ores il suscitera des mondains pour nous persuader que ce temps seroit mieux employé à trauailler du corps, ou à prendre garde au mesnage.

Mais ses plus grosses & fortes batteries sont du costé de la Charité, proposant mille petits offices & menus deuoirs, plustost de bienseance & de ciuilité que de necessité : pour Dieu, mon Angelique destournez l'oreille de toutes ces suggestions, & quittez plustost le manteau comme le bon Ioseph, c'est à dire quelque interest mondain, que d'adherer à ce malheureux esprit qui vous veut faire violer ceste fidelité que vous auez iurée en ce ferme

L'ORAISON MENTALE 721
ferme propos que vous auez faict
de visiter tous les iours vostre celeste Espoux en cette Oraison cordiale, c'est ce chaste Espoux, qui
pour mourir ne voulut pas perdre
son heure de prier au Iardin de
Gethsemani selon sa coustume.

Voicy vne grande maxime
qu'enseignent tous les Contemplatifs, Ne faites iamais d'intermission de cet Exercice pour des causes legeres, quoy que charitables,
& qui peuuent estre differées, car
la Charité en son ordre, comme
pour la propre ame.

Que si quelque vrgente ou importante occasion de Iustice ou de
Charité vous appelle, & vous requiert, quittez moy là franchement, promptement, librement,
& sans regret, cet exercice & son
heure, car telle est la volonté de
celuy qui ne veut que vostre sanctification.

Qui quitte l'oraison pour de
Hh

telles causes ne perd rien, ains gaigne, ne recule pas, ains aduance, ne faict aucun defaut, mais telle fois offenceroit, s'il faisoit autrement.

Il est vray que l'oraison Mentale est plus excellente que la Vocale, & que pour celle-là on peut quitter celle-cy, mais quand la vocale est d'obligation, comme est l'office Ecclesiastique en ceux qui y sont tenus, seroit-ce pas vn mal de quitter la Iustice obligatoire pour vne deuotion volontaire?

Si vous estes soubs l'obedience, quittez non la Meditation seulement, mais tout sacrifice, pour faire ce qui vous sera commandé, car il est escrit: *Ie veux l'obedience, non le sacrifice, car elle est meilleure que les victimes.*

Si la Charité vous tire à quelque notable secours du prochain, quãd l'extase vous tiendroit au troisiesme Ciel, Angelique, descendez pour l'aller secourir. La Charité n'est point vn destourbier, *elle est douce, patiente, benigne, & qui ne cherche point son propre contentement & interest, mais le seruice de Dieu & du prochain.*

Pour vous monstrer que tel a tousiours esté l'esprit & le sentiment des saincts, cecy se verra par exēples.

Le Sainct des Saincts *Iesus Christ*, n'a-il pas quitté Nazareth, & le desert, pour courir en Hierusalem au secours des ames?

Les Apostres l'ont en cela suiuy, quittans les extases & rauissemens du cenacle, & les cōsolations visibles & sensibles du S. Esprit, pour aller Euangeliser par tout le rond de l'vniuers.

Les personnes Apostoliques ont faict le mesme, S. Augustin aymoit beaucoup la solitude & la Contemplatiō, & pour y vacquer se retiroit souuent auec ses freres de l'hermitage, à qui il a fait tant de beaux sermons, & neantmoins ne manquoit à aucune fonction de sa charge Episcopale.

Sainct Artauld & sainct Anthelme, tous deux Euesques de Belley, tirez par force du sainct Ordre des Chartreux, comme aussi apres eux le venerable Pontius du mesme Ordre, & encores sainct Hyppolite tiré de la Solitude de sainct Claude où il estoit Abbé en l'Ordre de S. Benoist, pour manier la crosse de ce mesme Euesché, qu'indigne ie tiés, tous ces grands & saincts Prelats aymoient incomparablement la solitude, mere de la saincte Contemplation, puis qu'ils auoient en elle choisi pour toute leur vie leur *repos & leur demeure*, neantmoins arrachez de la fonction de Magdeleine, & emportez au penible office de Marthe, ils s'y sont comportez auec d'autant plus de merite qu'ils auoient de contradiction, postposans à la charité du prochain leur contentement particulier.

L'ORAISON MENTALE. 725
Sainct Charles Borrhomée miroir de nos jours, aymoit la Contemplation à merueilles, tesmoing ses longues veilles de Varal, & en tant d'autres lieux saincts, & neantmoins voulez vous vn personnage plus feruent, plus exposé en proye à tous ceux qui le demandoient, en ses visites aux Grisons, il n'alloit preschant, & criât autre chose que ce mot de Ioseph emmy les deserts, *ie cherche mes freres.*

Sainct Hierosme tout solitaire, & comme reclus, homme tant occupé aux lettres sainctes, quittoit il pas volontiers tout cela pour conduire à la pieté certaines ames qui se refugioient à sa direction?

Mais y auoit-il rien de plus contemplatif que sainct Bernard, mais y auoit-il rien de plus actif, que n'a-il fait pour le seruice du prochain, que n'a-il traicté pour le bien de l'Eglise, des Royaumes, & de toute la Chrestienne, n'a-il pas remué

Hh iij

tout le monde, combien de fois se
plaint-il de quitter Rachel pour
Lia, & neantmoins les necessitez
du prochain luy faisoient abandonner le Ciel de celle.

Quoy, les Anges quittent bien
les Cieux (non pourtant leur beatitude) pour nous assister icy bas.

Moyse laissoit bien Dieu sur les
Montaignes, pour descendre à la
conduitte & gouuernement du
peuple.

L'Espouse du Cantique, à quoy
que racie, estant touchée, se leue &
court apres son bien-aymé.

La saincte Vierge, quoy qu'en-
ceinte du Fils de Dieu, & transpor-
tée en la Contemplation de ce mystere incomprehensible de l'Incarnation, va neantmoins *auec haste par
les montagnes de Iudée visiter sa cousine Elizabeth,* & l'assister en sa couche de sainct Iean Baptiste, enseignement au Prelat ou Pasteur
de quitter franchement le Tha-

bon) pour aller administrer les Sacremens, & ayder aux ames à enfanter l'esprit de salut. Car comme dit sainct Denys Areopagite, il ne se peut rien faire de plus agreable à Dieu, que coöperer auec luy au salut des ames.

Sainct Ephrem, & sainct Anthoine habitants des deserts, & peres de profondissime contemplation, quitterent neantmoins leurs grottes pour aller, celuy-là en Ephese, cettui-cy en Alexandrie au secours de l'Eglise & des ames.

Ie vous veux icy rapporter vn bel enseignement du bon Pere Dominique de Leouise, des premiers Religieux de l'ordre de sainct François, rapporté dans les Chroniques de ce sainct Ordre. Cest homme de Dieu fort illuminé, & lequel estoit doüé de tresgrandes actions spirituelles, & prié par quelque ieune Religieux, de luy donner quelque bon precepte pour aduancer en la perfection: Mon fils, luy dit-il, apres S. Hierosme, sois tousiours occupé, fay que la lecture succede à l'oraison, & l'oraison à la lecture, quitte volontiers l'estude pour la priere, iamais celle-cy pour celle-là. Mais quitte l'vne & l'autre pour faire l'obedience ou la charité : ô grande, ô saincte! ô admirable instruction!

La Seraphique Catherine de Siene practiquoit bien cette reigle, qui estant vn iour en oraison, & conuersant auec N. S. auparauant qu'estre Religieuse, & appellée par sa mere, quitta là N. S. pour aller faire ce que sa mere luy commandoit, ce qui l'occupa tout le iour: le soir retournée à son oratoire, elle y retrouua N. S. en la mesme forme qu'elle l'auoit laissé, qui approuua grandement son action, & prefera son obeissance à sa priere.

Saincte Françoise Romaine, disant ses heures, fut interrompuë par son mary par trois fois, sur vn mesme verset, ou reuenant à la derniere, apres auoir executé ce qui luy estoit enioinct, elle le trouua escrit en lettres d'or pour approbation de son obeyssance.

Quand vous intermettrez ainsi vostre oraison, soit vocale, soit mẽtale, Angelique, pour des œuures insignes de Iustice & de Charité, ô que vous gaignerez à ce change!

Mais hors cela, non iamais, quoy qui arriue, ne quittez vostre temps destiné à la Meditation, non pas si de Ciel crouloit, & si le monde se disloquoit, soyez ferme, & les esclats vous escraseront sans estonnemẽt.

Quelles rages ne faisoient les Demons pour distraire sainct Anthoine de ses Contemplations!

Vn iour S. Dominique meditoit dans vne Eglise, le mauuais esprit fit tomber vne grosse pierre de la voûte tout contre son chaperon, bastante de l'acrauanter, il ne s'en remua pas pourtant, & ne laissa de continuer...

Quoy? sainct Charles Borrhomée prodige de saincteté en nostre aage, frappé d'vne harquebuzade, dont il deuoit mourir sans l'assistance du Ciel, cessa-t'il de faire poursuyure la priere du soir, où il estoit lors à-uec toute sa famille?

Mon Angelique oyez l'escriture qui vous dit: *qu'il faut tousiours prier, & ne iamais cesser*, & encores: *priez sans intermission*. Ce que quelque Docteur entend de n'interrhottre aucun iour sans cet exercice.

Concluons auec nostre Maistre. S'il vous arriue par quelque grande cause de passer la matinée sans mediter, reparez cette perte l'apres-disnée, si de toute la iournée vous ne pouuez suppléer à ce deffaut par quelque bonne penitence, & ie vous dy le lendemain, reparez

L'ORAISON MENTALE. 731
le meditant au double.

Comment il faut passer de l'Oraison à l'action.

CHAP. XXI.

BIen faire est la pierre Lydienne de la vraye Oraison, sa fin est de nous abbonnir, nous exciter aux bonnes œuures, & à la practique des vertus, vain le pouuoir qui ne se reduit à l'effect.

Sortez donc toufiours de vostre Meditation, ô Angelique, auec intention de faire quelque bonne action, comme l'on sort de table auec dessein & resolution de digerer les viandes que l'on y a prises, & du sermon auec desir d'en faire bien son proffit spirituel : c'est ainsi qu'il faut negocier

& mesnager vtilement son salut iusques à ce que le grand Maistre nous appelle à la reddition de nostre compte, pour salarier nos œuures, dont nous aurons iecté les proiects en l'oraison.

Or vous auez besoing d'addresse pour vous bien comporter en ce passage, car il faut bien aduiser de se rendre suaue, doux, & sans precipitation. Car comme ceux qui sont esmeus de corps ne doiuent si tost prendre l'air, ainsi de l'esmotion du cœur excitée en l'oraison, il ne se faut auec empressement diuertir à quelque action exterieure, de peur d'estouffer en leur naissance nos bons propos.

Mais il faut imiter le Iardinier qui arrose la plâte, nō tout à coup, mais à reprises, pour laisser boire la terre, & l'humecter doucement: pour Dieu laissez vn peu imbiber vostre cœur de cette eau de benediction dont vous l'auez mouillé en la priere.

Leuez vous pour aller agir selon vostre vacation, mais apres que vostre esprit sera rassis de cette saincte esmotion, que luy aura causé la priere.

N'imitez pas le Chasseur qui laisse la proye prise pour courre apres celle qui le fuit, ce seroit quitter le corps pour l'ombre, beaucoup perdent le fruict de leurs Meditations, pour se porter trop precipitamment de la priere interieure, aux actions exterieures.

Mirez la suaue conduite de la nature, & voyez comment elle nous conduit aux contraires saisons de l'Esté & de l'Hyuer, par les pentes molles du Printemps & de l'Automne ; regardez comme l'aube nous ramaine peu à peu le iour, nõ tout à coup, & comme la nuict est precedée du crepuscule : considerez comme l'oiseau ployé peu à peu ses aisles, pour descendre suauemẽt du haut en bas : si l'Oraison a esleué voſtre eſprit au Ciel, ne le laiſſez pas choir tout à coup aux fonctions de la terre.

Accoiſez-vous vn peu apres l'Oraiſon, puis ramaſſez les forces de voſtre eſprit, côme l'on faict celles du corps, pour ſauter vn mauuais pas, preuoyez ce que vous allez faire, à quoy vo⁹ oblige voſtre charge, quels negoces vous allez manier, auec qui vous auez à traitter, comment vous vous y deuez côporter, dictes auec Dauid, *Ie garderay mes voyes pour ne delinquer en ma langue,* car voirement *celuy qui ne ſe porte point ès mots de precipitation, & qui ne peche point en parole, il eſt homme parfaict.*

Esbranlez donc tout bellement voſtre eſprit de l'Oraiſon à l'action, côme vous voyez que l'on fait vne cloche pour la mettre en branle, & ſi vous pratiquez iudicieuſement cette ſorte de tranſition, vous recognoiſtrez *que voſtre priere retournera en voſtre ſein,* auec beaucoup plus d'vtilité.

Passage de la Meditation à la Contemplation.

CHAP. XXII.

NOVS auons monstré leur difference au premier Liure, il faut voir icy comment on peut passer de l'vne en l'autre, car comme les Elemens ont entr'eux certaines conuersions, ainsi la Meditation bien formée se conuertit aisémét en Cótemplation ainsi y sert d'eschelõ, elle est le chemin, la Contemplation est l'arriuée, celle-cy est la fin, l'autre le milieu, ou le moyen d'y paruenir, celle-cy le bout, l'autre la course, celle-cy le mouuemét, l'autre l'accoisemée, celle-la attise le feu, celle-cy se sert de la chaleur & de la splédeur, celle-la discourt & specule, celle-cy se cótéte d'vn goust & d'vn aspect pur & simple de son object, celle-la masche, celle-cy sauoure, celle-la demeure auec tranail, celle-cy demeure en tranquillité, regardant fixement, & escoutant attentiuement, c'est *la vraye part de Magdeleine : la pensée de l'homme vous louëra ô Seigneur,* voila la Meditation, & *les restes de ses cogitations chaumeront, & feront feste deuant vous,* voila la Contemplation.

Ce que quelques spirituels appellent Oraison de quietude, de silence, de recollection, de repos, n'est autre chose que contemplation, dit le P. Arias.

C'est le sommeil spirituel dont il est parlé aux Cantiques.

Or comme il y a Oraison Actiue & Passiue, aussi y a-t'il Meditation Actiue & Passiue, & aussi Contemplation Actiue & Passiue, car ce mot d'Oraison embrasse la Meditation & la Contemplation. En cecy se mesprennent quelques vns qui estiment que voiremét l'on agit en la Meditation, mais que toute Contemplation est Passiue, parce qu'il en est vne Actiue, à laquelle on peut arriuer tres-facilemét, car comme il est facile à l'esprit d'abstraire de la matiere, aussi peut-on en la Contemplation abstraire tout discours de la Meditation, & demeurer en la simple veuë des choses apprehendées par la ratiocination, ou par l'affection.

Or en tout lieu de la Meditation qu'arriue la Contemplation, il la faut admettre & s'y reposer, car ce sont comme des stations ou reposoirs, où apres auoir vn peu demeuré, on reprend plus alaigrement la suitte du discours medité: que si elle dure tout le temps destiné à l'Oraison, on le doit estimer bien employé, car il faut volôtiers quitter le moins pour le plus, or la Contemplation est sans doute plus que la Meditation, ainsi en est la fin & la couronne.

Il faut seulement prendre garde de ne tomber en quelque inutilité spirituelle qu'aucuns prennet pour inaction, & qui alleichez par ce faux repos, fuyent le trauail de la Meditation, la Prudence du P. Spirituel, auquel il faut ouuertement communiquer ces mouuemens, sçaura bien discerner entre la vraye Contemplation, & cette fausse illusion.

Il est bien vray que les apprentifs de l'Oraison Mentale, ne ressentet pas si tost cet effect, ou s'ils le ressentent ils ne le recognoissent pas, ce n'est pas qu'ils n'y puissent estre portez, car il y a des esprits plus susceptibles d'abstraction, les vns que les autres.

Quant aux aduancez & exercez, ce leur est vn rencontre assez ordinaire, & il y a telle sorte de degré de Contemplation Actiue, qui est vn commencement de suspension,

& vne porte de l'ecstase.

Et ne faut point que ce mot vous estonne, Angelique, car comment l'Amour diuin, comme dit S. Denys Areopagite, ne la causeroit-il, puisque Platon, Aristote, & les autres Philosophes ont recogneu que l'amour humain la pouuoit exciter, cóme quád la fumée suspend la fláme d'vne chandelle, & seble la sousleuer & destacher de la mesche.

On pourra donc passer ainsi de la Meditation à la Contemplation, quand ramassant tout le suc de la ratiocinatió & de l'affection en vn bloc, nous nous reposons à veoir & aymer paisiblement ce bel object que nous auons consideré & affectionné, ou bien quand chassant toutes imaginations, raisons, conceptions, conclusions, nous nous arresterons & fixerons en la presence de Dieu, le considerant auec les yeux de la foy, & l'aymāt & embrassant de toute l'estenduë de noſtre volonté, c'eſt là la plus ſublime degré où l'Oraiſon Actiue nous puiſſe guinder, & vne notable diſpoſition à la Paſſiue.

Qu'il faut laiſſer l'Oraiſon Actiue quand la Paſſiue ſe preſente.

CHAPITRE XXIII.

VE ſi, mon Angelique, Dieu daigne vous departir quelque tronçon de l'Oraiſon Paſſiue, ou re-ceuez par cette grace au ſuſdit, loüez-le de ce qu'il luy plaiſt regarder voſtre humilité, vous preuenir en benedictions de douceur, & infondre ſes ſuauitez en l'indignité de voſtre vaiſſeau, di-tes auec Saincte Eliſabeth, *Mais qui ſuis-ie moy que mon Maiſtre daigne venir à moy*, il ſoit beny à iamais. Amen.

Iettez-vous en cette Piſcine, ſi

tost que l'Ange la troublera.

Ne vous amusez pas au gland de l'Oraison Actiue (sans toutefois la mespriser) ayant trouué le *froment esleu* de la Passiue, *celuy qui l'a trouué a rencontré la vraye vie, & puisera son salutaire du Seigneur.*

Bien-heureuse attraction *quand le Fils nous tire à son Pere, par les chaisnons de sa charité*, attraction puissante, mais gracieuse: ô cher Amant, *tirez nous apres vous, & nous courrons en l'odeur de vos parfums.*

L'Actiue est vn pain quotidien que nous mangeons auec la cendre & les pleurs, mais la Passiue sont des festins extraordinaires & passagers, tres-delicieux, & frians.

La Passiue est *cette porte où celuy qui entre trouue des pasturages abondans*: vne heure de cette pasture vaut mieux que mille de l'Actiue.

En celle-cy l'on seme auec des pleurs.
En celle-là l'on moissone en douceurs.
O Seigneur, bien-heureux celuy que

vous endoctrinez vous mesme, & à qui vous enseignez vostre loy.

Qui se soucie d'arrouser quand il pleut en abondance ? le boitteux guery par S. Pierre quitta les potences soudain, & l'enfant qui marche fermement, laisse là ses longes, celuy qui *souffre les choses diuines*, n'a que faire d'agir, *car il ne vit plus en soy, mais Dieu en luy*.

Il faut suiure Dieu quand il appelle à cette chere souffrance, &, comme les Apostres, laisser les rets & les filets de l'ordre de l'Actiue, autrement ce seroit *resister au sainct Esprit, estre rebelle à la lumiere*, & opposer des digues *à l'impetuosité du fleuue* de la grace.

Mais il faut icy vn petit aduis, le Paralytique estant guery, nostre Seigneur luy dit, *prends ton grabat, & chemine*, ie vous en dy de mesme, mon Angelique, cheminez en la Passiue quand elle viendra, tant qu'elle continuera, *tandis que son* iour d'irera, marchez en sa lumiere, mais ne reiettez pas l'Actiue, comme si vous n'en auiez plus que faire, car ce vent passé, il faut retourner à la rame, car ces saillies, & ces souffrances éclipsées, il faut tousiours reuenir auec patience & humilité aux Exercices & à l'ordre exact de l'Oraison Actiue, seiour de nostre fidelité, comme l'autre de nostre felicité.

Mais qu'est ce, me direz vous, que cette Oraison Passiue? n'estant pas mon intention d'en traitter en cette Direction, ie ne vous en diray autre chose, Angelique, sinon que c'est *vne souffrance des choses diuines*, quand Dieu agit en vne ame selon son bon plaisir. Il vaut beaucoup mieux en sçauoir la Pratique, que la Theorie, car volontiers les grands Theoriciens y sont les moins pratics: taisons nous-en plustost que d'en balbutier.

Deux obiections contre cette Direction, respondües.

CHAPITRE XXIV.

COMME le monde est fait, mon Angelique, ie preuoy que l'on pourra faire maintes objections contre cette pauure Direction, mais entre les autres deux principales ausquelles i'ay pensé de respondre par anticipation.

L'on dira que les preceptes de cette Direction sont en si grand nombre, que cela destournera plustost de la pratique de ce sainct Exercice, que d'y inciter.

A quoy ie responds plusieurs choses; premierement c'est vne pusillanimité de s'effroyer ainsi des grandeurs & difficultez imaginaires, comme Israel qui se figuroit la terre

L'ORAISON MENTALE. 745
terre de Chanaan habitée par des geans. Les Lacedemoniens auoient tant de courage que iamais ils ne demandoient combien estoient leurs ennemis, mais seulement, où ils estoient : il n'y a point de peine à pourchasser ce que l'on desire.

Secondement plus vn art est releué plus il luy faut d'outils, cōme l'on void aux sculpteurs, aux orpheures. & y a-il aucun art conferable auec *la science des saincts*?

Pour dresser vne grande colomne ou pyramide combiē faut il de cordages, de soustiens, de gruës & bandages, de poulies, d'eschafaudages? & pour souleuer l'ame dans le ciel, faudra il point beaucoup d'echelōs?

Quand Dieu commanda à Moyse de luy fabriquer vn Tabernacle, il luy en descriuit, & descouurit toutes les particularitez par le menu iusques aux moindres vrensilles, trepieds, chandeliers, mouchettes pincettes, & pour bastir vn temple,

I i

d'oraison en nostre cœur faudra-il en compasser le plan, en former vn modelle?

Troisiesmement, le moindre art mechanique requiert vn plus long apprentissage que ne faict ce mestier des Anges, la saincte contéplation. O que le bon est iniuste à ceux qui par cet exercice se veulent faire quittes de ses vains amusemens!

Quoy? l'on passera maintes années apres les exercices du corps, on ne pardonne ny à peine ny à despence pour sçauoir chanter, dancer, voltiger, manier vn cheual, toucher vn luth, & pour les exercices de deuotion & de pieté, les liurets sont des volumes, les heures des années.

Quatriesmement, qui ne voit l'iniquité de cette obiection en ce que tout au plus il n'y a que neuf reigles, sçauoir trois parties qui ont chaqu'vn trois poincts, encore y

L'ORAISON MENTALE. 747
a-il douze articles au Symbole, &
quinze mysteres au Rosaire, à quoy
l'on ne trouue ny trop de longueur
ny trop de difficulté. Cecy suffira
pour la premiere obiection, voicy
la seconde.

L'on dira qu'il y a des centaines
de liures sur ce subiect, certes il seroit à souhaitter qu'il y en eust des
milliers de millions : car si sainct
Iean dict *que tout le monde ne seroit
pas capable de contenir les liures qui
descriroient les gestes de Nostre Seigneur,*
quels liures en parlent plus expressement que ceux qui traitent de la
meditation, de sa vie & de sa mort?

Ouy, & quand ce ne seroit que
pour contrepointer tant & si tres-
tant de liures folastres outre les pernicieux & damnables que produit
ce *siecle meschant* & libertin.

Ah! ceux qui enfantent ces miserables productions disent la plus
part que c'est pour tromper leur
ennemy, & euiter l'oysiueté, tom-

I i ij

bans de Scylle en Carybde, & faisans plus mal que s'ils ne faisoient rien. Et pourquoy ne sera t'il permis à des ames mieux cōditionnees d'escrire de bonnes instructiōs tant pour fuir la paresse sentine de tout mal, que pour la consolation des personnes pieuses?

Encor vne fois, mais que le mode est iniuste, qui en ses vanitez, en ses pompes, en ses conuoitises, en ses nouueaux habits, en ses nouueaux bastimens, en mille nouuelles inuentions d'offēcer Dieu, en mille liures ou impurs ou impertinens, en mille prophanes nouueautez, ne dict iamais c'est assez, mais cōme vne sāgsuë insatiable, crie tousiours *apporte apporte*, & aux productions pieuses dit tousiours c'est assez, & qu'il y en a desia tant: helas! ce n'est pas qu'il y en aye ny assez ny tāt, car de biē il n'en est iamais trop, mais voiez cōment il redoute la destructiō de son empire tyránique par la descouuer-

te de ses artifices. *Il aime ce qui est si en*
fauorable à ses enfans, entierement
contraire à ceux de lumiere.

Mais dittes moy ie vous prie, Angelique, ne seroit-ce pas vn dõmage extreme pour les deuots, que Philothée ne fust point au monde, cette dorée, cette amiable *Introduction*, qui a ouuert les yeux à tant d'esprits esgarez dans le vice, soubs pretexte que tant d'autres (mais ie ne sçay si de cet air) ont traitté de la deuotion.

Pour moy, mon Angelique, ie suis de cet aduis, que ceux qui ont quelque peu de talent doiuent escrire de ces matieres tant qu'ils pourront, la nouueauté du stil, de la forme, de la disposition, de l'agencement acquiert tousiours quelque ame à nostre Seigneur, qui peut estre se prend, en n'y pensans pas, & vne ame vaut elle pas mieux, ny que tout vn monde, ny que toutes les causeries du monde mondain?

Determination à ce sainct Exercice.

CHAP. XXV.

E voy donc vostre cœur, mon Angelique, entierement porté à embrasser cet exercice de l'Oraison Mentale, mais ie vous prie que cette determination soit absoluë, cette Resolution courageuse, ce propos irreuocable, cét embrassement de la Croix irreuocable, cet embrasement du S. Amour inextinguible, cette entreprise constante & eternelle comme son obiect : car ce n'est pas en la course que consiste le prix, mais au terme de la carriere, la palme est en la perseueräce, le bout du trauail c'est le but du salaire, la fin en tout est le chapiteau qui couronne l'œuure.

Icy mon Angelique, il faut vn grand courage, vn cœur ferme des vents qui

mesprise l'orage & la rage des flots, n'allez iamais cedant au contraste opposé quoy qu'il aille grondant, allez comme les poissons & les oiseaux contre l'eau & le vent des difficultez & contradictions.

Vous auez l'ame trop bien plantée pour desmentir la poursuitte d'vn si beau desseing, *vostre cœur a dit adieu, que vostre face le recherchoit, & que vous chercheriez sans cesse son visage.* Ce qui ne se peut mieux effectuer que par la sainte Oraison.

Non, vous ne tournerez iamais visage pour regarder en arriere ayāt mis *la main à ce fort*, cōme les Ephraimites, & cette femme salee dans les terres foudroyées.

Il ne sera pas dict de vous comme d'Israël, que le *cœur vous defaille* en si beau chemin.

*Et que laissant le Man, viande tant delectable
Vous estimiez pour rien la terre desirable,*
Soustenez & vous abstenez en attendāt auec patience la visite de Dieu *sien*

I i iiij

attendant vous attendez, il vous entendra & exaucera vostre desir : car venant il viendra & ne tardera guères, si vostre impatience ne l'empesche d'auancer.

Le voyla qui vient soudain, & son loyer est quant & luy, loyer tres-grand, ains trop grand. Bien-heureux ceux qui meditent ses tesmoignages, & qui le cherchét de tout leur cœur. Bien-heureux ceux qui le loüent au siecle des siecles : ouy mon ame viura & le loüera, disoit Dauid, & encores, ie ne donneray point de sommeil à mes yeux, ny de trefue à mes paupieres, que ie n'aye dressé vn tabernacle d'oraison à mon Dieu en mon cœur.

A la perseuerance, Angelique, à la perseuerance, c'est le faiste de l'œuure. Que sert de *voir la mer & s'enfuir*, n'osant s'y embarquer ? que seruit aux Bethsamites d'auoir veu l'arche & ne l'auoir receuë, sinon de malediction?

Vous qui sçauez combien *est bon-*

ne la negotiation de l'Oraison Mentale, *qui cognoissez que la part de Marie ne luy sera point ostee, que le fruict de cet exercice est tres-doux au gosier, que Dieu se trouue par ceux qui le cherchent*, combien vous rendriez vous coulpable d'auoir sceu tout cela, & l'auoir mesprisé?

Le Soleil qui roule sans cesse, les fleuues qui coulent perpetuellement à la mer, & ces femmes *veillantes continuellement à la porte du Tabernacle*, sont autant d'enseignemens pour perseuerer en cette saincte eleuation d'esprit à Dieu.

Luittez donc touliours, Angelique, sans vous lasser, auec ce celeste Espoux, & ne le quittez pas, dict le deuot S. Bernard, comme Iacob, pour vne simple benediction, pour quelque leger sentiment de deuotion: *mais tenez vous inseparablement à luy, & si vous persistez, vous aurez la manne cachée, & la couronne de vie.*

Obsecration & closture de cette Direction.

CHAP. XXVI.

E N fin, mon Angelique, ie vous coniure par la misericorde de Dieu, ouy par les entrailles de ses miseratiõs ausquelles il nous a visitez de l'Orient d'enhaut pour illuminer nos tenebres, par les douleurs de IESVS, & par les douceurs de la saincte Vierge, par le sang & le laict de ce Fils & de cette Mere, par la Foy des Patriarches, la Constance des Martyrs, la Patience des Confesseurs, la Pureté des Vierges, par tout ce qu'il y a de plus sainct & venerable, en la terre & au ciel, *que vous presentiez vostre cœur à Dieu, Hostie visue, immaculée, agreable à ses yeux par le seruice raisonnable de ce sainct Exercice* tant confor-

L'ORAISON MENTALE. 755
me à la nature de vostre ame, tant proportionné à ses fonctions.

Ie vous exhorte sur tout, comme S. François ses freres, d'acquerir l'esprit suaue de la saincte Oraison. *Receuez cette parolle que i'ay entée en vostre cœur pour le salut de vostre ame. Si la peine vous fasche, que la grandeur de la recompense vous anime, car ce leger momēt de trauail opere en nous vn loyer eternel,* l'Espouse oublia toutes ses courses & ses trauaux si tost *qu'elle tint son bien-aymé.*

Helas! nos iours *sont si briefs, vsons du monde comme ayans à le quiter soudain, car sa figure passe comme l'ombre d'vn postillon.* La mort est à la porte, *le temps de la consommation du siecle, & de toute chair s'auance,* l'heure de nostre propre resolution est voysine. Ezechiel nous crie; *vitē la fin, la fin vient, bien-heureux celuy qui sera trouué veillant & priant.*

Bon courage, Angelique, & quād les distractiōs, l'aridité, la lassitude, l'ennuy vous feront la guerre, & vous liureront des assauts pour vous faire abandonner ce sainct Exercice de l'Oraison Mentale, chantez auec Dauid.

En allant nous plorerons
Espanchans nostre semence;
Mais en fin nous reuiendrons
Auecques resioüissance.
Chargez de fruicts à foison
D'vne tres-ample moisson.

Viue IESVS Roy des siecles, immortel, & inuisible, auquel auec le Pere & le S. Esprit soit honneur, & gloire és siecles des siecles. Ainsi soit-il.

FIN.

TABLE DES CHAPITRES.

LIVRE PREMIER,

Traittant des dispositions precedentes ce sainct Exercice.

Chap. I. Description de l'Oraison folio 39.
I I.   Diuisions de l'Oraison.   52.
I I I.   Excellences, vtilitez, & delices de l'Oraison.   60.
IV.   Que l'Oraison mentale n'est point vne nouueauté.   73.
V.   Que l'Oraison Mentale n'est point difficile.   91.
VI.   Que l'Oraison Mentale se peut pratiquer dans le monde.   103.
VII.   Qu'il faut vn Directeur pour bien apprendre ce sainct Exercice.   115.
VIII.   Distinction de l'Oraison Mentale en actiue & passiue.   125.
IX.   La difference entre meditation

TABLE
& contemplation. 143
X. Des dispositions requises pour bien mediter. 154
XI. De la pureté de cœur. 161
XII. De la tranquillité de l'esprit. 169
XIII. De la mortification 174
XIV. De la recollection interieure. 182
XV. Du lieu propre pour bien mediter. 188
XVI. Du temps conuenable à l'oraison Mentale. 208
XVII. De la situation du corps en meditant. 223
XVIII. De la lecture spirituelle. 237
XIX. Des diuerses methodes d'Oraison Mentale. 246
XX. Partition & table compendiaire de l'Oraison Mentale. 257

LIVRE SECOND,

Qui traitte de la Preparation, premiere partie de l'Oraison Mentale.

Chap. I. Necessité de la Preparation. 265

II. Varieté de preparations. 271

III. De la presence de Dieu, premier point de la preparation. 275

IV. Visue apprehension de cette diuine presence. 290

V. Des moyens de se mettre en la presence de Dieu. 295

VI. D'autres moiens. 311

VII. Essais de cet exercice de la presence de Dieu. 315

VIII. De la Representation, second point de la Preparation. 341

IX. De la necessité de cet Exercice. 346

X. De sa commodité. 350

TABLE

XI. Responces à quelques obiections. 361
XII. Comment il faut pratiquer cette representation. 370
XIII. Essais de cet exercice. 375
XIV. De l'inuocation, troisiesme poinct de la preparation. 380
XV. Formulaires d'inuocatiōs. 389

LIVRE TROISIESME
Comprenant la Consideration, seconde partie de l'Oraison.

Chap. I. Ce que c'est que Consideratiō. 397
II. De la Ratiocination, premier acte de la Consideration. 401
III. Qu'il se faut plus seruir de la volonté que de l'entendement en l'Oraison. 410
IV. Comment on peut dilater la Ratiocination. 419
V. Modelle de Ratiocination. 425
VI. Passage de la Ratiocination à l'affection, second acte de la

DES CHAPITRES.

Consideration. 434
VII. Quelles sont les affections de l'ame. 444
VIII. Moyens pour dilater les affections. 446
IX. Exemplaire d'affections estenduës. 449
X. De la Resolution troisiesme acte de la Consideration. 455
XI. Comment il faut passer de l'affection à la Resolution. 464
XII. Exemplaire de cet exercice. 468
XIII. Quand se doiuent faire ces actes d'Affection & Resolution. 475

LIVRE QVATRIESME,
qui est de la Conclusion, troisiesme partie de l'Oraison.

Chap. I. Importance de cette partie. 479
II. De l'action de graces, premier poinct de la conclusion. 482
III. Fondement de cette action de

Table

	graces.	493
IV.	Patron de cet exercice.	498
V.	De l'Oblation, second point de la Conclusion.	503
VI.	Matiere d'Oblation.	511
VII.	Oblations formées.	515
VIII.	De la petition, troisiesme point de la conclusion.	521
IX.	Ce qu'il faut demander.	529
X.	Crayons de petition.	534
XI.	Exercice de la Recapitulation.	538
XII.	Pratique de recapitulation.	544
III.	Meditation complette, formee selon la methode de cette Direction, sur la flagellation de nostre Seigneur.	548

LIVRE CINQVIESME,

Contenant diuers aduis touchant ce sainct Exercice.

Chap. I. Necessité de ces aduis. 583
II. De l'Attention. 585
III. Sa distinction. 590
IV. Comment il la faut procurer. 594
V. Des Distractions. 599
VI. Leurs causes. 606
VII. Leurs Remedes. 611
VIII. Des consolations interieures. 636
IX. Des ariditez spirituelles. 646
X. Leurs causes. 653
XI. Leurs Remedes. 659
XII. Des Oraisons Iaculatoires. 671
XIII. Formes d'aspirations. 680
XIV. Que toute l'ame agit en l'Oraison. 688
XV. De l'examen de l'Oraison. 697

TABLE

XVI. Indices de la bône Oraison. 701
XVII. De proceder doucement en ce sainct Exercice. 705
XVIII. Qu'il se faut arrester où l'on trouue du goust. 710
XIX. Quand il faut obseruer, ou quitter l'ordre. 713
XX. De n'intermettre sans grande cause ce sainct Exercice. 718
XXI. Comment il faut passer de l'Oraison à l'Action. 731
XXII. Passage de la Meditation à la Contemplation. 735
XXIII. Qu'il faut laisser l'Oraison Actiue, quand la passiue se presente. 740
XXIV. Deux obiections contre cette Direction, respondües. 744
XXV. Determination à ce sainct Exercice. 750
XXVI. Obsecration & closture de cette Direction. 754

FIN.

Approbation des Docteurs.

Nous soubsfignez Docteurs en la Faculté de Paris, certifions auoir leu la *Direction à l'Oraison Mentale*, de *Meßire Iean Pierre Camus, Euefque & Seigneur de Belley*, à laquelle n'auons rien trouué qui ne soit conforme à la foy de la saincte Eglise Catholique, Apostolique & Romaine. Faict à Paris ce 24. Nouembre 1616.

F. E. CORRADIN, *Gardien des Cordeliers de Paris.*

F. P. Le FRANC, *Docteur Regent.*

Extraict du priuilege du Roy.

PAr grace & priuilege du Roy, il est permis à Claude Chappelet, Libraire iuré en l'Vniuersité de Paris, d'imprimer, ou faire imprimer, & mettre en vente vn liure intitulé *Direction à l'Oraison Mentale, de messire Iean Pierre Camus, Euesque & seigneur de Belley*. Et faisant deffences à tous Libraires & Imprimeurs, ou autres, de quelque qualité ou condition qu'ilz soient, d'imprimer ou faire imprimer ladite Direction à l'Oraison Mentale, les vendre, faire vendre, debiter, ny distribuer par nostre Royaume durant le temps de six ans, sur peine aux contreuenans de confiscation des exemplaires, & de quinze cens liures d'amende, moitié à nous, l'autre moitié audit exposant, & de tous despens, dommages & interest, comme il est contenu és lettres données à Paris, le 21 iour de Nouembre 1616.

Par le Roy en son Conseil,
BERGERON.

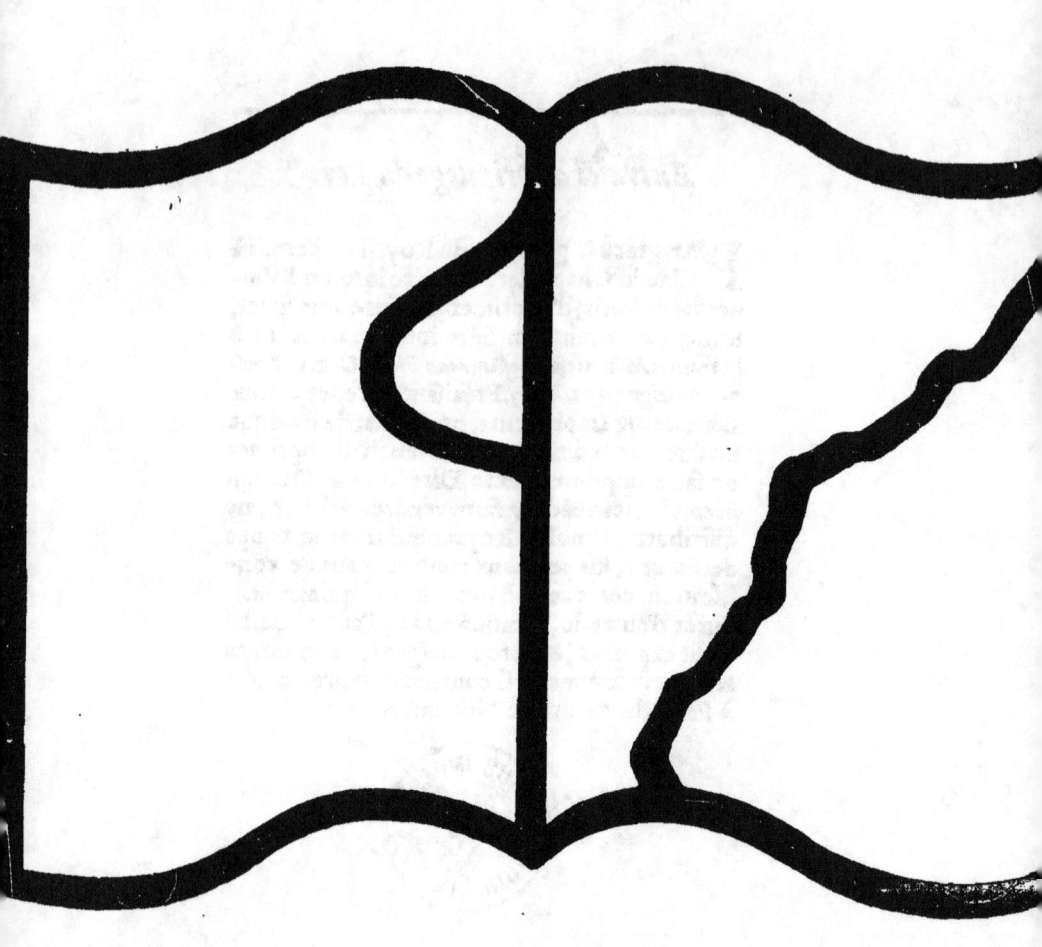

Texte détérioré — reliure défectueuse

NF Z 43-120-11

www.ingramcontent.com/pod-product-compliance
Lightning Source LLC
Chambersburg PA
CBHW060900300426
44112CB00011B/1270